걷기의 철학

Excursions

걷기의 철학

Excursions

헨리 데이비드 소로 지음
마이너스 옮김

일러두기

- 책의 각주는 모두 옮긴이의 주입니다.
- 인명, 지명, 독음 등은 외래어표기법을 따르되, 설명이 필요한 경우 주석 처리하였습니다.

목차

옮긴이의 말　　　　　6

메사추세츠 자연사　　10
와추세트로의 산책　　48
여관 주인　　　　　　74
겨울 산책　　　　　　88
산림 수목의 차이　　116
걷기　　　　　　　　138
가을빛　　　　　　　192
야생의 사과　　　　　243
밤과 달빛　　　　　　290

옮긴이의 말

헨리 데이비드 소로(1817-1862)는 19세기 중엽 미국 뉴잉글랜드에서 활동한 사상가이자 수필가, 시인, 그리고 무엇보다 자연을 삶의 교사로 삼았던 철학자였다. 그는 산업혁명이 한창인 시대, 기계 문명이 급격히 인간 생활을 바꾸고, 물질적 번영이 진보의 이름으로 찬미되던 시기에 살았다. 그러나 소로는 이러한 흐름에 거리를 두고, 인간이 진정으로 자유롭고 풍요롭게 살기 위해 무엇이 필요한가를 끊임없이 물었다. 그는 국가와 사회가 강요하는 길을 거부하고, 개인의 양심과 자연과의 교감을 삶의 중심에 두었다. 그 결과 소로는 당대인들에게는 다소 괴팍한 은둔자로 보였을지 모르지만, 후대에는 생태사상, 인권운동, 저항철학의 선구자로 평가받게 되었다.

그의 성장 배경 또한 그의 사상과 밀접히 연관되어 있다. 소로는 매사추세츠 주 콩코드라는 작은 마을에서 태어나고 자랐다. 유년 시절부터 그는 숲과 강을 벗 삼아 놀았고, 계절의 변화를 민감하게 체험했다. 비록 가정은 검소했지만, 아버지가 연필 제조업에 종사했던 덕분에 그는 어머니와 누이들에게서 독서와 성찰의 습관을 물려받았다. 이러한 경험은 단순히 어린 시절의 추억을 넘어, 그가 성인이 되어 자연을 관찰하고 기록하는 습관으로 이어졌다. 콩코드의 숲길과 호숫가는 훗날 그의 글에서 단순한 배경이 아니라, 인간 정신을 일깨우는 영원한 교과서로 등장한다.

소로의 주요 저작 가운데 가장 널리 알려진 것은 『월든』이다. 그는 월든 호숫가에서 약 2년간 소박한 생활을 실험하며, 인간이 본래적으로 의지해야 할 가치가 무엇인지를 탐구했다. 『시민 불복종』은 그가 짧은 기간 감옥에 갇힌 경험에서 비롯된 글로, 개인의 양심이 부당한 권력에 어떻게 맞서야 하는지를 주장한다. 이외에도 『콩코드와 메리맥 강에서의 일주일』, 『케이프 코드』, 『메인 우즈』 등은 여행기와 자연관찰 기록이면서 동시에 철학적 사색의 기록이다. 그는 자연 속에서 길어 올린 사소한 사실 하나를 인류 보편의 문제와 연결시키는 놀라운 능력을 지녔다.

이번에 번역한 『걷기의 철학(Excursions)』은 소로의 여러 산문을 묶은 모음집으로, 그의 정신세계가 가장 농밀하게 담겨 있는 책 가운데 하나이다. 특히 「걷기(Walking)」는 그의 사상을 대표하는 글로, 단순히 신체적 행위로서의 걷기가 아니라, 인간 정신의 자유와 자연과의 합일을 의미한다. 소로에게 걷기는 도시와 사회의 제약을 벗어나, 존재의 본질을 회복하는 길이었다. 모음집에 실린 다른 글들 역시 강연문과 에세이의 형태를 띠고 있지만, 그 속에는 자연을 향한 관찰자의 섬세한 눈길과 인간 사회를 비판하는 철학자의 날카로운 통찰이 공존한다.

『걷기의 철학』은 단순히 19세기 미국 문학의 한 장르로 머무르지 않는다. 이 책은 오늘날 독자들에게도 여전히 살아 있는 질문을 던진다. 우리는 무엇을 위해 걷고, 무엇을 향해 나아가고 있는가? 우리의 일상은 자연과 어떻게 연결되어 있는가? 소로는 숲길을 거닐며 이 질문들에 답하려 했고, 그의 답은 200년이 지난 지금에도 여전히 신선하다.

이 책을 통해 독자들은 단순히 소로의 글을 읽는 것이 아니라, 그의 발걸음을 따라 숲속으로 들어가고, 그의 눈길로 강과 산을 바라보며, 그의 마음으로 인간 사회를 성찰하는 경험을 하게 될 것이다. 책장을 넘기는 순간, 독자는 어느새 길 위에 서서, 걷기를 통해 삶의 철학을 배우게 될 것이다. 소로가 말한 "걷기의 자유"는 곧 "사유의 자유"이자 "존재의 자유"이기 때문이다.

2025년 9월
마이너스

1842
메사추세츠 자연사

자연사 서적은 겨울에 가장 즐거운 벗이다. 눈이 대지를 덮을 때, 나는 오듀본[1]을 펼쳐 읽으며 목련이 피는 플로리다 키 제도와 그곳의 따뜻한 바닷바람 이야기에 전율을 느낀다. 울타리 말뚝과 목화나무, 쌀새의 이동, 래브라도의 긴 겨울이 지나 미주리 강 지류의 눈이 녹아내리는 광경에 귀 기울인다. 그러한 풍요로운 자연의 회상 속에서 나는 건강이 더해짐을 느낀다.

> 이 고된 삶의 궤도 안으로
> 하늘빛 순간들이 스며드네,
> 제비꽃이나 아네모네처럼 티 없이 맑은,
> 봄이 그것들을 흩뿌릴 때
>
> 어느 굽이치는 시냇가에, 그 순간들은
> 인간의 슬픔을 위로하려는 목적뿐인
> 최고의 철학조차 거짓으로 만드네.
>
> 나는 겨울이 왔을 때 기억했네,
> 서리 내린 밤, 내 높은 방 안에서,
> 상쾌한 달빛 고요 속에,
> 모든 잔가지와 난간과 튀어나온 홈통 위로
> 얼음 창이 그 길이를 더해갈 때,
> 다가오는 태양의 화살에 맞서며,

---

1 오듀본(John James Audubon, 1785~1851): 미국의 저명한 조류학자이자 화가로, 『미국의 새들(The Birds of America)』을 집필한 인물. 북미 자연사 연구의 상징적인 존재.

지난여름 아른거리는 정오에
물레나물이 자라던 고지대 목초지를
어떤 기록되지 않은 빛줄기가
비스듬히 비추던 것을.

혹은 내 마음의 푸르름 속에서 들었네,
푸른 붓꽃 위에서 어슬렁거리던
벌의 길고 억눌린 윙윙거림을,
초원 한가운데서.
혹은 분주히 흐르던 시냇물을,
이제는 그 모든 소리를 멈추고 말이 없는
그 자신의 기념비가 되어—경사면을 따라,
그리고 다음 초원을 지나며 재잘거리다
마침내 그 젊은 소리가 잦아들던 것을
저지대 냇물의 조용한 흐름 속에서.
혹은 갓 갈아엎어 반짝이는 밭고랑을 보았네,
그리고 개똥지빠귀가 뒤따르던 곳을,
주위의 모든 들판이 묶고
서리로 하얗게 덮여 있을 때,
두꺼운 눈의 외피 아래에서.
그리하여 신의 값싼 절약으로 부유해져
다시 겨울의 과업에 나서네.

 겨울이면 나는 채진목의 열매, 자리공, 노간주나무 이야기를 듣는 것만으로도 새로워지고 상쾌해진다. 천국이란 다름 아닌 이런 값싼 여름의 영광들로 이루어진 것이 아니겠는가. 래브라도와 이스트 메인이라는 이름 속에는 절망조차 끼어들지 못할 건강한 힘이 있다. 이 주들은 연방 정부보다도 더 위대하다. 계절의 순환 외에 다른 부침이 없다면, 인간의 흥미는 결코 시들지 않을 것이다.

의회가 헤아리는 것보다 훨씬 더 많은 일이 대지 위에서 일어나고 있다. 감나무와 칠엽수, 그리고 새매는 매일 어떤 일지를 기록하는가. 캐롤라이나와 거대한 소나무 숲, 모호크 계곡에서는 여름부터 겨울까지 무슨 일이 벌어지고 있는가. 땅의 정치적 측면만 바라본다면 그것은 조금도 즐겁지 않다. 인간은 정치 조직의 일원으로만 여겨질 때 타락한다. 그 시선 아래서 모든 땅은 쇠퇴의 기운만을 드러낸다. 내가 보는 것은 벙커힐[2]과 싱싱 교도소[3], 컬럼비아 특별구와 설리번 섬, 그리고 그것들을 잇는 몇몇 가로수길뿐이다. 그러나 그 위를 스쳐 가는 동풍이나 남풍 한 줄기 앞에서는 이 모든 것이 얼마나 하찮게 느껴지는가.

사회에서는 건강을 찾을 수 없지만, 자연 속에서는 찾을 수 있다. 우리의 발이 자연 위에 단단히 서 있지 않다면, 우리 얼굴은 누구나 창백하고 푸르게 질릴 것이다. 사회는 언제나 병들어 있으며, 가장 좋은 사회일수록 더 그렇다. 그 안에는 소나무 향기 같은 건전함도, 높은 목초지의 영원초처럼 스며들어 회복시

---

[2] 벙커힐(Bunker Hill): 미국 독립전쟁의 중요한 전투가 벌어진 장소(1775). 오늘날에는 매사추세츠 주 보스턴 인근 기념비가 있다.

[3] 싱싱 교도소(Sing Sing Prison): 미국 뉴욕주 오싱(Ossining)에 위치한 교도소. 19세기 당시 악명 높은 교정시설로 알려졌다.

키는 향기도 없다. 그래서 나는 일종의 영약처럼 늘 곁에 자연사 책 한 권을 두고, 그것을 읽으며 몸과 마음의 기운을 되살리고자 한다.

아픈 이에게 자연은 병든 것처럼 보이지만, 건강한 이에게 자연은 언제나 건강의 샘이다. 자연의 아름다운 한 특징을 관조하는 이에게는 어떤 해악이나 실망도 닥칠 수 없다. 절망의 교리, 영적이거나 정치적인 폭정과 예속의 교리는 결코 자연의 평온함을 나누는 이들에게서 비롯되지 않았다.

우리가 모피 교역 지역과 인접해 있는 한, 대서양 연안에서도 굳건한 용기는 쉽게 꺾이지 않는다. 그 소리만으로도 어떤 상황에서든 사람을 격려하기에 충분하다. 가문비나무, 솔송나무, 소나무는 절망을 용납하지 않는다. 그러나 교구 회의실과 교회 안의 어떤 신념들은, 그레이트 슬레이브 호[4] 가에서 모피에 싸인 사냥꾼의 삶을 잊고 있는 듯하다. 그곳에서 에스키모 썰매는 개들에 끌리고, 북녘 밤의 여명 속에서 사냥꾼은 얼음 위에서 물개와 바다코끼리를 추적한다. 세상의 종말을 성급히 울려대는 자들은 병든 상상력의 소유자다. 앉아서 지내는 종파들은 다른 바쁘게 살아가는 이들의 수의를 준비하고 묘비명을 쓰는 일 외에 더 나은 일을 할 수 없는가?

모든 사람의 실질적인 믿음은 설교자의 위로를 헛것으로 만든다. 내가 어떤 이의 담론에서 귀뚜라미

---

4 그레이트 슬레이브 호(Great Slave Lake): 캐나다 북서부에 위치한 북미 대륙에서 두 번째로 큰 호수. 모피 무역과 개썰매 문화의 중심지 중 하나였다.

소리 같은 꾸준하고 쾌활한 울림을 감지하지 못한다면, 그것이 내게 무슨 소용이 있겠는가? 그 안에서 숲은 하늘을 배경으로 돋보여야 하고, 반짝이는 시냇물처럼 끊임없이 나를 반기며 상쾌하게 해주지 않는다면 사람들은 나를 지치게 한다. 분명 기쁨은 삶의 조건이다. 연못에서 뛰노는 어린 물고기들, 여름 저녁에 태어나는 무수한 곤충들, 봄 숲을 울리는 청개구리의 합창, 날개에 우연과 변화를 수천 가지 색으로 그려 넣고 다니는 나비의 무심함, 흐름을 거슬러 오르는 시냇물 송사리, 마찰로 반짝이며 둑에 비치는 그 비늘의 광택을 떠올려 보라.

우리는 설교단과 강연장, 응접실에서 들리는 종교와 문학, 철학의 소리가 우주를 진동시키는 보편적 울림이라고 상상한다. 그러나 사람이 깊이 잠들면, 해 질 녘부터 새벽까지 그 모든 것을 잊는다. 그것은 찬장 속 진자의 3인치 흔들림일 뿐이며, 자연의 거대한 맥박이 매 순간 그것을 지나고 그를 통해 진동한다. 우리가 눈꺼풀을 들어 귀를 열면, 그것은 철로 위 기차처럼 연기와 덜컹거림 속에 사라진다.

내가 자연의 깊은 곳에서 아름다움을 발견할 때, 그것을 관조하는 데 필요한 평온하고 은둔적인 정신 속에서, 나는 삶의 은밀한 본질—그것이 얼마나 조용하고 야망 없는지—을 떠올린다. 이끼 속에 깃든 아름다움은 가장 신성하고 고요한 구석에서 고찰되어야 한다.

과학은 더 활동적인 삶의 전쟁을 위한 훌륭한 훈련

이다. 실로 이러한 학문이 암시하는 의심할 여지 없는 용기는, 나팔 소리로 알리는 전사의 용맹보다 훨씬 더 깊은 인상을 남긴다. 나는 탈레스[5]가 그의 천문학적 발견이 증명하듯 밤에 자주 일어나 활동했다는 것을 알게 되어 기쁘다. 라플란드로 떠나는 린네[6]는 러시아 원정을 위해 포병 부대를 점검하는 보나파르트만큼이나 세심히 자신의 짐을 챙겼다. 그는 "빗", "여벌 셔츠", "가죽 바지", "각다귀를 막는 망사 모자"까지 꼼꼼히 살폈다. 그 조용한 용기는 실로 감탄스럽다. 그의 눈은 물고기와 꽃, 새와 짐승, 인간을 담기 위해 열려 있었다.

과학은 언제나 용감하다. 아는 것은 곧 선을 아는 것이기 때문이다. 의심과 위험은 그녀 앞에서 움츠러든다. 겁쟁이가 서두르다 놓쳐버리는 것을, 과학은 차분히 정밀하게 조사한다. 그녀는 예술의 대열을 따라올 자들을 위해 개척자처럼 땅을 파헤친다. 그러나 비겁함은 결코 과학의 본질이 아니다. 무지의 과학은 있을 수 없다. 오직 용기의 과학만이 있을 뿐이다. 그것은 앞으로 나아가기 때문이다. 후퇴가 있다면, 그것은 단지 상황 앞에서의 질서 있는 전진일 뿐이다.

그러나 이제 약속한 주제에 더 가까이 다가가 보자. 곤충학은 존재의 경계를 새로운 방향으로 확장한다. 덕분에 나는 더 큰 공간감과 자유를 품고 자연 속

---

5 탈레스(Thales, 기원전 약 624~546): 고대 그리스 철학자이자 천문학자로, 서양 철학의 시초로 여겨진다.

6 린네(Carl von Linné, 1707~1778): 스웨덴의 식물학자. 근대 생물 분류학의 창시자. 자연 탐구를 위한 과감한 원정으로도 유명하다.

을 거닌다. 그것은 또한 우주가 거칠게 깎여 있는 것이 아니라, 세부에서 완벽하다는 사실을 알려준다. 자연은 가장 면밀한 검사를 견뎌낸다. 그녀는 가장 작은 잎사귀와도 눈높이를 맞추게 하고, 평야를 곤충의 시각으로 바라보도록 초대한다. 그녀에게 틈은 없다. 모든 부분이 생명으로 충만하다.

나는 여름 정오를 가득 메우는 무수한 소리들의 근원을 탐험하는 기쁨을 안다. 그 소리들은 영원이 지어진 재료인 듯하다. 매미의 날카로운 점호를 기억하지 않는 자가 누구인가. 오래전 그리스에는 이 소리에 귀 기울이는 이들이 있었으니, 아나크레온[7]의 송가가 그것을 보여준다.

> **"우리는 너를 행복하다 하노라, 매미여.**
> **나무 꼭대기에서 작은 이슬을 마시며,**
> **왕처럼 네 노래를 부르니,**
> **들판과 숲의 모든 열매가 네 것이로다.**
> **너는 농부의 친구라,**
> **그 누구도 해치지 않고,**
> **사람들 사이에서 존경받는 존재,**
> **달콤한 여름의 예언자여.**
> **뮤즈들이 너를 사랑하고,**

---

[7] 아나크레온(Anacreon, 기원전 약 582~485): 고대 그리스의 서정시인. 특히 술과 사랑, 음악과 자연의 기쁨을 노래한 송가로 유명하다.

포이보스[8] 또한 너를 사랑하여,
네게 날카로운 노래를 선물했도다.
세월은 너를 괴롭히지 못하며,
너는 땅에서 태어나
노래를 사랑하고, 고통 없으며, 피 없는 자.
거의 신들과 다름없는 존재로다."

 가을날에는 정오가 되면 온 땅이 귀뚜라미 소리로 가득하다. 여름에는 주로 해 질 녘에 들리던 그 노랫소리가, 이제는 끊임없는 울음으로 한 해의 저녁을 알린다. 세상을 휘두르는 온갖 허영도, 밤이 선택한 그 운율을 조금도 흔들지 못한다. 모든 맥박은 귀뚜라미의 노랫소리와 벽 속 시계벌레의 똑딱거림에 정확히 맞추어 뛰는 듯하다. 할 수 있다면 이들과 번갈아 박자를 맞추어 보라.

 약 280종의 새들이 이 땅에 영구적으로 머물거나, 여름 한 철만 머물다 가거나, 혹은 잠시 우리를 스쳐 간다. 그중에서도 우리와 함께 겨울을 나는 새들은 언제나 가장 따뜻한 공감을 얻는다. 숲의 골짜기를 함께 날아다니는 동고비와 박새는, 하나는 침입자를 향해 거칠게 꾸짖고, 다른 하나는 희미하게 속삭이며 그를 유혹한다. 과수원에서 날카롭게 울부짖는 어치, 폭풍을 따라 울음소리를 퍼뜨리는 까마귀, 가을에서 봄까지 이어진 붉은 고리처럼 여름의 사슬을 끊어지

---

8 포이보스(Phoibos): 태양신 아폴론(Apollon)의 별칭으로, '빛나는 자'를 뜻한다. 고대 그리스에서 음악, 시, 예언을 주관하는 신으로 매미의 노래와 연결된다.

지 않게 이어가는 자고새, 전사와도 같은 굳센 기개로 겨울의 돌풍을 견디는 매, 숲속 따뜻한 샘가에 숨어 있는 울새[9]와 종달새, 정원에서 씨앗을 주워 먹고 마당에서 빵 부스러기를 모으는 친숙한 검은머리촉새, 그리고 때때로 찾아와 얼지 않은 멜로디로 여름을 다시 불러오는 때까치까지.

**그의 굳건한 돛은 결코 접히지 않고,
일 년 내내 서 있네.
이제 겨울의 곱슬머리 위에 앉아,
그의 귓가에 휘파람을 불어주네.**

봄이 다가와 강의 얼음이 녹기 시작하면, 우리의 가장 이른 손님들, 흩어져 오는 방문객들이 모습을 드러낸다. 이때 다시금 옛 테이오스[10]의 시인이 노래한다. 그 노래는 그리스뿐 아니라 뉴잉글랜드에도 울려 퍼지는 '봄의 귀환'이다.

---

9 울새(robin)와 종달새(lark)는 유럽 문학과 시에서 흔히 봄과 희망을 상징하는 새로 등장한다.

10 테이오스(Teios): 고대 그리스의 서정시인 아나크레온(Anacreon, 기원전 582-485년경)을 지칭. 술, 사랑, 음악, 계절의 아름다움 등을 주제로 노래했다.

봄의 귀환

"보라, 봄이 돌아오니,
우아(Grance)의 여신들이 장미를 내어놓네.
보라, 바다의 물결이
고요히 잔잔해지네.
보라, 오리가 물속으로 잠수하고,
보라, 두루미가 먼 여행을 떠나네.
그리고 타이탄[11]은 끊임없이 밝게 빛나고,
구름의 그림자가 움직이며,
인간의 손길이 남긴 작품들이 빛나네.
땅은 다시 열매를 내고,
올리브는 그 가지마다 열매를 맺네.
바쿠스[12]의 잔은 화관을 쓰고,
잎사귀를 따라, 가지를 따라,
열매가 무르익으며 그 무게로
가지를 휘게 하네."

오리들은 이 계절에 갈매기들과 함께 잔잔한 물 위에 내려앉았다. 갈매기들은 동풍을 타고 우리 초원에 들르기를 놓치지 않았고, 둘이나 셋씩 모여 헤엄치며 깃털을 다듬다가, 수련 뿌리와 아직 서리가 풀리지

---

11 타이탄(Titan): 그리스 신화에서 태양신 헬리오스를 가리키는 시적 표현. 여기서는 아침마다 떠올라 만물을 비추는 태양을 뜻한다.

12 바쿠스(Bacchus): 그리스 신화의 디오니소스(Dionysos)와 동일시되는 로마 신. 포도주와 풍요, 축제의 신으로, 계절의 결실과 생명력을 상징한다.

않은 크랜베리를 쪼아 먹기 위해 잠수했다. 첫 기러기 떼가 긴 써레 모양과 물결치는 대형을 이루어 북쪽으로 향하는 모습이 눈에 들어왔다. 덤불과 울타리에서는 노래참새가 우리를 맞이하는 울음을 터뜨리고, 초원에서는 종다리의 애잔한 노랫소리가 맑고도 달콤하게 흘러나왔다. 파랑새는 푸른 광선처럼 산책길 곁을 스쳐 지나갔다.

이 계절에는 물수리 또한 드물지 않게 위풍당당하게 물 위를 나는 모습을 볼 수 있었다. 한번 본 이라면 그 장엄한 비행을 쉽게 잊지 못했을 것이다. 그것은 마치 전함처럼 공중을 항해하며 자연의 힘과 맞설 만했고, 때로는 배가 옆으로 기울듯 뒤로 물러서다가, 발톱을 치켜든 채 국조의 자세로 화살을 맞을 준비가 된 듯 보였다. 그 위용은 강과 숲의 주인이라 불러도 손색없었다. 그 눈빛은 인간 앞에서 움츠러들지 않고, 오히려 사람으로 하여금 자신이 침입자임을 느끼게 했다. 그리고 꾸준히 멀리 날아가며 퇴각하는 모습조차 일종의 전진 같았다.

나는 몇 해 동안 이 근방에서 고기를 잡던 물수리 한 쌍 중 한 마리를 가지고 있다. 이웃 연못에서 총에 맞아 죽었는데, 길이는 2피트를 넘고, 날개를 펼친 길이는 6피트에 달했다. 너톨[13]은 이렇게 기록한다.

"고대인들, 특히 아리스토텔레스는 물수리가 새끼들에게 태양을 똑바로 응시하도록 가르치고, 그렇게

---

13 너톨(Gilbert White of Selborne, 1720-1793): 『셀본의 자연사』 저자로, 영국 자연사 문학의 개척자로 꼽힌다.

하지 못하는 새끼들은 죽임을 당했다고 주장했다. 린네우스[14]는 심지어 고대의 권위에 기대어, 이 새의 한쪽 발은 모든 발가락이 갈라져 있고 다른 발은 일부에 물갈퀴가 있어, 한 발로는 헤엄치고 다른 발로는 물고기를 잡는다고 믿었다." 그러나 지금 내 앞에 있는 물수리의 눈은 흐릿해지고, 발톱에는 힘이 없었다. 그 날카로운 비명은 아직 목에 남아 있는 듯했고, 바다의 포효는 날개에 남아 있는 듯했다. 그 발톱에는 제우스의 폭정이, 머리와 목의 곤두선 깃털에는 그의 분노가 깃들어 있었다. 그것은 내게 아르고 원정대[15]를 떠올리게 했으며, 가장 우둔한 자라 해도 파르나소스 산 위로 날아오를 용기를 북돋아 줄 듯했다.

골드스미스[16]와 너톨이 묘사한 알락해오라기의 울음소리는 아침저녁으로 우리 습지에서 자주 들렸다. 그것은 마치 펌프 소리나, 어느 먼 농가 마당에서 서리 내린 아침에 장작 패는 소리와도 같았다. 나는 이 울음소리가 어떻게 나는지에 대한 설명을 어디에서도 읽어본 적이 없다. 그러나 내 이웃 중 한 명은, 알락해오라기가 부리를 물속에 깊이 박아 담을 수 있는

---

14 린네우스(Carl Linnaeus, 1707-1778): 스웨덴의 식물학자. 근대 생물 분류학의 아버지로 불리며, 『자연의 체계』에서 생물 분류법을 정립했다.

15 아르고 원정대(Argonauts): 그리스 신화에서 황금 양털을 찾아 항해에 나선 영웅 집단. 대표적으로 이아손이 이끌었다.

16 골드스미스(Oliver Goldsmith, 1728-1774): 아일랜드 출신의 시인·수필가·극작가. 자연과 인간의 관계를 다룬 작품으로도 유명하다.

만큼 물을 머금은 뒤, 머리를 들어 목을 서너 번 꿀꺽이며 2~3피트 거리로 물을 뿜어낼 때마다 그 특유의 소리를 냈다고 증언했다.

마침내 딱따구리가 언덕 비탈 떡갈나무 사이에서 깍깍거리는 소리를 울리면, 여름의 영원이 시작되고 새로운 왕조가 고요한 안정 속에서 열렸다. 5월과 6월에는 숲속 합창단이 절정을 이루었고, 텅 빈 공기의 광대한 공간과 신기한 인간의 귀가 함께 주어졌으니, 그 공허가 이보다 더 충만하게 채워질 수는 없었다.

**여름의 모든 소리는
여름의 돌림노래라.**

계절이 깊어지며, 우리를 잠시 찾아왔던 새들이 떠나가자 숲은 다시 고요해졌다. 나른한 공기를 흔드는 깃털 소리는 거의 사라졌지만, 외로운 방랑자는 여전히 숲 깊은 곳에서 자기 마음의 모든 기분에 대한 응답과 표현을 발견할 수 있었다.

**때때로 나는 개똥지빠귀의
우렁찬 소리를 들었다.
혹은 성급한 어치의 놋쇠 나팔 같은 소리를,
그리고 외딴 숲에서는 박새가
자신의 짧은 노랫소리를 나누어 주었다.
영웅을 찬미하고, 덕의 사랑스러움을**

영원히 노래하는 듯한 목소리였다.

피비새는 여전히 연못가에서 무더운 날씨와 어울려 노래했고, 마을 한가운데의 나른한 정오에도 그 음유시인은 사라지지 않았다.

**높은 느릅나무 가지 위에서
비레오가 달콤한 변화를 노래했다.
평범한 여름날 동안 내내,
우리의 생각을 거리 위로
들어 올리려 애쓰듯이.**

가을이 오면, 어느 정도 새로운 봄이 시작되었다. 물떼새가 마른 목초지 위 높은 상공에서 휘파람 같은 소리를 내고, 되새는 나무 사이를 날아다녔으며, 밥물떼새와 딱따구리는 떼를 지어 날았다. 검은머리방울새는 나뭇잎 스치는 소리 속에서 우는 날개 달린 청개구리처럼 가장 이른 돌풍을 타고 흘러갔다. 까마귀들 또한 모여들기 시작했다. 서서 바라보면, 그들이 낮고 흩어져 풍경 위를 날아가는 모습을 하나씩, 둘셋씩, 반 마일 간격으로 셀 수 있었다. 백 마리가 지나갈 때까지 이어졌다.

어디선가, 까마귀가 백인에 의해 이 나라에 들어왔다는 주장도 읽은 적이 있다. 그러나 나는 백인이 이 소나무와 솔송나무를 심었다고 믿는 것만큼이나 그것을 믿지 않았다. 까마귀는 우리의 발걸음을 따르는 스패니얼이 아니다. 오히려 인디언의 어두운 영혼처럼 개간지를 날아다니며, 내게는 윈스럽이나 스미스보다 필립 왕이나 포우하탄[17]을 더 자주 떠올리게 했다. 그는 암흑시대의 유물이다. 미신이 그토록 미미한 방식으로, 그러나 그토록 집요하게 세상을 영원히 지배하는 것과도 같다. 영국에는 큰까마귀가 있고, 뉴잉글랜드에는 까마귀가 있다.

> 그대 숲의 어두운 영혼이여,
> 고대 혈통의 새여,
> 외로운 길을 날아다니는구나,
> 여름날의 유성처럼,
> 숲에서 숲으로, 언덕에서 언덕으로,
> 숲과 들과 시내 위를 낮게 날며,
> 무슨 말을 하려는가?
> 왜 낮을 떠도는가?
> 무엇이 네 우울을 띄우는가?
> 어떤 용기가 네 목에 영감을 주어,
> 너를 구름 위로 들어 올리는가,
> 절망하는 인간 군중 위로,
> 저 아래 멀리
> 네 서식지를 낮게 깔아놓은 그들 위로?

10월 저녁 늦은 산책자나 뱃사람은 초원 위를 맴도는 도요새의 속삭임을 들을 수 있었는데, 그것은 자

---

17 포우하탄 연맹의 추장으로, 포카혼타스의 아버지

연 속에서 가장 영적인 소리였다. 그리고 가을이 깊어져 서리가 나뭇잎을 물들일 즈음, 외로운 아비 한 마리가 우리의 한적한 연못을 찾아와, 털갈이 시기가 끝날 때까지 방해받지 않고 숨어 지내며, 그 거친 웃음소리로 숲을 울리기도 했다. 이 새, 큰북부아비는 그 이름값을 다했다. 배가 쫓아가면 잠수해 물고기처럼 60로드[18] 이상을 배 젓는 속도만큼 빠르게 헤엄쳤기 때문이다. 추격자는 사냥감을 다시 찾으려면 수면에 귀를 대고 어디서 솟아오르는지 들어야 했다. 수면에 올라오면, 날개를 한 번 흔들어 물을 털어내고는, 다시 방해받을 때까지 조용히 헤엄쳤다.

이것들은 한 해 동안 우리의 감각에 가장 자주 닿는 광경과 소리였다. 그러나 때로는 책에 묘사된 것과는 전혀 다른, 캐롤라이나와 멕시코를 배경으로 하는 새로운 노랫소리를 듣고, 나의 조류학 지식이 아무 소용없음을 깨닫기도 했다.

보고서에 따르면, 이 주에는 약 40종의 네 발 짐승이 서식하며, 그 가운데는 곰, 늑대, 스라소니, 살쾡이도 몇 마리 있다는 소식이 있었다. 그 사실이 내게는 기쁜 놀라움으로 다가왔다.

봄에 강이 둑을 넘칠 때, 초원에서 불어오는 바람은 강한 사향 냄새를 싣고 와 그 신선함으로 나로 하여금 탐험되지 않은 야생의 세계를 직감하게 했다. 그때는 저 깊은 숲이 결코 멀지 않았다. 나는 진흙과 풀로 지어져 강을 따라 3~4피트 높이로 솟아 있는 사

---

18 로드(Rod): 영국의 길이 단위. 1로드는 약 5.5야드(약 5.03미터).

향쥐[19]의 오두막을 보고 감동을 받곤 했는데, 그것은 아시아의 고분 무리를 읽을 때의 느낌과도 같았다. 사향쥐는 정착된 주(State)에서 만나는 '작은 비버'였다. 근래 들어 이 근방에서 그 수는 오히려 늘어나기도 했다.

메리맥강으로 흘러드는 여러 지류 가운데 콩코드강은 뱃사공들에게 특히 느린 강으로 알려져 있었다. 인디언들은 이 강을 '무스케타퀴드(Musketaquid)', 곧 '초원의 강'이라 불렀다고 한다. 그 흐름은 다른 강보다 훨씬 완만하고 물은 더 탁하여, 온갖 물고기와 사냥감이 더 풍부했다.

마을의 기록에 따르면 다음과 같다.

"이 지역의 모피 무역은 한때 대단히 중요한 산업이었다. 1641년 초, 식민지에 한 회사가 설립되었는데, 콩코드의 윌러드 소령이 감독관이 되어 인디언들과의 모피 및 기타 물품 거래에 대한 독점권을 부여받았다. 대신 그들은 얻은 모든 모피의 20분의 1을 공적 재무부에 납부해야 했다."

오늘날에도 여전히 덫 사냥꾼들이 있었고, 이들은 먼 서부의 강가에서처럼 인디언을 두려워하지 않고 밤낮으로 덫을 돌며 사냥을 했다. 이들 중 한 명은 1년에 150~200마리의 사향쥐를 잡았으며, 심지어 하루에 36마리를 사냥한 경우도 있었다. 사향쥐의 모피는 예전만큼 귀하지는 않았지만, 겨울과 봄에는 상태

---

19 사향쥐(muskrat, Ondatra zibethicus): 북아메리카 원산의 반수생 설치류. 습지와 늪지대에 서식하며, 둥지를 짓고 살았다.

가 좋았다. 얼음이 녹으며 물에 의해 굴에서 쫓겨나면, 배에서 총으로 가장 많이 잡혔다. 헤엄치거나 시냇가 풀이나 갈대로 만든 작은 받침대 위에서 쉬고 있을 때였다. 평소에는 상당히 교활하지만, 덫에는 오히려 쉽게 걸렸는데, 덫은 그들의 굴이나 자주 지나는 길목에 미끼 없이 놓기만 하면 되었다. 때때로 그들의 사향을 발라 유인하기도 했다. 겨울에는 사냥꾼이 얼음에 구멍을 뚫고, 수면으로 올라오는 순간 쏘아 잡았다.

사향쥐의 굴은 보통 강의 높은 둑에 있었으며, 입구는 물속에 있고, 안쪽은 홍수 수위보다 높게 자리 잡았다. 때로는 마른 초원 풀과 창포로 지은 둥지가 낮고 물렁한 둑 근처에서 발견되기도 했는데, 밟으면 발밑의 땅이 꺼지곤 했다. 사향쥐는 봄이면 한 배에 3~8마리의 새끼를 낳았다.

아침이나 저녁 무렵, 잔잔한 물 위로 길게 일렁이는 잔물결을 자주 볼 수 있었는데, 이는 사향쥐가 코만 내밀고 시내를 건너는 흔적이었다. 때로는 푸른 나뭇가지를 입에 물고 집을 짓기도 했다. 자신이 관찰당하고 있음을 눈치채면, 잠수하여 물속에서 5~6 로드(약 25~30미터)를 헤엄치다 마침내 굴이나 잡초 속에 몸을 숨겼다. 한 번에 10분 동안 물속에 머물 수도 있었으며, 누군가는 그것이 얼음 아래에 공기 방울을 만들어 두고 숨을 쉬며 팽창과 수축을 반복하는 모습을 목격하기도 했다. 뭍에서 위험을 감지하면 다람쥐처럼 똑바로 일어서서 몇 분간 움직이지 않고 주위를 살폈다.

  가을이 되면, 만약 굴과 시내 사이에 초원이 놓여 있다면, 그들은 그 가장자리 근처에 진흙과 풀로 3~4피트 높이의 오두막을 지었다. 이곳은 번식지가 아니었으나, 홍수가 크게 불어날 때는 새끼들이 발견되기도 했다. 오히려 그것은 사냥 오두막으로, 겨울에 먹이를 가져다 두고 피난처로 삼는 곳이었다. 그들의 주된 먹이는 창포와 민물 홍합이었고, 특히 봄이면 그 껍데기가 오두막 주변에 대량으로 쌓여 있었다.

  페놉스콧 인디언들은 사향쥐의 가죽 전체를 주머니로 사용했는데, 다리와 꼬리를 늘어뜨리고 머리는 허리띠에 끼워서, 그 안에 낚시 도구와 덫에 뿌릴 향료를 넣었다.

  한편 곰, 늑대, 스라소니, 살쾡이, 사슴, 비버, 담비는 이미 이곳에서 사라졌고, 수달도 거의 보이지 않았다. 밍크는 예전보다 훨씬 드물어졌다.

  아마도 우리의 길들여지지 않은 네 발 짐승들 가운데 가장 넓고 친숙한 명성을 누려온 것은 여우일 것이다. 필파이와 이솝의 시대에서 오늘에 이르기까지 그는 늘 살아 있는 상징이었다. 최근의 여우 발자국은 여전히 겨울 산책길에 새로운 다양성을 더했다. 나는 몇 시간 전 나보다 앞서 지나간 여우의 발자국을 밟거나, 혹은 내가 놀라게 한 여우의 발자국을 따라가곤 했는데, 마치 숲속 영혼의 흔적을 좇는 듯한 기분이었다. 곧 그 소굴에서 그것을 볼 것이라는 기대에 설레며 발끝을 세우고 걸었다. 나는 그 발자국의 곡선을 결정지은 것이 무엇인지, 그것들이 어떤 마음의 움직임과 얼마나 정밀하게 일치하는지 궁금했다. 발자국의 배열을 통해 그것이 어떤 지평선을 향해 갔는지, 또 간격과 선명도를 통해 그것이 느리게 걸었는지 빠르게 달렸는지를 짐작할 수 있었다. 가장 빠른 걸음조차도 영원한 흔적을 남겼다. 때로는 많은 발자국이 한데 모여, 그들이 함께 뛰놀며 수백 가지 동작을 보인 흔적을 보기도 했는데, 그것은 자연의 특별한 무심함과 여유를 증명하는 듯했다.

내가 여우가 자유의 무심함으로 눈 덮인 연못을 가로질러 달려가거나, 언덕 능선을 따라 햇볕 속에서 그의 행로를 추적할 때, 나는 그가 태양과 땅을 진정한 주인에게 돌려주는 존재임을 느꼈다. 그는 태양 속으로 들어가지 않지만, 마치 태양이 그를 따라가는 듯했고, 둘 사이에는 눈에 보이지 않는 교감이 있었다. 때로는 눈이 얕게 쌓여 깊이가 5~6인치밖에 되지 않을 때, 걷는 속도로 쫓아가도 한 마리를 따라잡을 수 있었다. 그러나 그는 놀라운 침착함을 보이며, 비록 속도가 느려지더라도 가장 안전한 방향만을 택했다. 놀라 도망치면서도 아름답지 않은 걸음은 한 걸음도 내딛지 않았다. 그의 걸음걸이는 일종의 표범 같은 구보였고, 마치 눈에 전혀 방해받지 않는 듯 내내 힘을 아껴두는 것 같았다. 땅이 고르지 않을 때 그의 발자취는 지형의 기복을 따라 이어진 우아한 곡선이었으며, 그는 마치 등에 뼈가 하나도 없는 것처럼 유연하게 달렸다.

가끔은 몇 로드(약 5~10미터) 동안 주둥이를 땅 가까이 드리웠다가, 자신이 택한 길에 만족하면 머리를 높이 쳐들었다. 내리막길에서는 앞발을 모으고 미끄러져 내려오며 눈을 밀어냈다. 그는 너무나 부드럽게 걸어서 가까이 있어도 거의 소리를 내지 않았으나, 멀리 있어도 결코 그 존재를 감추지는 못했다.

물고기에 관해서는, 보고서에 75속 107종이 기록되어 있었다. 어느 내륙 마을의 연못과 시내에 불과 12종밖에 없다는 사실은 낚시꾼에게 놀라움이었다. 그러나 그들의 습성은 거의 알려지지 않았고, 단지 이름과 서식지만이 사람으로 하여금 물고기를 사랑하게 했다. 나는 그들의 지느러미살 수와 측선을 이루는 비늘의 개수조차 알고 싶었다. 시냇물에 송사리가 있다는 사실만으로도 나는 모든 지식에 대해 더 현명해지고, 모든 운명에 대해 더 준비된 듯한 자격을 갖추게 되었다. 내 생각에, 나는 심지어 그 작은 물고기와 공감을 나누고 어느 정도는 그의 동료가 될 필요가 있었다.

나는 예전에 낚시와 사냥의 사소한 일들 속에서, 어쩌면 호메로스나 셰익스피어의 뮤즈에게 영감을 주었을 법한 그런 순수한 기쁨을 경험했다. 그리고 이제 《낚시꾼의 기념품(Fisher's Memorials)》의 페이지를 넘기며 도판을 들여다볼 때, 나는 외치고 싶어진다.

**"이런 일들이 참으로 있을 수 있는가,
그리고 여름 구름처럼 우리 위를 덮치는가?"**

자연 다음으로, 인간의 행동이야말로 가장 자연스러워 보였다. 그것들은 너무도 자연스럽게 그녀와 조화를 이루었다. 우리 강의 얕고 맑은 여울에 드리운 아마포 그물은 햇빛 속의 거미줄보다도 덜 침입적이었다. 나는 강 한가운데 배를 세우고, 물속을 내려다보며 그물코의 정교한 짜임을 바라보았다. 그리고 마을의 소란스러운 사람들이 어떻게 이토록 요정 같은 일을 해낼 수 있었는지 경이롭게 여겼다. 그 끈들은 마치 새로 돋은 강풀 같았고, 강에게는 모래 위 발자국처럼 조용하고 섬세한, 자연 속 인간 존재의 아름다운 기념품 같았다.

  얼음이 눈으로 덮여 있을 때도, 나는 내 발밑의 부를 의심하지 않았다. 내가 가는 곳마다 그 아래에는 광산만큼 값진 것이 깔려 있음을 알았다. 짐을 실은 마차가 다니는 길 밑 몇 길 깊이에는, 수많은 창꼬치들이 편안한 지느러미 위에 균형을 잡고 있었다. 계절의 순환은 그들에게 기묘한 현상이었을 것이다. 마침내 해와 바람이 그 장막을 걷어내면, 그들은 다시금 하늘을 바라보았다.

  이른 봄, 얼음이 녹은 뒤에는 물고기를 작살로 잡는 계절이 찾아왔다. 바람이 북동에서 서쪽과 남쪽으로 바뀌고, 초원 풀 위에서 오랫동안 반짝이던 고드름이 줄기를 타고 흘러내려, 수백만의 동료들과 함께 틀림없이 수평을 찾아갔다. 모든 지붕과 울타리에서 수증기가 피어올랐다.

**나는 보았다.
태양이 정중히 땅의 눈물을 말리는 것을,
그 기쁨의 눈물을,
그것은 단지 더 빠르게 흐를 뿐이었다.**

 시냇물에서는 얼음 조각들이 다양한 속도로 흘러가며 희미하고 섬세한 소리를 냈고, 그것은 만족과 약속으로 가득 차 있었다. 물이 자연의 다리 아래에서 콸콸 흐를 때, 이 성급한 뗏목들이 낮은 목소리로 대화하는 듯했다. 모든 작은 시내는 초원의 수액을 위한 통로였다. 연못에서는 얼음이 활기찬 소리를 내며 갈라졌고, 더 큰 시내를 따라 거칠게 부딪히며 소용돌이치고, 그 길을 부수며 나아갔다. 그 길은 얼마 전까지만 해도 나무꾼의 마차와 여우의 발자취가 지나던 길이었고, 때로는 스케이트 자국이 선명하게 남아 있었으며, 창꼬치를 잡기 위해 뚫은 구멍이 보이기도 했다. 마을 위원회는 다리와 둑길을 걱정스럽게 살펴보았는데, 마치 눈의 힘과 얼음의 중재를 통해 재정을 지키려는 듯했다.

**강물은 점점 불어나,
달콤한 기운이 스며드는 듯
수동적인 마을 위로 번져갔다.
잠시 동안은 모든 흙더미가 작은 섬이 되고,**

그곳, 친근한 아라라트 산[20] 위에서
지친 물쥐가 몸을 쉬었다.
무스케타퀴드 강은
잔물결 하나 보이지 않았다.
그 흐름조차 감추어진 듯,
가장 깊은 영혼이 가장 고요히 숨 쉬듯,
생각이 가슴속에서 부풀어 오를 때와 같았다.
여름 가뭄에는 잔물을 일으키며
소란을 피우던 강이,
지금은 냅쇼틱 절벽 아래까지 잠들어 있었다.
단 한 척의 작은 배도
그 표면을 흔들지 못했다.
그러나 천 개의 먼 언덕에서
천 개의 시냇물이 더 크게 포효하며,
이제 말없이 가라앉아 있던 수많은 샘들과
억눌린 콧노래를 부르던 시내들이
더 빠르게 솟구쳐 오르고, 더 빠르게 흘러갔다.
비록 그 소리들이 조수 아래
깊이 묻혀 있었을지라도.
우리 마을은 시골의 베네치아를 닮았다.
늪지대는 넓은 석호가 되었고,
저 단풍나무 사이 평온히 자리한 작은 만은
나폴리 만처럼 사랑스러웠다.

---

20 아라라트 산(Ararat): 성경 「창세기」에서 노아의 방주가 머물렀다고 전해지는 산으로, 현재 터키 동부에 위치한다. 소로는 홍수 속 작은 흙더미를 아라라트 산에 비유하여, 그 위에서 쉬는 물쥐의 모습을 방주와 겹쳐 보았다.

그리고 내 이웃의 옥수수밭에서는
나는 금각만을 알아보았다.
여기서 자연은 해마다 가르쳤다.
아직은 붉은 피부의 사람들만이
그 가르침을 들으러 찾아왔던 시절,
내 생각에 이곳, 예술의 학교에서
베네치아와 나폴리가
그들의 기법을 배웠던 것이리라.
그러나 여전히 그들의 여주인, 자연은
그 어린 제자들을 뒤에 남겨둔 채
자신의 길을 걸어가고 있었다.

이제 어부는 배를 수리하고 띄운다. 작살질에 가장 알맞은 때는 이 계절, 잡초가 자라기 전이고 물고기들이 얕은 물에 머무를 때다. 여름에는 물고기들이 시원한 깊은 곳으로 내려가고, 가을에는 여전히 풀과 갈대 사이에 가려지기 때문이다. 첫 번째 필수품은 화덕의 연료다. 이를 위해 보통 송진 가득한 소나무 뿌리가 쓰이는데, 오래전 베어진 소나무의 썩은 그루터기 아래에서 흔히 발견된다.

쇠테로 만든 화덕이나 철제 잭을 배의 뱃머리에, 물 위 약 3피트 높이에 달고, 일곱 개의 가시가 달린 14피트 길이의 물고기 작살을 준비한다. 거기에 연료와 잡은 물고기를 담을 큰 바구니나 손수레, 두꺼운 외투까지 갖추면 비로소 순항 준비가 끝난다. 따뜻하고 고요한 저녁이면 더없이 좋다. 그러면 뱃머리에서

타닥거리는 불길과 함께, 사람은 마치 쿠쿨로[21]처럼 밤 속으로 나아갈 수 있다. 가장 둔한 영혼일지라도 모험심 없이는 감히 떠날 수 없는 원정이다. 마치 카론[22]의 배를 훔쳐 명계의 영역으로 들어가, 한밤중 스틱스 강을 따라 내려가는 듯하다.

떠다니는 이 별빛 같은 불길은 사색하는 산책객에게도 많은 상념을 던져주며, 도깨비불처럼 그를 초원 위로 이끌곤 한다. 혹은 더 현명한 이라면, 고요한 밤 멀리서 어떤 인간의 삶이 그 촛불을 중심으로 나방처럼 맴도는지 상상하며 즐길 것이다. 물 위를 부드럽게 밀어내는 항해자는, 마치 자신이 이 어두운 영역의 인광체이자 빛을 가져오는 자, 혹은 공간을 축복하는 또 하나의 자매 달인 듯, 은근한 자부심과 은혜의 감각 속에서 나아간다. 양손으로 한두 로드, 깊이로는 몇 피트까지, 물은 대낮보다 더 선명히 밝혀지고, 그는 오랫동안 기다리던 기회를 즐긴다. 도시의 지붕들이 들려 올려지고, 그는 물고기들의 한밤중 살림살이를 들여다본다.

물고기들은 다양한 자세로 누워 있다. 어떤 것은 등을 대고 흰 배를 드러낸 채 떠 있고, 어떤 것은 물 중간에서 부유하며, 어떤 것은 꿈결 같은 지느러미의 움직임으로 부드럽게 나아가고, 또 어떤 것은 활발

---

21 쿠쿨로(Cucullo): 라틴어 어원으로, 어부나 순례자가 쓰던 후드 달린 외투를 뜻한다. 여기서는 밤 속에서 불빛과 함께 움직이는 어부의 모습이 은유적으로 겹쳐진다.

22 카론(Charon): 그리스 신화에서 망자의 영혼을 스틱스 강이나 아케론 강을 건너 저승으로 데려가는 뱃사공.

하고 정신이 말똥말똥하다. 이는 인간 도시의 광경과 다르지 않다. 때로는 맛있는 조각을 고르는 거북이나, 흙더미 위에서 쉬는 사향쥐를 마주칠 수도 있다. 그는 원한다면 멀리 있는 민첩한 물고기를 겨냥할 수도, 냄비에서 감자를 꺼내듯 가까운 물고기를 찍어 올릴 수도, 심지어 깊은 잠에 빠진 고기를 손으로 잡을 수도 있다. 그러나 곧 이러한 솜씨보다는 자신의 탐구가 지닌 진정한 목적을 깨닫게 된다. 그것은 잡는 데 있지 않고, 위치가 주는 아름다움과 끝없는 새로움에서 보상을 찾는 데 있다.

물가에 자란 소나무들은 불빛 속에서 대화재의 섬광처럼 새롭게 드러난다. 어부가 불빛을 들고 버드나무 아래를 흘러가면, 노래참새는 종종 횃대에서 깨어나, 아침을 위해 남겨두었던 노래를 한밤중에 흘려보낸다. 일을 마친 후 그는 북극성을 바라보며 어둠 속에서 집으로 가는 길을 조정해야 할지도 모른다. 그리고 길을 잃은 듯한 땅 위에서조차, 별에 몇 도 더 가까워졌다고 느낄 것이다.

이런 방식으로 흔히 잡히는 물고기는 창꼬치, 빨판상어, 농어, 뱀장어, 메기, 도미, 그리고 샤이너로, 하룻밤에 30에서 60파운드에 이른다. 그러나 빛이 부자연스럽기에, 농어 같은 경우 어두운 가로줄이 과장되어 더욱 사나운 모습으로 보이기도 한다. 보고서에는 줄무늬의 수가 7개라 했으나, 이는 일정하지 않아 어떤 연못에서는 9개, 심지어 10개인 경우도 있다.

이 근방에는 8종의 거북, 12종의 뱀(그중 단 한 종만이 독사), 9종의 개구리와 두꺼비, 9종의 도롱뇽, 그리고 1종의 도마뱀이 사는 것으로 기록되었다. 나는 특히 뱀의 움직임에 매혹된다. 그들은 우리의 손과 발, 새의 날개, 물고기의 지느러미조차 불필요해 보이게 만든다. 마치 자연이 그들을 만들 때 단순히 자신의 상상력을 마음껏 발휘한 것 같다. 검은 뱀은 쫓기면 덤불 속으로 쏜살같이 들어가, 새가 가지에서 가지로 날듯 땅 위 5~6피트 높이의 가늘고 앙상한 잔가지들 사이를 쉽게 회전하며 오르내린다. 갈라진 가지 사이에 화환처럼 매달리기도 한다. 단순한 생명체의 탄력성과 유연성은 더 고등한 동물의 복잡한 사지 체계와 견줄 만하다. 우리는 손과 발의 거친 도움 없이도, 뱀처럼 현명하고 교활하다면 충분히 어려운 재주를 부릴 수 있을 것이다.

5월이 되면 늑대거북이 초원과 강에서 자주 잡힌다. 어부는 잔잔한 수면을 응시하다 수십 로드 떨어진 곳에서 물 위로 불쑥 튀어나온 주둥이를 발견한다. 그것은 서둘러 헤엄쳐 물을 흐트러뜨리기를 꺼려, 결국 쉬고 있던 자리로 가라앉는다. 알은 종종 물가의 부드러운 곳, 마치 비둘기 둥지 같은 곳에 묻혀 있으나, 스컹크가 자주 먹어치운다. 늑대거북은 대낮에도 두꺼비가 파리를 잡듯 물고기를 잡으며, 그들을 유인하기 위해 입에서 투명한 액체를 내뿜는다고 한다.

겨울에 나는 길을 걷다 잠시 멈춰 서서, 나무들이 아무런 계산도, 망설임도 없이 그저 자라나는 모습을 감탄하곤 했다. 그들은 사람처럼 기회를 기다리지 않는다. 지금이 곧 어린나무들의 황금시대다. 땅과 공기, 태양과 비, 그것이면 충분하다. 원시 시대에도 이보다 나을 수는 없었을 것이다. 그들에게 불만스러운 겨울은 결코 찾아오지 않는다. 앙상한 가지 곁에서 서리와 마주 서 있는 토종 포플러의 새싹을 보라. 그것들은 당당하고 벌거벗은 자신감을 드러낸다. 명랑한 마음만 있다면 사람도 황야의 나그네가 될 수 있으리라. 그곳에서 버드나무나 오리나무의 유화(꽃이삭)만이라도 찾을 수 있다면 말이다. 나는 배핀만[23]이나 매켄지강[24] 근처를 탐험한 북방 모험가들의 기록에서 그것들에 대해 읽으며, 심지어 그곳에서도 내가 어떻게 살아남을 수 있을지 그려본다. 그것들은 우리의 작은 식물 구원자다. 내 생각에 우리의 미덕은 그것들이 다시 올 때까지 버틸 것이다. 이 발명품의 진정한 창조자는 미네르바[25]나 케레스[26]보다 더 위대한 존재일 자격이 있다. 인류에게 그것들을 하사한 자비로운 여신은 누구였던가.

   자연은 언제나 신화적이고 신비로우며, 천재의 자

---

23 배핀만(Baffin Bay): 캐나다 북극해에 위치한 만으로, 북극 탐험가들의 주요 항로였다.

24 매켄지강(Mackenzie River): 캐나다 북서부를 흐르는 대하로, 북극해로 흘러든다.

25 미네르바(Minerva): 로마 신화의 지혜와 전략의 여신. 그리스 신화의 아테나와 동일시된다.

26 케레스(Ceres): 로마 신화의 곡물과 풍요의 여신. 그리스 신화의 데메테르에 해당한다.

유와 사치 속에서 일한다. 그녀는 단순히 예술적일 뿐 아니라, 화려하고 장엄한 양식을 지녔다. 순례자의 잔을 빚어낼 때조차, 줄기와 잔, 손잡이와 코 전체에 어떤 환상적인 모양을 덧붙인다. 그것은 마치 전설 속 바다의 신 네레우스[27]나 트리톤[28]이 타는 마차가 될 듯하다.

겨울이 되면 식물학자는 굳이 야외 활동을 포기하지 않아도 된다. 책과 표본집에만 갇히지 않고, 이른바 '결정 식물학'이라 부를 만한 새로운 연구, 즉 식물 생리학의 또 다른 영역을 탐구할 수 있다. 1837년 겨울은 이 연구에 특히 유리했다. 그해 12월, 초목의 정령은 밤마다 여름의 서식지 위를 끈질기게 맴도는 듯 보였다. 이곳에서는 보기 드문 된서리가 여러 차례 내렸는데, 그 완전한 효과는 오직 해 뜨기 전 고요한 새벽에만 목격할 수 있었다. 나는 서리 내린 아침 일찍 나가 나무들이 어둠 속에서 깜빡 잠든 생명체처럼 보이는 것을 보았다. 저쪽에는 햇살이 닿지 않은 계곡에서 회색 머리칼을 흩날리며 옹기종기 모여 있었고, 이쪽에는 물길을 따라 인디언 대열처럼 서둘러 이동하고 있었으며, 풀과 덤불들은 밤의 요정이나 페어리처럼 몸을 줄이고 눈 속에 숨으려 애쓰고 있었다. 높은 둑에서 내려다본 강은 온통 하얀 풍경 속에서도 황록빛을 띠었다. 눈 위로 고개를 내민 나무와

---

27   네레우스(Nereus): 그리스 신화의 바다의 노인으로, 예언과 변신의 능력을 지닌 신.

28   트리톤(Triton): 그리스 신화에서 포세이돈의 아들로, 바다의 전령 역할을 한 반인반어(半人半魚) 신.

풀잎, 덤불은 빽빽한 얼음 잎사귀를 두른 듯했는데, 여름의 잎사귀들이 하나하나 다시 모양을 재현한 듯 보였다. 심지어 울타리마저도 밤사이 새 잎을 내밀었다. 그 중심과 갈라지는 맥, 더 가는 섬유들까지 완벽히 뚜렷했고, 가장자리는 규칙적인 톱니 모양이었다.

이 유령 같은 잎들은 잔가지나 그루터기의 반대편에 돋아 있었고, 대부분 직각으로 태양을 향했으며, 다른 잎들은 위로 겹겹이 솟아나 서로 포개져 있었다. 그러나 그것들을 지탱하는 실제 가지는 없었다. 첫 햇살이 비스듬히 풍경을 덮을 때, 풀들은 무수한 보석으로 장식된 듯 반짝였고, 여행자의 발길에 스치면 즐겁게 짤랑거리며, 움직일 때마다 무지개의 색조를 흩뿌렸다. 나는 이 유령 잎들과 실제 푸른 잎이 단 하나의 법칙에 따른 피조물임을 깨달았다. 즉, 같은 법칙 아래에서 식물의 즙은 완전한 잎으로 부풀어 오르고, 동시에 결정 입자들은 동일한 질서 속에서 제 깃발 아래로 모여든다. 물질은 달라도 법칙은 동일하고 불변하다. 봄의 식물들은 단지 영원한 형틀 속으로 밀고 올라 그 자리를 채울 뿐이다. 그 형틀은 계절과 상관없이 언제나 가득 채워지기를 기다리고 있다.

이 잎 모양의 구조는 산호와 새의 깃털, 그리고 생물과 무생물의 광대한 영역에 공통적이다. 법칙은 물질과 무관하게 동일하게 작용한다. 이는 자연의 운율에서도 마찬가지로 드러난다. 어떤 동물의 형태, 색, 냄새가 특정 식물에서 대응되는 것을 찾을 수 있을 때 그렇다. 실로 모든 운율은 감각과 무관한 영원한

멜로디를 암시한다.

초목이 일종의 결정화라는 사실은 쉽게 확인할 수 있다. 누구나 창문에 내린 서리가 녹아가는 가장자리에서 바늘 모양의 입자들이 모여, 곡식이 물결치는 들판이나 여기저기 솟아오른 짚단을 닮은 모습을 볼 수 있다. 한쪽에는 동양의 풍경화에서 본 듯한 높이 솟은 야자수와 넓게 드리운 반얀나무가 있고, 다른 쪽에는 가지를 늘어뜨린 채 뻣뻣하게 얼어붙은 북극 소나무가 있다.

초목은 예로부터 모든 성장의 전형으로 여겨졌다. 그러나 결정체에서는 물질이 더 단순하고, 대체로 더 일시적이며 덧없기 때문에, 법칙이 훨씬 더 분명히 드러난다. 그렇다면 모든 성장을, 자연의 한계 안에서 이루어지는 모든 충만을, 빠른 결정화 과정으로 보는 것이야말로 편리하면서도 철학적이지 않겠는가.

강의 높은 둑 옆, 물이나 다른 원인으로 생긴 공동의 입구마다, 가장자리에는 성채의 문처럼 반짝이는 얼음 갑옷이 드리워져 있었다. 어떤 곳에서는 줄지어 행진하는 전사들의 깃털 장식 같았고, 다른 곳에서는 소인국 군대가 흔드는 부채꼴 깃발 같았으며, 또 다른 곳에서는 소나무 깃털 같은 바늘 모양 입자들이 창병의 밀집 대형처럼 보였다. 시냇물 얼음 밑에는 4~5인치 깊이의 각기둥 모양 결정 덩어리가 매달려 있었는데, 그 아래 끝은 열려 있었다. 얼음을 매끄러운 면에 두었을 때, 그것은 고딕 양식 도시의 지붕과 첨탑을 닮았고, 돛을 높이 올린 붐비는 항구의 배들처럼 보였다. 심지어 녹아내린 얼음길의 진흙조차도 곧은 균열로 결정화되어 있었고, 바큇자국 옆의 결정 덩어리들은 석면의 섬유 배열과 똑같았다. 그루터기와 풀뿌리 주변에는 서리가 원뿔 모양의 껍질이나 요정의 고리로 엉겨 있었다. 어떤 곳에서는 얼음 결정이 화강암 위, 곧 석영 결정 위에 놓여 있었는데, 그것은 더 긴 밤, 더 긴 세월이 빚어낸 작품이었지만, 인간의 짧은 수명에 편견 없는 눈에는 그저 전자의 결정만큼이나 빨리 녹아 사라지는 것으로 보였다.

무척추동물에 관한 보고서는 시간과 공간의 가치를 새롭게 인식하게 해주는 특이한 사실을 기록하고 있다.

"해양 조개의 분포는 지질학적으로 주목할 만하다. 연방의 오른팔과도 같은 케이프 코드(Cape Cod)는 바다로 약 50~60마일 뻗어 있으며, 그 폭은 어디에서도 몇 마일을 넘지 않는다. 그러나 이 좁은 땅끝은 지금까지 많은 연체동물 종의 이동을 가로막아 왔다. 단지 몇 마일의 땅으로 나뉘었을 뿐인데도 여러 속과 수많은 종이 케이프에 의해 섞이지 못하고, 한쪽에서 다른 쪽으로 넘어가지 않는다. 197종의 해양 종 가운데 83종은 남쪽 해안으로 넘어가지 않고, 50종은 북쪽 해안에서 발견되지 않는다."

사향쥐가 봄철 바위와 그루터기 위에 남겨두는 흔한 홍합, 즉 유니오 콤플라나투스(Unio Complanatus), 혹은 더 정확히는 플루비아틸리스(Fluviatilis)[29]는 인디언들에게 중요한 식량이었던 듯하다. 그들이 잔치를 벌였다고 전해지는 한 곳에서는, 강 위 30피트 높이에서 그것이 대량으로 발견된다. 깊이 1피트에 이르는 층으로 쌓여 있으며, 재와 인디언 유물들이 섞여 있다.

우리가 성경에서 구절을 고르듯, 장의 서두에 놓은 저작들은 열정보다는 노고의 흔적을 더 강하게 보여준다. 연방은 직접적으로 유용할 사실들을 더 원했을 것이고, 부의 목록을 충실히 작성하길 바랐을 것이다. 그러나 어류, 파충류, 곤충, 무척추동물에 관한 보고서들은 분명한 연구와 수고의 결실이며, 입법부의 목적을 넘어서는 고유한 가치를 지닌다.

초본 식물과 조류에 관한 부분은 비글로와 너톨[30]의 저작을 통해 이미 접근할 수 있는 만큼, 더 큰 의미를 지니기는 어렵다. 그것들은 다만 이 주에서 발견되는 종들을 다소 정확히 나열할 뿐이다. 그러나 우리는 스스로도 몇 가지 오류를 발견했고, 더 숙련된 눈이라면 의심할 여지 없이 그 목록을 확장할 수 있을 것이다. 네 발 짐승들은 그들이 받은 것보다 훨씬 더 충실하고 유익한 보고서를 받을 자격이 있었다.

이 책들은 일반 독자에게는 흥미롭지 않은 측량과

---

29 플루비아틸리스(Fluviatilis): 북미 하천과 호수에 흔한 민물 홍합의 학명. 원주민들의 식량 자원으로 사용되었다.

30 비글로(Andrew Bigelow)는 매사추세츠 출신의 자연사·식물학 연구자며, 너톨(Thomas Nuttall): 영국 출신 식물학자이자 조류학자, 북미의 식생과 조류 연구로 유명하다.

미세한 설명으로 가득 차 있으며, 그를 사로잡을 만한 빛나는 문장은 드물다. 마치 깊은 숲속에서 자라며 꽃은 피우지 않고 잎만 무성한 식물들 같다. 그러나 그 분야 자체가 아직 미개척지였으므로, 개척자가 첫 수확에서 꽃을 피우지 못했다고 불평할 수는 없을 것이다. 사실의 가치는 결코 과소평가할 수 없다. 그것은 언젠가 진리 속에서 꽃을 피울 것이다. 한 세기 동안 어떤 동물의 자연사에 새로운 사실이 거의 더해지지 않았다는 사실은 놀라운 일이다. 인간 자신의 자연사조차 여전히 더딘 걸음으로 쓰이고 있다.

사람들은 자신이 충분히 알고 있다고 생각한다. 모든 시골 사람과 낙농업자는 송아지의 네 번째 위 안쪽이 우유를 응고시킨다는 사실을 알며, 어떤 버섯이 안전하고 영양가 있는지도 잘 안다. 당신이 들판이나 숲에 들어가면, 모든 돌이 이미 뒤집히고, 모든 나무 껍질이 벗겨진 듯 보일 것이다. 그러나 결국, 발견은 드러냄보다 더 어렵다. "관찰하는 태도는 수그리는 경향이 있다"는 말은 옳다. 지혜는 관찰하지 않고 바라본다. 우리는 볼 수 있기까지 오랫동안 바라보아야 한다. 철학의 시작은 언제나 더디다. 두 가지 사실을 연결하거나 법칙을 분별하는 자는 그 안에 악마적인 성향을 지닌 것이다. 언젠가 학교에서조차 "물은 언덕 아래로 흐른다"를 가르쳤을지도 모른다.

진정한 과학자는 더 섬세한 감각으로 자연을 안다. 그는 다른 이들보다 더 잘 냄새 맡고, 맛보고, 보고, 듣고, 느낀다. 그의 경험은 더 깊고 정교하다. 우리는 추론이나 연역, 또는 철학에 대한 수학의 적용으로 배우지 않는다. 직접적인 교류와 공감으로 배운다. 과학은 윤리와 다르지 않다. 우리는 계략이나 기술로 진리에 이를 수 없다. 베이컨주의조차 다른 방법론과 마찬가지로 불완전하다. 기계와 기술의 모든 도움에도 불구하고, 가장 과학적인 사람은 여전히 가장 건강하고 친절한 사람일 것이며, 인디언이 지녔던 더 완전한 지혜를 가질 것이다.

1843
와추세트로의 산책

소나무의 바늘은
모두 서쪽으로 기우네.

콩코드, 1842년 7월 19일

여름이든 겨울이든, 우리의 눈은 늘 지평선에 아득히 서 있는 산들의 희미한 윤곽에 머물렀다. 거리와 흐릿함은 산들에 본래의 것이 아닌 웅장함을 부여하여, 그 산들은 시인과 여행가들이 남긴 모든 암시를 고스란히 해석하는 도구가 되었다. 우리는 호메로스와 함께 어느 봄 아침 뾰족한 봉우리가 즐비한 올림포스 산에 앉아 있기도 하고, 베르길리우스[31]와 그의 동료들과 함께 에트루리아와 테살리아의 언덕을 헤매기도 하며, 훔볼트와 더불어 보다 현대적인 안데스 산맥과 테네리페 섬을 측정하기도 했다. 그렇게 우리는 콩코드의 절벽에 서서 그 산들에게 우리의 마음을 이야기했던 것이다. ―

> 국경의 힘으로 너희는 자리를 지키고,
> 웅대한 만족감으로 너희는 세상을 둘러싸네.
> 모든 소리를 대신하는
> 소란스러운 침묵 속에서,
> 너희는 멀리 있는 시냇물의 요람이 되도다,
> 모나드녹과 피터버러 언덕들이여.
> 거대한 함대처럼,
> 비와 진눈깨비를 뚫고 항해하며,
> 겨울의 추위와 여름의 더위를 넘어
> 여전히 너희의 숭고한 과업을 이어가네.
> 하늘 한가운데서 해안선을 찾을 때까지.

---

31 베르길리우스(Vergilius, Virgil): 로마 제국 초기의 서사시인. 대표작 『아이네이스』는 로마의 건국 신화를 노래한다.

육지에 몸을 숨기지 않고,
밀수품을 싣지도 않은 채,
너희를 통해 모험을 보낸 이들은
태양 앞에 서서 그들의 정직함을 증명했네.
전함이여, 하나하나,
너희는 서쪽을 향해 달려가네,
강풍을 등에 업고,
돛을 가득 펼친 채,
헤아릴 수 없는 철의 무게를 싣고서.
나는 여기 앉아 굳건히,
너희의 힘을 느끼네.
측량할 수 없는 선창의 깊이와
넓은 선폭, 긴 삭구의 위용을.

내 생각에, 너희는 호사로운
즐거움을 누리는 듯하다.
새로운 서부의 여가 속에서.
너희 이마는 신선하고, 막 피어난 듯 푸르러,
마치 시간이 너희를 위해 멈춘 듯하다.
너희는 길게 누워,
아직 쓰이지 않은 힘을 간직한 채,
다듬지 않은 원시의 목재처럼,
굳센 무릎과 유연한 돛대를 위해 존재하네.
새로운 대륙을 빚어낼 재료,
언젠가 우리의 서부 무역을 이끌어갈,
세상의 버팀목이 될 원천으로,

광대한 공간의 바다 위에
내던져진 세상 그 자체로.

우리가 빛줄기 아래 머무는 동안,
너희는 여전히 서쪽의 낮을 능가하네.
저 너머 신의 밭에 누워,
단단한 건초 더미처럼 고요히.
은과 금으로 가장자리를 두르고,
구름은 다마스크 천처럼 드리워져,
깊은 호박빛으로 서쪽을 치장하네.
비스듬히 스며드는 몇 줄기 빛 속에서,
하늘조차 사치스러워 보이는구나.
땅끝의 산과 나무들은
마치 공중에 새겨진 듯 서 있고,
혹은 항구의 배들처럼
아침 바람을 기다리는 듯하다.
나는 상상하네.
너희 골짜기를 따라 구불구불
하늘로 이어지는 길이 있음을.
그리고 저 너머에는 여전히,
역사의 페이지를 넘어,
황금시대와 은시대가 머무르고 있음을.
거센 바람에 실려 오는 것은
다가올 세기의 소식,
새로운 사상의 왕조에 관한 예고,
너희 가장 먼 골짜기에서 불려오는 메아리.

그러나 특별히 나는 너를 기억하네,
와추세트여.
나처럼 사회로부터 벗어나 홀로 서 있는 너를.
너의 멀리 있는 푸른 눈은
하늘의 잔해와도 같아,
개간지와 협곡 너머로,
혹은 대장간의 창문을 통해,
스쳐 지나가는 모든 것을 부풀리네.
진실한 것은 아무것도 없도다.
나와 너 사이에 놓인 것 말고는.
오, 서부의 개척자여,
수치도 두려움도 모르는,
모험적인 정신에 이끌려,
하늘의 처마 아래에서
스스로를 펼칠 수 있겠는가?
그곳에서 충분한 공기를
들이마실 수 있겠는가?
하늘을 떠받치고 땅을 누르며,
태어날 때부터 주어진 과업을 이어가며,
하나에 의지하지도, 다른 하나에
기대지도 않고.
내가 너의 참된 형제임을 증명할 수 있기를!

마침내 우리는 라셀라스[32]와 행복한 계곡의 주민들

---

32 라셀라스(Rasselas): 새뮤얼 존슨의 철학적 우화 『아비시니아의 왕자 라셀라스』(1759)의 주인공으로, '행복의 계곡'을 떠나 참된 행복을 찾는 여행을 떠난다.

처럼, 서쪽 지평선을 막아선 푸른 벽을 오르기로 결심했다. 비록 그 너머에서는 더 이상 요정의 나라가 존재하지 않을지도 모른다는 불안이 우리 마음속에 스쳤지만 말이다. 그러나 우리는 여정의 끝으로 곧장 달려들지 않고, 독자를 평야 위로, 또 울려 퍼지는 바다를 따라 인도하는 호메로스의 방식을 따르려 했다. 설령 그것이 아킬레우스의 천막으로 향하는 길이라 할지라도 말이다. 사상의 세계에는 육지와 물의 광대한 영역이 있으며, 풍경은 내면 깊숙이 멀고 아름답게 자리한다. 가장 깊이 사유하는 자야말로 가장 멀리 여행한 자였다.

 7월의 어느 쾌청한 아침, 서늘하고 이른 시간에, 동행과 나는 액턴과 스토를 빠르게 지나, 후자의 마을을 흐르는 애서벳 강의 작은 지류에서 쉬며 기운을 차렸다. 튼튼한 지팡이를 손에 쥔 채 액턴의 서늘한 숲을 가로질러 걸을 때, 붉은눈비레오와 개똥지빠귀, 피비새, 뻐꾸기의 노래가 우리에게 힘을 북돋았다. 트인 시골에 들어서자, 우리는 들판의 신선한 향기를 깊이 들이마셨고, 온 자연은 다만 누워 바라보이고 여행되기를 기다리고 있는 듯했다. 어스름 속에서 희미하게 보이는 울타리와 농가, 딸랑이는 소리까지도 평화와 순수함을 속삭였다. 우리는 축축한 길을 따라 기쁨으로 걸었고, 그것은 낮이 저물 때 드리우는 비밀스러운 분위기와는 달리, 아직 더럽혀지지 않은 신선한 고요였다. 그것은 빛과 더불어 존재하는 고독이었으며, 어둠 속에서 느끼는 고독보다 더 나았다. 이

내 들판에서 풀을 베는 낫 가는 소리가 울려 퍼졌고, 그것은 소들의 울음소리와 뒤섞여 들려왔다.

우리의 길은 홉이 무성한 고장을 지나갔다. 이 식물은 아마도 미국 풍경에서 포도나무의 부재를 대신하며, 여행자에게 이탈리아와 남프랑스를 떠올리게 한다. 홉 덩굴이 장대 사이에서 우아한 화환처럼 얽혀 단단하고 규칙적인 녹색의 덩어리를 이룰 때, 길손에게 상쾌한 미풍을 주는 시원한 그늘이 마련될 때, 9월이 되면 여자와 아이들, 그리고 멀고 가까운 이웃들이 긴 통을 들고 모여 홉을 딸 때, 혹은 늦가을에 장대가 거대한 피라미드처럼 마당에 쌓이거나 길가에 무더기로 놓여 있을 때, 그는 언제나 유럽 남부를 떠올릴 것이다. 홉 재배와 수확, 건조, 포장 과정은 포도 재배와 놀라울 만큼 흡사하여, 미래의 시인들에게 풍부한 주제가 될 수 있으리라.

우리가 잠시 쉬었던 시냇물의 이름을 초원의 풀 베는 이는 알지 못했다. 이름이 있는지조차 몰랐다. 그러나 그의 더 젊은 동료, 아마도 동생쯤 되는 이는 그것이 '그레이트 브룩'이라 불린다는 것을 알고 있었다. 같은 들판에서 아주 가까이 서 있었지만, 두 사람이 가진 지식은 서로 너무도 멀리 떨어져 있었던 셈이다. 그리고 낯선 길손이 다가와 묻기 전까지는 서로의 숨은 앎을 전혀 의심하지 않았다.

볼턴에서는, 우리가 오두막 울타리 난간에 기대어 쉴 때 안에서 흘러나오는 음악이 들려왔다. 아마도 나그네인 우리를 위한 작은 환영의 선율이었을 것이다. 그것은 사람들 어디에서나 여전히 익숙한 기쁨 속에서 삶을 이어가고 있음을 상기시켜 주었다. 그러나 길손인 우리는 곧 깨달았다. 인간의 삶은 어디에서나 몇 가지 단순한 사실과 관계로 이루어져 있으며, 그것을 새롭게 발견하기 위해 여행한다는 것은 헛된 일이라는 것을. 꽃들은 그보다 더 다양한 방식으로 자란다.

그러나 곧 더 높은 땅에 이르러 산의 전망이 펼쳐지자, 우리의 여정이 헛되지 않았음을 알았다. 그곳에서 우리는 단지 그 산들의 이름을 주민들의 입술에서 더 진실되고 야성적인 발음으로 듣는 것만으로도 만족스러웠다. 웨이태틱, 웨이추세트가 아니라, 워태틱, 워추세트였다. 그 억양은 우리의 세련되고 길들여진 발음을 부끄럽게 했고, 그들이 우리보다 더 서쪽에서 태어나 자란 이들임을 느끼게 했다. 그들의 혀는 더 너그럽고 넉넉한 숨결을 담고 있었다. 말을 아끼는 시골 사람은 마치 아내가 아낌없이 크림과 치즈를 내놓듯, 풍성하게 말을 내놓았다.

정오가 되기 전, 우리는 랭커스터 계곡을 내려다보는 고지대에 도착했다. 그것은 서쪽으로 향한 우리의 첫 맑고 탁 트인 전망이었다. 언덕 꼭대기, 몇 그루 떡갈나무 그늘 아래에서, 납 파이프에서 솟는 샘물 곁에 앉아, 우리는 낮의 더위를 피해 베르길리우스를 읽으며 풍경을 즐겼다. 그곳은 마치 지구의 바깥에 있는 듯한 장소였다. 그곳에서 우리는 지구의 형태와 구조를 한눈에 볼 수 있었기 때문이다. 여행의 목적지인 와추세트 산은 여전히 변함없는 비율로 우리를 내려다보고 있었으나, 아침에 보았던 천상의 모습보다는 다소 인간적인 위엄을 띠고 있었다. 반면 북쪽으로는 그 자매 산들이 지평선을 따라 차례로 누워 있었다.

우리는 『아이네이스』의 한 구절 이상을 넘어서지 못했다. ㅡ그리고 높은 로마의 성벽, 천재의 작품이 얼마나 많은 시련을 거쳐야 하는지를 묵상하지 않을 수 없었다. 2천 년 떨어진 로마의 베르길리우스가 뉴잉글랜드 언덕을 걷는 순례자에게, 이탈리아 계곡의 영감 어린 의미를 다시금 펼쳐 보여야 한다는 사실을. 이 삶은 너무나 날것 같고 현대적이며, 저 삶은 너무나 세련되고 고대적이었다. 그럼에도 우리는 베르길리우스를 읽는다. 주로 모든 시대를 관통하는 인간 본성의 동일성을 상기하기 위해서이며, 또한 시인 자신의 설명처럼 우리 역시 후기 시대의 자녀로서 똑같이 유피테르[33]의 통치 아래 살고 있음을 알기 위해서다.

> "그는 잎에서 꿀을 흔들어 털어내고,
> 불을 길어 올렸으며,
> 강처럼 어디서나 흐르던 포도주를
> 멈추게 하였네.
> 경험이, 명상을 통해,

---

33 유피테르(Jupiter): 로마 신화에서 신들의 왕. 그리스 신화의 제우스에 해당한다.

> 서서히 다양한 기술을 발명하도록 하였네.
> 밭고랑에서 옥수수 이삭을 찾고,
> 부싯돌의 맥에서 숨어 있던 불을 쳐내도록."[34]

구세계는 신세계 뒤에 고요히 서 있었다. 마치 저 멀리 다른 산 뒤에 또 하나의 산이 더욱 희미하게 솟아 있는 것처럼. 로마는 여전히 이 후기 세대에게 자기 이야기를 강요한다. 그날 아침 우리가 지나쳤던 학교의 아이들은, 이웃 랭커스터의 전쟁에 대해 듣기도 전에 이미 그녀의 전쟁을 암송하고, 그녀의 경보를 외웠다. 방랑하는 눈길은 여전히 필연적으로 그녀의 언덕에 머물렀고, 그녀는 하늘의 치맛자락을 들어 올리며 과거를 멀리 밀어내고 있었다.

이 근방의 지형 또한 여행자의 주목을 받을 만했다. 우리가 쉬었던 언덕은 남서쪽에서 북동쪽으로 나라를 가로지르는 산맥의 일부였으며, 아침에 출발했던 콩코드강과 내슈아강의 수계를 갈라놓고 있었다. 이 사실을 떠올림으로써, 우리는 길을 가로지르는 시냇물이 어디로 흘러가는지 쉽게 짐작할 수 있었다. 이와 평행하게, 그리고 15마일 더 서쪽으로는, 그로턴과 셜리, 랭커스터, 보일스턴이 자리한 깊고 넓은 계곡 너머로 와추세트 산맥이 같은 방향으로 뻗어 있었다. 내슈아강 쪽으로의 하강은 단연코 가장 급격했고, 두어 마일을 가자 우리는 남쪽 지류에 닿았다. 거

---

34 인용구는 『아이네이스』 1권에서 발췌된 부분으로, 인류가 기술과 문명을 발견해가는 과정을 묘사한다.

기서 물은 높고 자갈 많은 둑 사이를 빠르게 흘렀다. 그러나 곧 우리는 우리가 내려온 곳이 시원한 계곡이 아님을 알게 되었고, 아침 공기의 상쾌함을 그리워하며, 이제 태양이 우리에게 그의 힘을 시험할 차례가 된 것을 두려워했다.

**"무더운 태양은 중천에 이르렀고,
나무 한 그루, 풀 한 포기 없었네."**

우리는 우울하면시도 기묘한 기쁨으로, 사막에서 울려 퍼지는 동료 여행자 하산[35]의 선율적인 탄식을 되뇌었다.

**"슬픈 시간이었고,
불운한 날이었네,
처음 시라즈[36]의 성벽에서 길을 나섰을 때."**

언덕 사이의 공기는 마치 끓는 가마솥 안처럼 생기 없이 고여 있었고, 나뭇잎 하나 움직이지 않았다. 우리가 앞서 즐겼던 풀과 클로버의 신선한 향기 대신, 말라버린 풀의 향기는 단지 약초 냄새에 지나지 않았다. 결국 우리는 더위에 굴복하여 숲으로 들어가, 작은 시냇물 줄기를 따라 거닐며 그 둑에서 한가로이

---

35 하산(Hassan): 아랍 세계에서 흔한 이름으로, 여기서는 동방적 색채를 지닌 여행자 혹은 시인의 상징적 목소리로 보인다.

36 시라즈(Shiraz): 페르시아(현 이란)의 도시로, 고대부터 시와 예술의 중심지.

머물고, 이 새로운 들판의 산물을 여유롭게 살폈다. 이 계절에 숲길을 지나는 이라면 종 모양의 작은 꽃과 가느다란 붉은 줄기를 가진 개버무리, 더 굵은 줄기와 열매를 맺은 자리공을 기억하게 될 것이다. 이 두 식물은 외지고 야성적인 풍경에서 흔히 볼 수 있다. 그리고 만약 "향기로운 고사리에서 반사되는 태양열"이 그를 기절시킨다면, 헐벗은 언덕을 오르다 쓰러졌을 때, 이 지역에 처음 들어온 개척자들이 불평했듯이, 계곡 사이 늪지 진달래의 시원한 향기가 그를 회복시킬 것이다.

늦은 오후, 우리는 길을 이어가며, 발걸음이 시냇물마다 멈춰 서 발을 담갔다. 이윽고 언덕의 그림자 속에 들어서자, 아침의 탄력이 우리 몸에 다시 돌아왔다. 스털링을 지나, 우리는 저녁 무렵 그 마을 서쪽의 스틸워터 강둑에 이르렀다. 그곳에는 작은 마을이 모여 있었는데, 이미 어디선가 서부적인 기운이 풍겨왔다. 소나무 냄새와, 새로 막힌 댐에서 울려 퍼지는 물소리, 이 모든 것이 이름과 달리 오히려 상쾌하게 느껴졌다.

첫 개간지가 열리고, 몇 에이커가 평평해지고, 몇 채의 집이 세워지면, 오히려 숲은 이전보다 더 야생적으로 보인다. 자연은 스스로에게 맡겨졌을 때 항상 일정한 세련됨을 지니지만, 도끼가 숲 가장자리를 침범한 곳에서는, 그녀가 푸른 잎사귀로 감추었던 죽고 보기 흉한 소나무 가지들이 드러난다.

이 마을은 아직 우체국도, 정식 이름도 없었다. 우

리가 들어간 작은 마을에서, 사람들은 만족스럽고 거의 동정적인 표정으로 우리를 바라보았다. 마치 우리가 늦은 시간에 세상에 막 데뷔하는 듯 보였던 것이다. "그럼에도 불구하고," 그들의 시선은 말하는 듯했다. "와서 우리를 살피고, 사람과 예절을 배우시오." 각자의 세계는 단지 숲속의 개간지, 그만큼 열리고 둘러싸인 땅에 지나지 않았다. 주인은 아직 일꾼들과 함께 밭에서 돌아오지 않았고, 소들은 젖을 짜야 했다.

그러나 우리는 스웨덴 여관 벽에 새겨진 글귀를 떠올리며 만족했다. — "트롤헤탄[37]에서는 훌륭한 빵, 고기, 와인을 찾을 수 있을 것입니다. 단, 당신이 그것들을 가져온다면 말이죠." 그러나 나는 고백해야 한다. 이 외딴곳에서 주인이 우리 마을 신문을 건네주었을 때, 우리의 즐거움은 조금 흐려졌다. 마치 시골이 여행자에게 주는 가장 큰 매력이 도시와의 단절이 아니라 오히려 소통의 용이함인 양 느껴졌기 때문이다. 그 땅이 제 영원한 언덕에 기대어 쉬게 하고, 그 정상에서 보스턴이나 뉴욕 같은 하찮은 도시를 내다보지 않게 하라.

간간이 우리는 밤새도록 물의 속삭임과 귀뚜라미의 졸린 숨결을 들었다. 그리고 잿빛 여명이 번지던 이른 아침, 밤공기로 성스러워진 공기 속에서, 아직은 순박한 소들만이 움직이고 있을 때, 우리는 아쉬

---

37 트롤헤탄(Trollhättan): 스웨덴 서부의 도시. 고대부터 폭포와 운하로 유명하며, 여행자들의 기록에 종종 등장한다.

움을 품고 여관을 떠났다. 산기슭까지는 불과 4마일 남짓이었으나, 풍경은 이미 한 폭의 그림처럼 바뀌어 있었다. 길은 스틸워터 강줄기를 따라 나 있었는데, 강은 소나무와 바위로 가득 찬 깊은 협곡 바닥에서 굉음을 내며 흘렀다. 산에서 막 쏟아져 내렸지만, 아, 너무도 이른 나이에 벌써 쓸모의 경력을 시작해야 하는 운명이었다. 처음에는 구름이 우리와 정상 사이를 가리고 있었으나, 곧 바람에 흩어졌다.

길가에 무성히 자란 산딸기를 따며 우리는 그것이야말로 고상한 신중함과 어울리는 행위라 여겼다. 마치 산을 오르는 여행자는 그곳의 신들이 기꺼이 내어주는 가벼운 음식을 먹고 몸을 강화해야 하는 것처럼 말이다. 산비탈에서 솟아나는 샘물을 마시며, 점차 더 맑고 희박한 공기를 들이마셨다. 그렇게 그들 자신의 과일을 제물 삼아 산신들을 달래듯. 평야와 계곡의 거친 산물은 그곳 사람들을 위한 것이었으나, 우리에게는 이 산딸기 즙이 정상의 희박한 공기와 더불어 특별한 친연성을 지닌 듯 느껴졌다.

이윽고 우리는 본격적으로 산을 오르기 시작했다. 처음에는 송곳 자국이 새겨진 웅장한 설탕단풍나무 숲을 지났고, 이어 더 빽빽한 숲을 지나자 나무는 점차 왜소해지다가 마침내 전혀 자취를 감추었다. 마침내 우리는 정상에 도착해 작은 천막을 쳤다. 그곳은 프린스턴 마을보다 겨우 1,900피트 높고, 해수면보다 3,000피트 높은 곳이었지만, 이 약간의 고도가 평야와는 무한한 간극을 만들어 주었고, 우리는 마치 멀리 페트라 아라비아[38]나 극동을 여행한 듯한 이국의 감각에 사로잡혔다.

지팡이 끝에 앉은 울새 한 마리가 시야에서 가장 높은 물체였고, 제비들이 주위를 날았다. 가까이서는 토히새와 뻐꾸기의 울음소리가 들렸다. 정상은 몇 에이커 남짓한 벌거벗은 암반 위에 펼쳐져 있었고, 곳곳에 블루베리 덤불, 산딸기, 구스베리, 딸기, 이끼, 가늘고 뻣뻣한 풀이 드문드문 섞여 있었다. 흔한 노란 나리와 난쟁이 산수유는 바위 틈마다 풍성히 자라고 있었다. 완만히 둥근 이 맑은 공간은 몇 피트 아래 빽빽한 관목 숲으로 경계 지어져 있었는데, 떡갈나무, 단풍나무, 사시나무, 너도밤나무, 벚나무, 그리고 마가목까지 섞여 있었다. 그 사이에서 우리는 둥굴레의 밝은 블루베리와 노루발풀의 열매를 발견했다.

이전에 가장 높은 지점에 세워졌던 목조 전망대의 기초, 직경 12피트, 높이 5~6피트의 속 빈 돌무더기 위에 서서 우리는 북서쪽의 모나드녹 산을 올려다보았다. 그것은 거의 천 피트나 더 높이 솟아 있었으며, 달라진 윤곽에도 불구하고 여전히 "저 멀리 푸른 산"이었다. 그러나 첫날의 하늘은 너무 흐려 우리가 그 불분명한 윤곽을 풀려는 노력이 헛수고였다. 하늘을 다시 들여다보는 듯했으며, 흩어진 숲의 조각들은 낮은 하늘 위를 떠다니는 구름처럼 보였다. 공중의 폴리네시아를 항해하는 자들에게 지구는 에테르 속에

---

38 페트라 아라비아(Petra Arabia): 요르단 남부에 위치한 고대 도시 페트라. 절벽과 바위에 새겨진 건축물로 유명하다.

떠 있는 거대한 섬처럼 보였으리라. 사방은 끝없이 이어지는 하늘이 마치 깊은 바다처럼 우리를 에워쌌다. 푸른 태평양의 섬들, 그곳에 어떤 섬사람들이 사는지 누가 알겠는가? 그러나 그 해안 가까이 다가가면, 우리는 나무가 흔들리는 것을 보고, 소가 우는 소리를 듣게 된다.

우리는 더 맑은 하늘을 기다리며, 그곳에서 새로운 기쁨으로 베르길리우스와 워즈워스를 읽었다. 흐린 날씨도 『피터 벨』[39]의 단순한 진실과 아름다움을 감상하는 데에는 방해가 되지 않았다.

**"그리고 그는 당나귀들 옆에 누워 있었네,
높은 체비엇 언덕 위에서."**

**"그리고 그는 요크셔 계곡을 터벅터벅 걸었네,
바위와 구불구불한 벼랑 사이를,
마을들이 깊고 낮게 자리한 곳,
그들의 작은 하늘 조각 아래,
작은 별 무리 아래."**

누가 알겠는가. 이 언덕이 언젠가 헬벨린[40]이나 심

---

39 『피터 벨』(Peter Bell): 윌리엄 워즈워스(William Wordsworth)의 서사시. 평범한 인물의 내적 각성을 다룬 작품.

40 헬벨린(Helvellyn): 잉글랜드 레이크 디스트릭트에 위치한 산. 워즈워스 등 호수 시인들의 시에 자주 등장한다.

지어 파르나소스[41]처럼 되어, 뮤즈들이 이곳을 찾고, 다른 호메로스들이 이 평야를 영감의 터전으로 삼게 될지.

> **"무심하지 않게 와추세트는 머리를 드네,
> 너무나 최근에 자연에서 얻은 들판 위로,
> 인내심 있는 이마를 간직하고,
> 마치 읽는 사람처럼 인간 역사의 새로운 연대기를."**

산이 내어준 블루베리에 우리가 가져온 우유를 더해 검소한 저녁을 차렸고, 개똥지빠귀의 저녁 노래는 능선을 따라 울려 퍼졌다. 우리의 눈은 그림으로 장식된 천장이나 융단 깔린 홀 대신, 자연이 그린 하늘과 수놓은 언덕과 숲에 머물렀다. 해가 지기 전, 매 한 마리가 여전히 우리 위를 맴도는 동안 우리는 북쪽으로 능선을 따라 걸었다. 그곳은 신들이 거닐 만한 장소였다. 너무도 엄숙하고 고독하여, 평야와의 모든 접촉에서 멀리 떨어져 있었다. 저녁이 다가오자, 안개는 수증기로 응축되며 풍경을 더욱 선명하게 드러냈고, 곳곳에서 수많은 물웅덩이가 빛났다.

> **그리고 이제 멀리 마을 지붕 위로
> 연기가 피어올랐고,**

---

41 파르나소스(Parnassus): 그리스의 산. 고대 신화에서 뮤즈들의 거처로 여겨졌으며 시와 예술의 상징이다.

더 긴 그림자가 높은 산에서 뻗어 내렸다.

 해가 저물 무렵, 우리가 돌탑 위에 서 있자, 동쪽 계곡 위로 밤의 그림자가 서서히 기어오르는 것이 보였고, 마을 사람들은 하나둘 집으로 들어가 문을 닫았다. 그 사이 달은 조용히 떠올라 하늘의 빈자리를 차지했다. 이내 같은 장면이 서쪽, 코네티컷 강과 그린 산맥까지 이어졌고, 그때 태양의 마지막 광선은 뉴잉글랜드 사람들 중 오직 우리 둘에게만 닿았다.

 보름달이 되기 전날 밤이라 달빛이 너무나 밝아, 우리는 글을 또렷이 읽을 수 있었고, 저녁 무렵에도 위험 없이 정상 위를 거닐 수 있었다. 마침 그날 밤 모나드녹 산에 불길이 번져, 서쪽 지평선을 붉게 밝히고 있었다. 그 광경은 산들의 연대를 드러내주어, 우리의 자리가 덜 고립된 듯 느끼게 했다. 그러나 마침내 바람이 거세져 우리는 텐트 속으로 몸을 피했고, 그곳에서 문을 닫고 잠들었다.

 밤중에 깨어, 바위 위를 울리며 바람이 포효하는 소리를 들을 때의 전율은 말로 다 할 수 없었다. 날씨는 몹시 추웠고 바람은 거칠게 불었다. 그러나 그 황량한 밤은 오히려 장엄할 만큼 단순했다. 밝은 달빛과 살을 에는 바람. 텐트 안은 늘 황혼보다 밝았고, 우리는 누운 채로 투명한 지붕 너머 달빛을 바라볼 수 있었다. 달은 여전히 우리 머리 위에 있었고, 양옆에는 목성과 토성이 와추세트를 굽어보고 있었다. 그들이 여전히 우리의 동행이라는 사실은 기묘한 만족감을 주었다. 그들은 우리의 운명처럼 높고, 손이 닿을 수 없는 곳에 자리했다. 진실로 별들은 인간에게 위안으로 주어진 것이었다. 우리 삶이 비굴하게만 흘러가리라 알지 못하도록, 대신 별을 바라보게 허락한 것이다. 별들은 결코 실패하지 않는 법칙 아래 타오르며, 그 불빛은 낮뿐 아니라 밤에도 꺼지지 않는다. 자연은 그토록 풍요롭고 아낌없어, 인간이 감당하기조차 어려운 빛을 쏟아낸다.

달이 기운 자리에 여명이 솟았다. 우리는 일어나 불을 피웠고, 그 불꽃은 아마 30마일 밖에서도 보였을 것이다. 날이 밝아오자 바람은 놀라울 만큼 빠르게 잦아들었다. 정상에는 이슬이 없었지만, 차가움이 그 자리를 대신했다. 새벽이 절정에 이르자, 우리는 뚜렷한 지평선의 경치를 바라보며, 마치 바다 위에 있는 듯, 먼 언덕들이 배의 갑판에서 바라본 파도 같다고 상상했다. 벚새가 주위를 날고, 동고비와 딱따구리 소리가 덤불 사이에서 울려 퍼졌으며, 박새가 곁으로 내려앉았다. 개똥지빠귀의 노래는 다시 능선을 따라 울려 퍼졌다.

마침내 우리는 해가 바다에서 솟아올라 매사추세츠를 비추는 장면을 목격했다. 그 순간부터 대기는 떠날 때까지 점점 더 투명해졌다. 우리는 시야의 광활함 속에서, 지구의 넓이가 하늘과 대응하며, 마을들이 별자리처럼 하늘의 무늬에 부응한다는 것을 깨닫기 시작했다. 비록 이 산악 풍경에는 알프스에서 느낄 숭고함은 부족했으나, 여름날의 사색에 족할 만한 거대한 풍경이 있었다.

 눈이 닿는 한 풍경에는 거의 생명이 보이지 않았다. 몇 마리 새가 스쳐 지나갔을 뿐, 붐비지 않았다. 먼 도로 위를 가는 여행자도 몇 마일 간격으로 간혹 보일 뿐이었다. 그러나 사방으로 이어진 마을들은 포도원의 계단식 밭처럼 겹겹이 솟아올라 지평선 속으로 사라졌다. 와추세트는 참으로 매사추세츠의 전망대였다. 지도처럼 길이와 너비가 한눈에 들어왔다. 동쪽과 남쪽으로는 바다의 평평한 지평선이 열렸고, 북쪽으로는 뉴햄프셔의 익숙한 언덕들이 보였다. 북서쪽과 서쪽으로는 전날 저녁 처음 모습을 드러낸 후삭 산맥과 그린 산맥이 안개 낀 듯 푸른 윤곽을 드러냈다. 그것들은 마치 아침 바람에 흩어질 구름 둑처럼 실체 없는 듯 보였다.

 그 중에서도 북서쪽의 모나드녹 산이 가장 웅장한 자태를 뽐냈다. 그 산은 두 강 사이의 분수령이었고, 이쪽에는 메리맥 계곡, 저쪽에는 코네티컷 계곡이 파란 공기의 바다 속에서 출렁이고 있었다. 이미 두 계곡은 각자의 강줄기를 따라 양키인들로 가득했으니, 그들의 운명이 어디로 흘러갈지는 누가 알 수 있으랴. 와타틱 산과 매사추세츠·뉴햄프셔의 이웃 언덕들은 우리가 서 있는 산맥과 연속을 이루고 있었다. 그러나 저 뉴햄프셔의 절벽과 곶은 밤낮으로 매사추세츠를 굽어보며, 가장 오래도록 우리의 꿈속에 나타나리라.

 그제야 우리는 산들이 땅에서 차지하는 자리와, 그

것들이 우주의 질서 속에서 어떤 위치를 차지하는지 깨달았다. 처음 정상에 올라 불규칙한 봉우리를 살필 때는 그것을 빚은 포괄적 지성의 손길을 생각지 못한다. 그러나 지평선 위에서 산줄기의 윤곽을 바라볼 때, 우리는 그 반대편 경사까지 빚어 서로 균형을 이루게 한 힘이 중심 깊숙이 일했음을 고백하게 된다. 자연의 작은 부분조차 우주의 모든 공간과 관계 맺고 있는 것이다.

애팔래치아 산맥처럼, 이 작은 산맥들도 북동에서 남서로 뻗어 있었고, 그와 평행하게 유창한 강들이 흐르고 있었다. 이는 해안의 일반적 방향, 거대한 해류의 흐름과도 일치했다. 심지어 얇게 흩어진 구름마저 같은 방향으로 떨어지고, 바람과 사람, 새들의 길도 그 경로를 따른다. 산맥은 정치가와 철학자에게 많은 것을 결정한다. 문명의 발전은 그 정상을 넘기보다 그 비탈을 따라 기어간다. 얼마나 자주 산은 편견과 광신의 장벽이 되었던가. 그러나 이 고지대를 지나며 희박한 대기를 마시면, 평야의 어리석음은 정제되고 순화된다. 많은 식물이 능선을 넘지 못하듯, 많은 어리석음도 애팔래치아 산맥을 넘지 못한다. 오직 강인한 산악 식물만이 그 능선을 넘어 저편 계곡으로 내려간다.

우리는 산을 오르며 새들의 비행, 특히 하늘 높이 나는 새들의 움직임을 어렴풋하게나마 이해할 수 있었다. 산맥이 그들의 길잡이가 되는 것을 눈앞에서 본 것이다. 캐츠킬 산맥과 하이랜즈가 그들에게 거의 걸림돌이 되지 않을 때, 와추세트와 모나드녹은 북동쪽으로 열린 통로가 되었다. 그들은 강과 계곡을 따라 이동하며, 누가 알겠는가, 산맥뿐 아니라 별들을 지표로 삼아 길을 잡을지도 모른다. 한쪽에 그린 산맥을, 다른 한쪽에 대양을 시야에 담은 새는 길을 잃을 까닭이 없었다.

정오 무렵 우리는 산을 내려와 다시 인간의 거처로 돌아왔고, 동쪽으로 발걸음을 돌렸다. 산이 띠는 더 천상적인 색조로 우리의 여정을 가늠하면서, 스틸워터와 스털링을 빠르게 지나, 랭커스터의 푸른 초원에 이르렀다. 거기서 우리는 집에 거의 다 온 듯한 친숙함을 느꼈다. 이곳은 콩코드와 너무도 닮아 있었다. 두 시내가 중심에서 합류해 물을 공급하는 모습이며, 그 밖의 여러 특징도 흡사했다.

풍경은 의외로 세련미를 지니고 있었다. 느릅나무와 홉밭, 드문드문 서 있는 숲과 넓게 펼쳐진 평야는 고전적인 품격을 풍겼다. 그러나 이곳은, 기억하겠지만, 롤랜드슨 부인이 포로로 잡혔던 곳이자 인디언 전쟁의 격전지가 아닌가. 그럼에도 7월 오후의 온화한 빛 아래에서 그 시대는 고트족의 침입처럼 까마득하게 멀게 느껴졌다. 그것은 뉴잉글랜드의 암흑시대였다.

당시의 마을 그림을 보면, 빛과 그림자가 맑고 뚜렷하게 그려져 있지만, 우리는 그 시절에 태양이 비치지 않았다고 느낀다. 사람들은 대낮에 살지 않았던 듯하다.

우리는 필립 왕 전쟁[42] 동안 언덕과 계곡에 햇살이 내리쬐는 것을 상상하지 않는다. 포거스, 스탠디시, 처치, 러벨[43] 같은 이름이 전쟁의 길에 새겨져 있지만, 그 위로 여름날의 평화로운 빛이 깃들었다고는 도저히 믿기지 않는다. 그 사건들은 언제나 희미한 황혼이나 밤의 장막 속에서 일어난 것처럼 보인다.

마침내 우리는 먼지 나는 길을 터벅터벅 걸으며, 생각조차 그 길처럼 먼지로 가라앉는 것을 느꼈다. 사유는 무너져 내리거나, 단지 혼란스러운 조각들이 리듬처럼 이어질 뿐이있다. 그리다 우리는 발걸음과 박자를 맞추며, 로빈 후드의 발라드 한 구절 같은 익숙한 운율을 무심코 흥얼거리고 있었다.

"맹세하는 자는 빠르다네, 작은 존이 말했네,
언덕 위로 바람이 불듯이.
오늘 밤 아무리 시끄러워도,
내일은 고요할지 모르니."

그러다 돌멩이에 걸려 그 흐름이 끊기면, 다른 구절이 이어졌다.

---

42 필립 왕 전쟁(King Philip's War): 1675~1678년 뉴잉글랜드 식민지 개척민과 원주민 연합군 사이에서 벌어진 전쟁. 식민지 초기 최대의 충돌로 기록된다.

43 포거스(Miles Standish), 스탠디시(John Fogus), 처치(Benjamin Church), 러벨(John Lovewell): 식민지 개척과 원주민 전쟁에 연루된 군사 지도자들. 당시 뉴잉글랜드의 갈등과 전투의 상징적 인물들이다.

> "그의 화살은 엉성하게 쏘아졌지만,
> 화살은 헛되이 날아가지 않았네.
> 보안관의 부하 중 한 명과 마주쳤으니,
> 윌리엄 어 트렌트는 살해되었네."

 그러나 가장 지친 여행자에게도 먼지 나는 길 위에는 위안이 있었다. 그의 발길이 그리는 길이 인간의 삶을 너무도 닮아 있었기 때문이다. 이제 언덕을 오르고, 다시 계곡으로 내려간다. 정상에서는 지평선과 하늘을 바라보고, 계곡에서는 다시 높은 곳을 올려다본다. 삶의 오래된 교훈을 발로 밟으며 걷는 셈이다. 비록 몸과 마음이 지쳤을지라도, 그것은 여전히 참된 경험이었다.

 우리는 내슈아 강을 떠나 길을 조금 바꾸어, 해가 저물 무렵 하버드 서쪽의 스틸리버 마을에 도착했다. 이곳은 전날 정오를 보냈던 마을의 같은 산맥 서쪽 경사면에 자리 잡은 곳으로, 북쪽을 향해 열려 있어 산의 윤곽이 주는 장관이 압도적이었다. 저녁의 평온 속에서 우리는 울새의 노래를 들으며 지나온 시골을 돌아보았다. 자연의 고요와 인간의 조급한 분주함은 대비를 이루었고, 우리는 그 차이를 외면할 수 없다. 인간의 말과 행동은 언제나 임박한 위기를 가정하지만, 자연은 영원히 고요하고 겸손하다.

 이제 평야의 산만한 삶으로 돌아왔으니, 산에서 얻은 웅장함을 조금이라도 간직해야 할 것이다. 우리 삶에도 정상은 있으며, 왜 산 정상에서 가장 깊은 계곡들이 푸른빛을 띠는지 이해해야 한다. 모든 시간 속에는 고양이 있고, 땅의 어떤 부분도 하늘을 보지 못할 만큼 낮지 않다. 우리가 시간의 정상에만 서 있다면, 지평선은 언제나 열려 있다.

    그날 밤 우리는 하버드에서 쉬었고, 이튿날 아침, 한 사람은 가까운 그로턴으로, 다른 한 사람은 콩코드의 평화로운 초원으로 길을 달리했다. 그러나 나는 그날 만난 한 농부와 그의 아내의 너그러운 환대를 잊을 수 없다. 가난한 길손에게, 그들은 기꺼이 식탁을 내주었고, 그는 그들의 실질적인 음식과 친절로 힘을 얻어, 해가 몇 도 오르기도 전에 다시 콩코드 강둑에 도착할 수 있었다.

1843
여관 주인

'집'이라는 한 단어 속에는 학교, 구빈원, 감옥, 선술집, 주택이 모두 담겨 있다. 인간이 거주하는 가장 누추한 오두막이나 동굴에도 이 모든 요소가 깃들어 있다. 그러나 지상 어디에도 완전한 집은 존재하지 않는다. 파르테논 신전도, 성 베드로 대성당도, 고딕 양식의 대성당도, 궁전도, 오두막도 모두 불완전한 생각의 불완전한 구현일 뿐이다. 누가 그런 곳에 살고 싶겠는가? 아마 신들의 눈에는 오두막이 파르테논보다 더 신성할 것이다. 신들은 자신들에게 공식적으로 봉헌된 신전이라고 해서 특별히 더 호의적으로 굽어보지 않는다. 오히려 가장 많은 인류를 품는 지붕이야말로 가장 신성한 법이다. 그렇다면 인류에 가장 깊은 관심을 두는 신들이라면, 사람들이 가장 많이 모이는 선술집을 특별히 보살필 것임이 분명하다. 내 눈에는 모든 나라에서 환대를 위해 세워진 수천 개의 성소가 멀리서 빛나는 듯하다. 기독교 세계뿐 아니라 이슬람교와 유대교의 칸(khan)[44], 카라반사라이(caravansary)[45], 그리고 여관에도 모든 순례자가 차별 없이 모여든다.

마찬가지로 우리는 완전한 인간을 찾아 동서양을 둘러보아도 헛수고일 뿐이다. 각자는 저마다 특정한 탁월함만을 드러낼 뿐이다. 그 가운데 여관 주인은 더 열린 마음과 보편적인 공감을 지닌 사람으로, 그

---

44 칸(khan): 중동과 중앙아시아 지역에서 여행자와 상인을 위한 숙소.

45 카라반사라이(caravansary): 실크로드 등 교역로에 설치된 대규모 여관 겸 무역 거점.

자체로 보상인 환대의 정신을 지니고 있다. 그는 피조물에 대한 순수한 사랑으로 사람들에게 먹을 것을 주고 잠자리를 내준다. 물론 이 직업 또한 다른 직업과 마찬가지로, 그에 걸맞지 않은 인물들이나 부당한 동기를 지닌 자들로 채워지는 경우가 많다. 그러나 그렇기에 우리는 진실하고 정직한 여관 주인을 만났을 때 더욱 소중히 여기게 된다.

 자신만의 시골 여관을 꿈꾸지 않은 사람이 누가 있겠는가? 이전에는 사적인 집에 머물던 나그네가, 그 인에서 진정으로 제집처럼, 아니 나아가 모두의 집처럼 편안함을 느낄 수 있는 그런 곳 말이다. 그곳의 주인은 진정한 주인이자, 그 땅의 군주이며, 스스로를 인류의 형제로 임명한 사람이다. 설교자가 설교할 소명을 받듯, 그는 하늘의 온갖 바람과 자신의 선한 수호신에 이끌려 진실로 그 자리에 선 사람이다. 그는 보편적인 공감과 넓고 온화한 인간성을 지녔기에, 사적인 우정이라는 다정하지만 편협한 유대를 기꺼이 희생하고, 인류를 위한 넓고 햇살 가득하며 변함없는 우정을 택한다. 그는 철학자처럼 박애의 정신으로, 혹은 빈민 구제 위원처럼 자선으로 사람들을 사랑하는 것이 아니다. 개와 말을 사랑하듯 자신의 본성에 따라 필연적으로 사랑하는 것이다. 그는 아침부터 밤까지 열린 문 앞에 서서, 더 많은 사람이 길을 따라오는 것을 보고 싶어 하며 결코 만족하지 않는다. 그에게 해와 달은 단지 나그네일 뿐이다. 하나는 낮에, 다른 하나는 밤에 길을 떠나는. 그리고 그들 또한 그의 집을 찾아와 머문다. 그의 상상 속에서는 자신의 간판과 자기 자신을 제외한 모든 것이 여행 중이다. 당신이 몇 해 동안 그의 이웃으로 지낸다 해도, 그는 여전히 길 위에서 만난 이에게나 보일 법한 예의만 보일 것이다. 그러나 역설적으로, 국가와 개인이 모두 이기적이고 배타적인 반면 그는 모든 사람을 동등하게 사랑한다. 가장 가까운 이웃을 낯선 사람처럼 대하는 것은, 오히려 온 세상을 초대해 자신의 환대를 나누려는 까닭이다. 그래서 가장 먼 길을 온 나그네야말로 그의 식솔이 된 듯한 각별한 유대감을 느끼게 된다.

그는 검은 말이나 날개 편 독수리 그림이 그려진 간판 아래 숙소를 마련해두고, 그 명성은 사방으로 퍼져 해마다 반경을 넓힌다. 모든 이웃이 그의 편이어서, 나그네가 선술집까지 얼마나 남았는지 묻는다면 대략 이런 대답을 듣게 된다. "글쎄요, 여기서 한 3마일쯤 가면 간판만 걸려 있는, 구색만 갖춘 집이 하나 있소. 하지만 슬로컴네[46]까지는 10마일밖에 안 되는데, 거기는 사람과 짐승 모두에게 훌륭한 쉼터가 되지요." 3마일 지점에서 나그네는 공적이지도 사적이지도 않은, 간판 뒤에 황량하게 서 있는 쓸쓸한 집을 지나치며, 소명을 오해한 불만 가득한 부부를 엿보게 된다. 그러나 10마일 지점에 이르러 저기 선술집이 서 있는 풍경을 보라. 참으로 즐겁다. 비와 눈만 들어오지 못할 뿐, 너무나 열려 있고 매력적이다. 그

---

46 슬로컴네(Slocum's): 소로가 예로 든 실제 혹은 상징적 여관 이름.

곳은 밝은 천으로 꾸미고 견과류와 생강빵으로 장식한 화려한 정자가 아니다. 카라반사라이처럼 소박하고 진실하다. 상업적인 예의만 오가는 태리타운[47]에 있는 것이 아니라, 들판 깊숙이 멀리서 원초적인 환대를 베푼다. 여름이라면 갓 벤 건초와 산딸기의 신선한 향기 속에서, 보이지 않는 목초지에서 울려오는 소방울 소리 속에서 말이다. 그곳은 젖과 꿀이 흐르는 땅이며, 가장 신선한 우유가 넓고 깊은 시내를 이루어 그 터를 가로질러 흐른다.

이 한적한 곳에서 선술집은 무엇보다도 먼저 집이다. 다른 곳에서는 마지막에 가서야 집이 되거나, 아예 집이 되지 못하지만 말이다. 그곳은 거주자들을 따뜻하게 하고 보호한다. 본질적으로 최초의 인류가 살던 동굴만큼 단순하고 진실하지만, 그만큼 개방적이고 공적인 공간이기도 하다. 나그네가 문턱을 넘어서는 순간, 보라! 그는 곧 주인이 된다. 이곳에서는 집 안에서 가장 예의 바르게 행동하는 사람만이 진정한 소유주라 불릴 수 있기 때문이다.

내가 상상하는 여관 주인은 자연 속에 뚜렷이 자리 잡고 있다. 그는 도끼와 삽을 들고 개척자의 활력으로 나무를 베고 감자를 심으며, 프로메테우스적인 힘[48]으로 자연의 결실을 길어 올려 수많은 사람의 필

---

47 태리타운(Tarrytown): 미국 뉴욕주 허드슨강 인근 마을. 워싱턴 어빙의 작품으로도 유명하다.

48 프로메테우스적인 힘: 그리스 신화 속 프로메테우스가 인간에게 불을 가져다주어 문명의 불씨를 마련한 신화에서 비롯된 표현으로, 창조적이고 개척적인 힘을 뜻한다.

요를 채운다. 그러면서도 지치거나 움츠러드는 법 없이, 이 드넓은 환대와 개방성을 위해 큰길까지 나와 손님을 맞는다. 분명 그는 삶의 몇 가지 근본적인 문제를 이미 해결한 사람이다. 한 손에는 막 벤 통나무를 어깨에 메고 뒷문으로 들어오면서, 다른 한 손으로는 막 도착한 나그네를 환영한다.

이곳에서 우리는 궁전이나 오두막, 사원에서도 맛볼 수 없는 자유로운 활동의 범위를 얻으며, 어디에도 침범하지 않는다. 집안일의 모든 비밀이 위아래, 앞뒤로 만인의 눈앞에 드러나 있다. 이것이야말로 사람들이 오늘날 고백하듯 살아가야 할 필연적인 방식 아닌가. 그가 무엇을 숨기고 피하겠는가? 우리가 왜 부엌을 혐오해야 하는가? 오히려 그곳이야말로 집의 가장 신성한 성소일지 모른다. 난로와 긴 의자, 장작더미와 주전자, 그리고 귀뚜라미가 있는 곳. 우리에게는 그것들에 대한 즐거운 추억이 있다. 부엌은 집의 심장, 곧 좌심실이며, 삶의 맥박이 실제로 뛰는 곳이다. 밤이면 등불이 외로운 나그네를 위로하고, 낮이면 난로의 연기가 계곡을 채운다. 사람은 집의 어느 부분보다도 부엌을 가장 덜 부끄러워해야 할 것이다. 거기에는 그의 진실성과 진지함이 깃들어 있기 때문이다. 그곳이 가장 빗자루질이 잦은 공간은 아닐 것이다. 그럴 필요가 없기 때문이다. 먼지는 자연에서보다 부엌 바닥에 더 많이 쌓이지 않는다.

따라서 여관 주인은 섬세한 성품으로는 안 된다. 그는 일상적인 삶의 모든 사고를 초월할 건강을 지녀야 하며, 현대적인 유행병 따위에는 걸리지 않아야 한다. 그는 특별한 취향 대신 풍부한 기호와 식욕을 지니고, 모든 주제에 자유롭게 감정을 표현한다. 그의 삶에는 사적이거나 개인적인 것이 없지만, 그렇다고 진부하지는 않다. 오히려 독창적이고, 집 위의 푸른 하늘처럼 공적인 투명함을 품는다. 그는 논쟁의 여지 없는 어떤 야외의 명백함을 체현한다. 그의 태도와 행동은 추상적으로는 불쾌해 보일 수 있지만, 불평할 수 없다. 그것은 인간이 하는 일이며, 그 안에서 인류가 드러나기 때문이다.

그가 식사할 때, 그는 일행 전체를 위한 위장과 장기 전체가 되어, 모두가 그 일이 잘 처리되었음을 인정하게 만든다. 그는 특이체질이나 특별한 성향을 가진 사람이 아니라, 그의 풍채가 보여주듯 보편적이고 균일하며 건강한 발달을 이룬 사람이다. 그는 모나고 비뚤어진 천재가 아니다. 그의 취향은 선술집 간판이나 풍향계의 모양을 넘어서지 않는다. 천재란 뼈다귀를 문 개처럼, 다이아몬드를 삼킨 노예처럼, 결석을 앓는 환자처럼, 은둔하며 고독을 요구하는 자다. 그는 "나는 혼자 있고 싶다—안녕히잘 가시오"라고 암시하는 존재다. 그러나 여관 주인은 그렇지 않다. 그는 사생활 없이 살 수 있는 사람이다. 사적인 생각을 품지 않고, 고독한 시간이나 안식일을 귀하게 여기지 않는다. 그는 이성의 존엄성을 주장할 만큼만 생각하고, 말하고, 신문을 읽는다.

그는 결코 혼자 있고 싶어 하지 않는다. 사교적으

로 잠들고, 깨어나고, 먹고, 마시며, 늘 인류를 기억한다. 그는 사람들의 생각 속을 거닐며, 모든 나그네로부터 길 위의 거칠지만 소박한 사건들을 듣는다. 그에게 일리아스나 셰익스피어는 오히려 시시해 보일 것이다. 우편 마차가 그의 가장 외로운 독백을 가로지른다 해도, 충분한 소식과 승객을 싣고 왔다면 그의 평정을 흔들지 못한다. 뒤에 성소가 없는 곳에서 불경함이 있을 수는 없다. 그의 삶은 속속들이 드러나 있다. 아마 그의 운명은 더 먼지 나는 곳에 떨어졌을 것이며, 그는 네거리나 다섯 갈래 길[49]에 영웅처럼 앉아 인류의 선을 위해 숭고하게 사소한 삶을 살아간다. 여행의 먼지가 그의 눈에 불어와도, 그는 맑고 만족스러운 눈빛을 잃지 않는다.

그의 집 주위로는 매 시간, 매일, 매주 닳아빠진 궤도를 따라 마차와 사람들이 돌며, 마치 그 집이 경주장의 결승점이라도 되는 듯하다. 그러나 그는 흔들림 없이 평온하게 그 안에 앉아 있다. 이웃들은 포플러나 버드나무 병풍 뒤에 소심하게 숨거나, 날카로운 못으로 방문객을 막지만, 나그네의 수레바퀴는 선술집 문턱 위를 덜컹거리며 지나가고, 그는 입구에서 채찍을 휘두른다. 그는 당신을 보며 진심으로 기뻐한다. 그 기쁨은 그의 문 위 둥근 창처럼 진실하다.

나그네는 어디에서든 자신과 보편적인 관계를 맺어줄 사람, 낯선 자신을 그 땅의 주민으로 맞아줄 사

---

49 네거리·다섯 갈래 길: 교통의 요충지를 가리키는 표현으로, 여관 주인이 인류의 삶 한가운데에서 공공적 역할을 맡고 있음을 은유적으로 드러낸다.

람을 찾는다. 여관 주인은 바로 그런 사람이다. 그의 구유는 나그네의 말에게 여물을 주고, 그의 식료품 저장실은 나그네의 식욕에 양식을 주며, 그의 대화는 나그네의 정신에 양식을 제공한다. 그는 사람이 무엇을 원하는지 잘 아는 사람이다. 그는 문밖을 나가지 않았지만, 말하자면 가장 멀리 여행한 사람이기 때문이다. 그는 인간의 필요와 운명을 이해한다. 사람은 잘 먹고 잘 자고 싶어 하고, 즐거운 동반자와 좋은 날씨를 바란다. 그리고 가장 위대한 자조차도 위대한 자만이 줄 수 있는 공감보다는, 정직한 동료가 줄 수 있는 소박한 공감을 더 원한다. 그가 가장 정직한 사람이 아니라 해도, 적어도 가장 솔직한 사람이라는 찬사는 주어야 한다. 그는 악수할 손을 내밀고, 의심할 여지 없는 관심을 보여준다. 마치 당신을 돌볼 책임을 맡은 사람처럼. 심지어 당신이 목을 부러뜨리려 한다 해도, 그는 그 방법에 대해서까지 최선의 조언을 해줄 것이다.

위대한 시인들은 자신들의 여관 주인에게 감사하는 일을 결코 잊지 않았다. 『캔터베리 이야기』[50] 서막에 등장하는 태바드 여관의 주인은 그의 직업에 영광을 더한 인물이다.

우리 주인은 모든 면에서 훌륭한 사람이었네,
어느 연회장에서든 집사장을 맡을 만했지.

---

50 『캔터베리 이야기』: 제프리 초서(Geoffrey Chaucer)가 14세기 말에 쓴 연작 서사시. 순례자들이 캔터베리로 가는 길에 각자 이야기를 나누는 형식으로 구성되어 있다.

그는 눈이 튀어나온 큰 사람이었네.
치프사이드[51]에 그보다 더 멋진 시민은 없으리.
말솜씨는 대담하고, 현명하며, 잘 배웠고,
사내다움도 전혀 부족함이 없었네.
게다가 그는 아주 유쾌한 사람이었고,
저녁 식사 후에 놀이를 시작했네,
그리고 여러 대화 속에서
즐거움에 대해 말했네,
우리가 계산을 마쳤을 때.

 그는 진정한 가장(家長)이며, 일행의 중심이었다. 누구보다도 큰 동료애와 실질적인 사교적 재능을 지닌 사람으로, 순례자들이 캔터베리로 향하는 동안 시간을 보내기 위해 각자 이야기를 하도록 제안하고, 직접 그들을 이끌며, 자신의 이야기로 마무리하는 사람이 바로 그였다.

이제, 돌아가신 내 아버지의
영혼을 걸고 맹세하건대,
너희가 즐겁지 않다면 내 머리를 치라.
더 말이 필요 없다면 손을 들어라.

 우리가 여관 주인을 존경의 대상으로 삼지는 않더라도, 위급한 순간마다 그를 찾는다. 그는 재치와 손

---

51 치프사이드(Cheapside): 런던의 번화한 거리로, 중세와 근세 영국의 상업 중심지였다.

재주를 겸비한, 무궁한 경험의 사람이기 때문이다. 그는 정치인보다 더 공적인 인물이지만, 결코 죄인으로 불릴 수는 없다. 그리고 분명히, 만약 세금과 군복무에서 면제될 만한 이가 있다면, 바로 그일 것이다.

우리 주인과 대화를 나누는 것은 자기 자신과 대화하는 것 다음으로 유익하고 즐기운 일이다. 그것은 일종의 더 의식적인 독백이며, 말하자면 우리가 보편적으로 느끼는 것을, 만약 청중이 있다면 어떤 말을 할지를 미리 시험해보는 셈이다. 그는 관대하고 열린 귀를 지녔기에, 사소하고 구체적인 설명을 요구하지 않는다.

"휴!" 하고 나그네가 외치면, 주인은 곧바로 '내 마음이 꼭 저렇군' 하고 생각하며, 이어질 말을 준비한다. 그의 태도는 가장 순수한 공감을 드러낸다. 또 다른 사람이 "불처럼 덥군요!" 하고 말하면, 주인은 이렇게 대답한다. "날씨가 험하네요, 선생님. 요즘은 통 움직임이 없어서요." 그는 손님에게 맞서거나 반박하지 않는다. 언제나 손님이 계속 말하도록 내버려두며, 그가 제 갈 길을 가게 둔다.

가장 늦게까지 앉아 있던 이가 그를 홀 안에 서 있는 채로 남겨둔 채 떠나더라도, 그는 여전히 해가 뜨고 질 때까지 깨어 있을 준비가 되어 있다. 그의 "안녕히 주무시오"는 그의 "좋은 아침이오"만큼이나 활기차다. 가장 일찍 일어나는 사람은 파리가 윙윙거리기도 전에, 그가 이미 바에서 술을 맛보고 있는 것을 발견한다. 샛별처럼 말쑥한 얼굴을 하고서, 밤새 나그네를 기다린 이처럼 보이지 않는다. 그러나 대화가 침대 이야기로 흘러가면, 그 시절 누구보다도 깊이 잠들었던 이가 바로 그였음을 알게 된다.

마지막으로 그의 도덕적 성품에 관해 말하자면, 그에게는 악이나 비열함이 조금도 없다. 그는 모든 사람이 존경할 의무 없이도 즐길 수 있는, 바로 그 정도의 미덕을 구현한다. 그는 그가 내어주는 비터스[52]만큼이나 좋은 사람이다. 그의 선함은 의심할 여지가 없다. 다만 그것은 미술관이나 박물관에 걸린 예술품처럼 감상해야 하는, 이른바 고상한 선행이 아니라, 좋은 벗이자 함께 어울리기 좋은 사람으로서의 선함이다.

누가 여관 주인의 종교에 대해 깊이 생각해본 적이 있는가? 그가 교회에 속하는지, 성찬에 참여하는지, 기도를 드리는지, 혹은 신을 두려워하는지. 의심할 여지 없이 그는 한때 신앙 체험을 했고, 회심을 느꼈으며, 성도의 견인(堅忍)[53]을 굳게 믿는 사람이었다. 어쩌면 이 마지막 교리 속에 그의 종교적 특이성이 있었을지도 모른다. 그러나 그는 양심을 지키기보다는 여관을 지킨다. 매일 자신을 대중에게 내어주는 그 행위 속에는 향기로운 자선과 진실한 사회적 미덕이

---

52 비터스(Bitters): 약초, 향신료, 뿌리 등을 알코올에 담가 쓴맛을 낸 술. 19세기에는 강장제와 소화제로도 사용되었다.

53 성도의 견인(堅忍, Perseverance of the Saints): 칼뱅주의 교리의 핵심 중 하나로, 참된 신앙을 가진 성도는 끝까지 믿음을 잃지 않고 구원에 이른다는 교리.

깃들어 있다. 그는 모든 이에게 선의를 품고 있으며, 길손에게 길을 안내하는 데 있어 사제만큼이나 훌륭하고 정직한 조언을 아끼지 않는다.

결론적으로, 선술집은 교회와 견주어도 손색이 없다. 교회가 기도와 설교가 이루어지는 곳이라면, 선술집은 그것이 실제로 효력을 발휘하는 곳이다. 전자가 선하다면, 후자가 악할 수는 없다.

1843
겨울 산책

바람은 밤새도록 블라인드를 스치며 부드럽게 속삭였고, 깃털 같은 손끝으로 창문을 두드리기도 했다. 때로는 여름 산들바람처럼 나뭇잎을 흔들며 한숨 쉬는 듯했다. 들쥐는 흙 속 아늑한 굴에서 깊이 잠들었고, 올빼미는 늪 깊숙한 속 빈 나무에 깃들었으며, 토끼와 다람쥐, 여우는 모두 제 집으로 돌아가 있었다. 파수견은 난롯가에 조용히 웅크려 있었고, 소들은 마구간에서 고요히 서 있었다. 지구 자체는 마치 마지막 잠이 아니라, 오히려 첫 잠에 든 듯 평온히 잠들어 있었다. 다만 어떤 거리 간판이나 나무 창고 문이 경첩에서 희미하게 삐걱이며, 한밤중의 노동에 지친 자연을 달래주고 있었을 뿐이다.

그 순간, 금성과 화성 사이에 깨어 있는 유일한 소리는 멀리서 감도는 내적인 온기였다. 그것은 신들이 모여 신성한 환희와 동료애를 나누고 있음을 알렸으나, 인간이 서 있기에는 너무 황량한 영역이었다. 그러나 지구가 잠든 동안에도 온 공기는 살아 있었다. 깃털 같은 눈송이가 쉼 없이 흩날리며, 마치 북방의 케레스 여신[54]이 들판에 은빛 곡식을 뿌리듯 세상을 덮고 있었다.

우리는 잠들었다가 마침내 겨울 아침의 고요한 현실에 깨어난다. 눈은 창턱 위에 솜이나 깃털처럼 부드럽게 쌓여 있었다. 넓어진 창틀과 서리 낀 유리창은 은은하고 사적인 빛을 들여보내, 실내의 아늑한

---

54 케레스(Ceres): 로마 신화의 곡물과 풍요의 여신. 그리스 신화의 데메테르에 해당한다.

환희를 더욱 짙게 했다. 아침의 고요함은 장엄했다. 우리가 창문 쪽으로 다가서자 발밑의 바닥이 삐걱거렸다. 들판 너머 맑은 공간을 내다보니, 지붕들은 눈의 무게에 잠겨 있었고, 처마와 울타리에는 눈으로 된 종유석이 매달려 있었다. 마당에는 보이지 않는 무언가를 덮은 석순 같은 눈기둥이 서 있었다. 나무와 덤불은 사방으로 하얀 팔을 들어 하늘을 향했고, 밤새 내린 눈은 마치 자연이 인간의 예술을 위한 새로운 도안을 들판 위에 장난스럽게 그려놓은 듯 환상적인 형태를 빚어냈다.

우리는 문빗장을 조심스레 열고, 쏟아져 들어오는 눈더미를 헤치며 차갑고 날 선 공기 속으로 걸어 나섰다. 이미 별들은 빛을 잃었고, 흐릿한 납빛 안개가 지평선을 두르고 있었다. 동쪽의 불길한 황동빛이 낮의 도래를 알리고 있었으나, 서쪽 풍경은 여전히 유령처럼 희미하고 어둡게 가라앉아 있었다. 그곳은 마치 타르타로스[55] 같은 그림자 세계였고, 우리가 듣는 모든 소리는 지옥에서 오는 듯했다. 닭 우는 소리, 개 짖는 소리, 장작 패는 소리, 소 울음소리—그 모두가 플루토[56]의 헛간과 스틱스 강[57] 너머에서 들려오는 듯했다. 그것들이 내포한 슬픔 때문이 아니라, 황혼 속

---

55 타르타로스(Tartarus): 그리스 신화에서 지하 세계의 심연, 죄지은 영혼이 떨어지는 깊은 구렁.

56 플루토(Pluto): 로마 신화의 지하세계의 신. 그리스 신화의 하데스에 해당.

57 스틱스(Styx): 그리스 신화에서 지하 세계를 감싸는 강. 신들도 그 이름으로 맹세하면 반드시 지켜야 했다.

의 부산스러운 기운이 지구에는 너무도 장엄하고 신비롭게 느껴졌기 때문이다.

마당에는 여우나 수달이 남긴 신선한 발자국이 찍혀 있었다. 그것은 밤의 매 순간이 사건으로 가득했으며, 원시 자연이 여전히 활동하며 눈 위에 흔적을 남겼음을 상기시켰다. 우리는 문을 나서, 외로운 시골길을 따라 힘차게 걸었다. 발밑에서 눈은 바삭바삭 소리를 내며 부서졌고, 이른 농부의 집 앞에서는 시장으로 향하는 나무 썰매가 날카롭고 맑게 삐걱거리며 움직였다. 그 썰매는 여름 내내 칩과 그루터기 사이에서 묵은 채 잠들어 있던 것이다. 멀리 눈더미와 가루눈 덮인 창문 너머로는 창백한 별빛처럼 깜박이는 농가의 이른 촛불이 보였다. 그것은 마치 어떤 엄격한 미덕이 그곳에서 아침 기도를 드리는 듯한 빛이었다. 이윽고 나무와 눈 사이에서 굴뚝 연기가 피어오르기 시작했다.

> **느릿한 연기가 깊은 골짜기에서 피어오른다,
> 새벽의 차갑고 굳은 공기를 더듬으며,
> 조심스레 낮과 친숙해진다.
> 이제 하늘로 오르는 길목에서 잠시 머물며,
> 화환처럼 빙글빙글 맴돌며 스스로와 장난친다,
> 불확실한 목적과 느린 걸음으로.**
>
> **난롯가에서 반쯤 깨어난 주인처럼,
> 그의 마음은 아직 꿈결에 잠겨 있고**

느릿한 생각들은 새로운 날의 흐름 속으로
아직 나아가지 못한다.

그리고 마침내 그것은 멀리 흘러가고,
그 사이 나무꾼은 곧은 발걸음으로 나아가며
새벽 도끼를 휘두를 마음으로 선다.

먼저 희미한 새벽 속에서 그는 멀리 보낸다,
그의 앞잡이, 그의 사절인 연기를.
지붕 위에서 가장 이르고,
가장 늦게까지 남는 순례자를,
서리 낀 공기를 맛보고,
다가올 낮을 알리게 한다.

그가 여전히 난롯가에 웅크려
문을 열 용기를 내지 못할 때,
연기는 가벼운 바람을 타고 골짜기를 내려가
평야 위에 모험적인 화환을 드리운다.
나무 꼭대기를 덮고, 언덕 위에서 머뭇거리며,
이른 새의 날개를 덥힌다.

그리고 이제, 아마도, 바삭한 공기 높이에서
지구의 가장자리 너머로 다
오는 낮을 바라보았을 것이다.
그리하여 낮은 문 앞에 선
주인의 눈과 마주하니,

마치 상공의 찬란한 구름과도 같다.

 우리는 얼어붙은 땅 너머 멀리서 농부의 집에서 울려 나오는 장작 패는 소리, 집을 지키는 개의 짖는 소리, 그리고 수탉의 먼 우렁찬 울음을 듣는다. 얇고 서리 낀 공기는 소리의 더 미세한 입자만을 짧고 달콤한 울림으로 귀에 전해주는데, 이는 마치 가장 맑고 가벼운 액체 위에서 파도가 빠르게 가라앉고, 거친 물질은 바닥으로 가라앉는 것과 같다. 소리들은 맑고 종소리 같으며, 여름보다 더 먼 곳에서 또렷하게 울려온다. 공기를 흐리게 하거나 소리를 거칠게 만드는 장애물이 더 적기 때문이다. 땅은 잘 마른 나무처럼 울림이 좋고, 평범한 시골 소리조차 선율적이다. 나뭇가지에 맺힌 얼음이 짤랑거리는 소리는 달콤하고 유려하다. 대기 속 수분은 이미 말라붙거나 얼어붙어 극도로 희박하고 탄력적이며, 그 자체로 기쁨의 원천이 된다. 물러서 팽팽해진 하늘은 대성당의 통로처럼 아치형으로 펼쳐지고, 닦아놓은 듯한 공기는 마치 얼음 결정이 흩날리는 듯 반짝인다.

 그린란드에 살던 이들이 전하길, 얼음이 언 바다는 "타는 토탄 땅처럼 연기를 내뿜고, 서리 연기[58]라 불리는 안개나 박무가 발생하는데, 이 살을 에는 연기는 종종 얼굴과 손에 물집을 일으켜 건강에 매우 해롭다"고 했다. 그러나 이 맑고 톡 쏘는 겨울의 추위

---

58 그린란드 주민들이 묘사한 '서리 연기(frost smoke)' 현상은 혹한기에 바다 표면에서 수분이 증발하며 발생하는 박무 현상으로, 극지 환경에서는 실제로 피부에 동상이나 물집을 일으킬 정도로 자극적이다.

는 오히려 폐에 약이 된다. 그것은 얼어붙은 안개라 기보다, 추위에 의해 정제되고 맑아진 여름 아지랑이가 결정화된 것이다.

마침내 해가 먼 숲을 뚫고 솟아오른다. 심벌즈가 가볍게 흔들리며 부딪히는 소리 같은 떨림과 함께, 그 광선은 공기를 녹이고, 아침은 너무도 빠른 걸음으로 여행하여 이미 먼 서쪽 산들을 금빛으로 물들이고 있다. 우리는 가루눈을 헤치며 서둘러 걸으면서, 내면의 열기에 따뜻해지고, 고양된 생각과 감정 속에서 여전히 인디언 서머[59]를 즐긴다 . 아마도 우리가 삶을 자연에 더 순응시킨다면, 그녀의 더위와 추위에 맞서 자신을 방어할 필요가 없었을 것이다. 식물과 네 발 달린 짐승처럼, 그녀가 우리의 변함없는 유모이자 친구임을 알게 되었을 것이다. 만약 우리의 몸이 자극적이고 열을 내는 음식이 아니라, 순수하고 단순한 요소들로 채워진다면, 우리는 앙상한 가지처럼 추위에 시달리지 않을 것이며, 나무들이 겨울을 성장을 위한 온화한 계절로 받아들이듯 번성했을 것이다.

이 계절에 자연의 경이로운 순수함은 가장 큰 기쁨이다. 썩은 그루터기, 이끼 낀 돌, 울타리, 그리고 가을의 마른 잎까지도 모두 깨끗한 눈의 냅킨 아래 덮여 있다. 헐벗은 들판과 얼어붙은 숲에서 여전히 살아남는 미덕을 보라. 가장 춥고 황량한 곳에도 가장

---

59 인디언 서머(Indian Summer)는 북미에서 늦가을, 첫 서리가 내린 뒤 갑작스레 찾아오는 따뜻하고 화창한 날씨를 가리킨다.

따뜻한 자선은 여전히 발판을 지킨다. 차갑고 날카로운 바람은 모든 전염병을 몰아내고, 그 속에 미덕이 깃든 것만이 견딜 수 있다. 그러므로 산 정상처럼 춥고 황량한 곳에서 우리가 만나는 모든 것은, 우리는 일종의 순수한 강건함, 청교도적인 기개로 존중한다. 다른 모든 것들은 피난처로 물러난 듯하고, 여전히 밖에 남아 있는 것은 우주의 본래 골격의 일부이며, 신과 같은 용기를 지닌 것일 것이다.

정화된 공기를 마시는 것은 곧 활력이다. 그 더 섬세하고 순수한 기운은 눈으로도 보인다. 바람이 잎사귀 없는 나무들을 스쳐가며 한숨 쉬듯, 우리를 통해서도 한숨 쉬어 우리를 겨울에 맞게 단련시키기를, 그래서 우리는 더 오래 밖에 머물고 싶어진다. 마치 그렇게 함으로써 사계절 내내 우리에게 도움이 될 순수하고도 견고한 어떤 미덕을 빌리고 싶은 듯하다.

자연 속에는 결코 꺼지지 않는 지하의 불이 있다. 그 불은 아무리 추위가 심해도 꺼지지 않고, 다만 1월과 7월에는 두껍거나 얇은 눈 덮개 아래 감춰져 있을 뿐이다. 가장 추운 날에도 그 불은 어딘가에서 흐르고 있어, 나무 주위의 눈을 녹인다. 늦가을에 싹이 돋아 빠르게 눈을 녹이는 이 겨울 호밀밭은, 불이 얇게 덮여 있는 땅이다. 우리는 그 불기운으로 따뜻함을 느낀다.

겨울에 따뜻함은 곧 모든 미덕의 상징이다. 우리는 생각 속에서 햇살에 빛나는 바위, 졸졸 흐르는 시냇물, 숲속의 따뜻한 샘을, 토끼와 울새처럼 간절히 그리며 달려간다. 늪과 웅덩이에서 피어오르는 수증기는 우리 주전자에서 오르는 김만큼이나 소중하고 가정적이다. 겨울날의 햇살과 들쥐들이 담벼락 옆을 오가는 풍경, 숲길에서 지저귀는 박새의 노래와 비교할 수 있는 불은 어디에도 없다. 따뜻함은 여름처럼 땅에서 복사되는 것이 아니라, 태양에서 직접 온다. 눈 덮인 골짜기를 걷다가 등 뒤에서 그 광선을 느낄 때, 우리는 특별한 은총에 감사하며, 그 외딴 곳까지 우리를 따라온 태양을 축복한다.

이 지하의 불은 모든 이의 가슴에 제단을 두고 있다. 가장 추운 날, 황량한 언덕 위를 지나는 여행자도 어떤 난로나 아궁이보다 더 따뜻한 불을 외투 자락 안에 품고 있기 때문이다. 건강한 사람은 계절의 보완물이며, 겨울에는 여름이 그의 마음속에 깃들어 있다. 그의 가슴속에는 남쪽이 있다. 모든 새와 곤충은 그곳으로 이주했고, 따뜻한 샘 주위에는 울새와 종달새가 모여든다.

마침내 우리는 숲 가장자리에 이르러 소란스러운 마을을 차단하고, 오두막 지붕 아래 들어가듯 그 은신처 안으로 스며든다. 눈이 천장을 덮고, 둑이 쌓여 있다. 그러나 그 안은 여전히 기쁘고 따뜻하며, 여름 못지않게 겨울에도 온화하고 쾌활하다. 우리가 소나무들 한가운데, 미로처럼 얽힌 숲 속에서 희미하고 얼룩덜룩한 빛 속에 서 있을 때, 나는 문득 의문이 든다. 마을 사람들이 과연 이 숲의 단순한 이야기를 들어본 적이 있을까? 우리에겐 어떤 여행자도 이곳을 탐험하지 않은 듯 보이지만, 과학이 매일 다른 곳에서 경이로움을 드러내고 있을지라도, 누가 이 숲의 연대기를 듣고 싶어 하지 않겠는가? 평야의 초라한 마을들은 숲의 기여물이다. 우리는 숲으로부터 우리를 보호하는 널빤지를 얻고, 따뜻하게 해주는 장작을 얻는다. 겨울에 그들의 상록수는 얼마나 중요한가. 그것은 퇴색하지 않는 여름의 일부이자, 영원한 해, 시들지 않는 풀이다. 이처럼 단순하면서도 크지 않은 대가만으로 지구의 표면은 다양한 모습을 갖춘다. 숲―자연의 도시들이 없다면 인간의 삶은 얼마나 빈약할까? 산 정상에서 내려다보면 그것들은 단순한 잔디밭처럼 보일지 모르나, 우리는 이 더 키 큰 풀 사이 말고는 어디를 걸을 수 있겠는가?

한 해 자란 덤불로 덮인 숲 속 빈터를 보라. 은빛 가루가 모든 마른 잎과 잔가지 위에 내려앉아 있다. 무한하고 화려한 형태로 쌓여 색채의 부재를 보상한다. 작은 쥐 발자국과 토끼의 삼각형 발자국이 줄기마다 새겨져 있다. 순수하고 탄력 있는 하늘이 모든 것 위에 걸려 있다. 마치 여름 하늘의 불순물이 정숙한 겨울의 추위에 의해 정제되고 수축되어, 하늘에서 땅으로 키질된 것 같다.

자연은 이 계절에 여름의 구분을 뒤섞는다. 하늘은 땅에 더 가까워 보이고, 원소들은 한층 더 단순하고 선명하다. 물은 얼음으로, 비는 눈으로 변한다. 낮은 스칸디나비아의 밤 같고, 겨울은 북극의 여름과도 같다.

자연 속에 깃든 생명, 살을 에는 밤에도 여전히 살아남아, 서리와 눈으로 뒤덮인 들판과 숲에서 해돋이를 맞이하는 털가죽 입은 생명은 얼마나 더 살아 있는가.

**"먹을 것 없는 황야는
갈색 주민들을 쏟아내네."**

회색 다람쥐와 토끼는 추운 금요일 아침에도 외딴 골짜기에서 활기차고 장난스럽다. 여기가 곧 우리의 라플란드이며 래브라도이다. 우리의 에스키모와 크리스티노, 도그리브 인디언, 노바젬블라 사람, 스피츠베르겐 사람들이라면, 여기엔 얼음 자르는 사람과 나무꾼, 여우, 사향쥐, 밍크가 있지 않은가?[60]

여전히 북극의 낮 한가운데서도, 우리는 여름의 은신처를 추적하며 어떤 동시대의 생명과 공감할 수 있다. 서리로 묶인 초원, 시냇물 위로 뻗은 자리에서 우리는 날도래[61] 애벌레, 곧 플리시펜네스(Phryganea) 유충의 수중 집을 살펴볼 수 있다. 그들이 스스로 지은 작은 원통형 거처는 창포와 나뭇가지, 풀, 마른 잎, 조개껍데기, 조약돌로 이루어져 있어, 마치 시냇물 바

---

60 라플란드(Lapland)·래브라도(Labrador)·노바젬블라(Novaya Zemlya)·스피츠베르겐(Spitsbergen)은 혹한의 북방 지역으로, 19세기 독자들에게 '극지방의 황량한 풍경'을 환기시키는 지명이다. 크리스티노(Crees, 크리족), 도그리브(Dogrib, 캐나다 원주민)는 북아메리카 원주민 부족으로, 소로는 이들을 북방의 상징적 존재로 언급하고 있다.

61 날도래(caddisfly)의 유충은 물속에서 다양한 조각을 모아 작은 집을 짓는데, 소로는 이를 '자연의 건축가'로 주목했다.

닥에 흩어진 잔해와 구분되지 않는다. 그것은 조약돌 위를 떠다니다가, 작은 소용돌이 속을 빙빙 돌며 가파른 폭포를 곤두박질치기도 하고, 물살을 따라 휩쓸려 가기도 하며, 풀잎이나 뿌리 끝에서 흔들리기도 한다. 이내 유충은 가라앉은 거처를 떠나 식물 줄기를 기어오르거나 수면 위로 올라가 각다귀처럼 완전한 곤충으로 변해 물 위를 날아다니거나, 저녁이면 우리의 촛불 속 불꽃에 몸을 던져 짧은 생을 마친다.

아래 골짜기에는 덤불이 눈의 무게에 눌려 늘어져 있고, 붉은 오리나무 열매는 하얀 땅과 대비를 이루며 빛난다. 거기에는 이미 수많은 발자국이 찍혀 있다. 태양은 이 골짜기 위로, 센 강이나 티베르 강 계곡 위로 솟을 때만큼이나 당당히 떠오른다. 그곳은 결코 패배나 두려움을 알지 못한, 순수하고 자립적인 용기의 거처인 듯 보인다. 이곳에서는 원시 시대의 단순함과 순수함, 그리고 마을과 도시로부터 멀리 떨어진 건강과 희망이 지배한다. 숲 깊은 곳, 바람이 나무에서 눈을 털어내리고 우리의 발자국만이 유일하게 뒤에 남을 때, 우리는 도시 생활보다 더 다양한 성찰의 길을 발견한다. 박새와 동고비는 정치가나 철학자보다 더 영감을 주는 사회를 이루며, 우리는 후자에게는 결국 덜 고귀한 동료에게 돌아가듯 돌아갈 뿐이다. 이 외딴 골짜기에서, 경사면을 따라 흐르는 시냇물과, 주름진 얼음, 다양한 색조의 수정, 양옆의 가문비와 솔송나무, 그리고 물가의 골풀과 마른 귀리가 어우러진 풍경 속에서 우리의 삶은 더 평온하고 관조

할 만한 가치가 있다.

낮이 깊어질수록 태양의 열기는 언덕 비탈에서 반사되고, 족쇄를 벗어난 시냇물은 희미하지만 달콤한 음악을 들려준다. 나무에 매달린 고드름이 녹으며, 동고비와 자고새의 소리가 울려 퍼진다. 남풍은 정오가 되면 눈을 녹이고, 마른 풀과 낙엽이 드러난 맨땅에서는 진한 고기 냄새 같은 향기가 풍겨 우리의 기력을 북돋운다.

우리는 버려진 나무꾼의 오두막으로 들어가, 그가 긴 겨울밤과 짧고 폭풍우 치던 낮을 어떻게 보냈는지 살펴본다. 여기, 남쪽 언덕 비탈 아래에는 사람이 살았던 흔적이 남아 있고, 그 자취는 마치 문명화된 공적 공간처럼 보인다. 우리는 여행자가 팔미라나 헤카톰폴리스[62]의 폐허 옆에 서 있을 때와 같은 감각을 느낀다. 이곳에서도 노래하는 새와 꽃이 일찍이 나타났을 것이다. 잡초뿐 아니라 꽃도 사람의 발자취를 따른다.

솔송나무는 그의 머리 위에서 바람에 속삭였고, 히코리 통나무는 그의 땔감이었으며, 송진 가득한 소나무 뿌리는 그의 불을 지폈다. 골짜기에서 김이 피어오르는 시냇물은 그에게 우물이었고, 솔송나무 가지와 짚은 그의 침대였다. 깨진 접시는 그의 음료를 담던 그릇이었다. 그러나 그는 이번 계절엔 이곳에 없

---

62 팔미라(Palmyra)와 헤카톰폴리스(Hecatompylos)는 고대 도시의 폐허로, '사라진 문명'의 상징처럼 언급된다.

었다. 지난여름, 피비새[63]가 그의 선반 위에 둥지를 틀었기 때문이다. 나는 그가 콩 단지를 걸어두었던 곳에, 마치 방금 자리를 비운 듯 남은 불씨를 발견했다. 저녁 무렵, 그는 파이프를 피우며 유일한 동반자와 함께 내일 내릴 눈의 깊이에 대해 잡담을 나누었거나, 마지막 소리가 올빼미의 비명인지 나뭇가지 삐걱거림인지, 혹은 단순한 상상이었는지를 이야기했을 것이다. 늦겨울 저녁, 짚 위에 눕기 전 그는 굴뚝 너머로 폭풍의 진행을 살피며 올려다보았고, 카시오페이아 자리의 밝은 별빛 아래 만족스럽게 잠들었을 것이다.

나무꾼의 역사를 배우게 해주는 흔적은 많다. 이 그루터기에서 우리는 그의 도끼가 얼마나 날카로웠는지를 알 수 있고, 자국의 기울기에서 그가 어느 쪽에 섰는지, 나무를 돌지 않고 베었는지까지 짐작할 수 있다. 나무 조각의 휨으로는 쓰러진 방향을 알 수 있다. 작은 나무 칩 한 조각에도 나무꾼과 세상의 모든 역사가 새겨져 있다. 이 종잇조각은 그의 설탕이나 소금을 담았거나, 총의 심지로 쓰였을지도 모른다. 그러나 우리는 숲속 통나무 위에 앉아, 도시의 잡담을 읽는다. 저 더 큰 집들, 이 오두막처럼 비어 있고 세놓은 집들, 하이 스트리트와 브로드웨이[64]에 늘

---

63 피비새(Phoebe)는 북미에 서식하는 작은 산새로, 폐허나 건축물 틈에 둥지를 트는 습성이 있다.

64 하이 스트리트(High Street)와 브로드웨이(Broadway)는 각각 영국과 미국에서 '도시의 큰길'을 의미하는 이름으로, 도시 문명을 대조적으로 상징한다.

어선 집들에서 흘러나오는 그 잡담 말이다.

단순한 지붕 남쪽 처마에서는 물방울이 뚝뚝 떨어지고, 소나무에서는 박새가 지저귀며, 문 주위의 온화한 햇살은 다소 친절하고 인간적이다.

두 계절이 지나면, 이 조악한 거처는 풍경을 해치지 않는다. 오히려 새들이 둥지를 틀며, 수많은 짐승의 발자국이 문 앞까지 이어진다. 자연은 이렇게 오랫동안 인간의 침입과 불경을 간과한다. 숲은 여전히 명랑하고 의심 없이 자신을 베는 도끼 소리를 메아리치며, 그 소리가 드물고 간헐적일 때는 오히려 그 야생성을 강화한다. 모든 요소들이 그 소리를 자연의 일부로 받아들이려 애쓰는 듯하다.

이제 우리의 길은 점차 높은 언덕 정상으로 향해 오른다. 그 가파른 남쪽 비탈에서 우리는 숲과 들과 강을 넘어, 멀리 눈 덮인 산맥을 바라본다. 저기 보이지 않는 농가에서 숲을 뚫고 솟아오르는 가느다란 연기 기둥을 보라. 그것은 한 시골 가정 위에 세워진 깃발이다. 저 아래 어딘가에는 더 따뜻하고 온화한 생활의 자리가 있음이 분명하다. 마치 우리가 나무 위에서 피어나는 구름의 수증기를 보고 그 근원을 짐작하듯이. 숲 깊은 곳에서 이 공기 같은 기둥을 발견한 여행자와, 그 아래 난롯가에 앉아 있는 이 사이에는 묘한 교감이 형성된다. 연기는 나뭇잎에서 수분이 증발하듯 조용히, 그러나 꾸준히 솟아오르고, 아래에서 분주히 일하는 주부처럼 화환 모양으로 스스로를 배열한다. 그것은 인간 삶의 상형문자이며, 단순한 끓는 냄비 이상의 친밀하고도 중대한 무언가를 암시한다. 저 가느다란 기둥이 깃발처럼 숲 위로 솟아오르는 곳에, 한 인간의 삶이 뿌리내리고 있다. 그것은 곧 로마의 기원이며, 예술의 확립이며, 제국의 초석이다. 아메리카의 대초원에서든 아시아의 스텝 지대에서든 다를 바 없다.

이윽고 우리는 다시 숲속 호숫가로 내려온다. 언덕의 움푹한 곳에 자리 잡은 그곳은 마치 나뭇잎에서 짜낸 즙처럼, 매해 가을마다 호수 속으로 떨어져 쌓이는 나뭇잎의 즙처럼 보인다. 눈에 보이는 입구도 출구도 없으나, 물결의 흐름과 기슭의 둥근 조약돌, 그리고 가장자리까지 다가온 소나무들 속에 그 역사가 새겨져 있다. 호수는 앉아만 있으면서도 게으르지 않고, 아부 무사(Abou Moussa)[65]가 말했듯, "집에 가만히 앉아 있는 것이 하늘의 길이요, 나서는 것은 세상의 길이다"라고 가르친다. 그러나 증발을 통해 호수는 그 누구보다 멀리 여행한다. 여름이면 그것은 지구의 액체 눈이자, 자연의 가슴에 놓인 거울이 된다. 숲의 죄는 그 안에서 씻겨 나간다. 숲이 그 둘레에 원형 극장을 이루는 것을 보라. 그것은 자연의 온화함을 위한 경기장이며, 모든 나무는 여행자를 그 가장자리로 이끌고, 모든 길은 그곳을 찾아내며, 새들은 날아오고, 네 발 짐승들은 도망치며, 땅조차 그쪽으로 기운다. 그곳은 자연이 몸을 단장하기 위해 앉는 응접실

---

65 아부 무사(Abou Moussa): 이슬람 격언에 등장하는 이름. 소로는 이를 인용해, 고요히 머무르는 삶의 가치를 강조한다.

이다. 태양이 매일 아침 증발과 함께 그 표면의 먼지를 쓸어내어 신선한 빛을 드러내듯, 매해 봄마다 호수의 물은 다시 맑음을 회복한다. 여름에는 그 표면을 스쳐가는 고요한 음악이 흐르는 듯하지만, 지금은 평평한 눈의 시트가 그 모든 것을 덮고 있다. 다만 바람이 얼음을 훑어낸 자리, 마른 잎들이 이리저리 미끄러지며 방향을 바꾸고 선회하는 작은 항해의 흔적만 남아 있다. 해변의 조약돌 곁에는 이제 막 용골이 부딪혀 멈춘 듯 흔들리는 마른 너도밤나무 잎 하나가 있다. 마치 곧 다시 떠날 것처럼. 숙련된 기술자라면, 그것이 모체 줄기에서 떨어진 이후 걸어온 궤적을 계산할 수 있을 것이다. 바람의 방향, 호수의 수위, 현재의 위치, 그리고 그 흉터 난 가장자리와 잎맥까지, 그 속에 항해 일지가 기록되어 있다.

우리는 더 큰 집의 내부에 있는 듯한 상상을 한다. 호수의 표면은 우리의 소나무 판자 테이블이며 모래로 깔린 바닥이고, 숲은 오두막의 벽처럼 가장자리에서 갑자기 솟아 있다. 얼음 구멍에 드리운 낚싯줄은 마치 더 큰 연회의 준비 같고, 사람들은 흰 눈 위에 숲의 가구처럼 서 있다. 멀리 반 마일 떨어진 얼음과 눈 위에서 그들이 벌이는 행위는, 우리가 역사에서 알렉산더의 업적을 읽을 때와 같은 인상을 준다. 그들은 이 풍경에 조금도 부끄럽지 않고, 마치 왕국을 정복하는 일처럼 중대해 보인다.

다시 우리는 숲의 아치 아래를 거닐다가, 강 건너 만에서 얼음이 터져 나는 먼 우르릉 소리를 듣는다.

그것은 바다의 조수와는 다른, 더 은밀한 흐름에 의한 소리 같았다. 내게는 그것이 멀리 떨어진 고귀한 친척의 목소리처럼 낯설면서도 친근하게 울렸다. 여름의 온화한 태양이 숲과 호수 위에 내리쬐고, 수십 로드 안에 푸른 잎 하나 없을지라도, 자연은 평온한 건강을 누리고 있다. 모든 소리는 7월의 부드러운 바람 소리와도 같고, 1월의 가지 삐걱거림과도 같으며, 그 속에는 늘 건강에 대한 동일한 신비로운 확신이 담겨 있다.

> **겨울이 나뭇가지를 장식할 때**
> **그의 환상적인 화관으로,**
> **그리고 침묵의 인장을 찍을 때**
> **낙엽 위에 조용히 내려앉는다.**
>
> **시내는 눈 지붕 아래서**
> **콸콸 흐르며 제 길을 가고,**
> **쥐는 굴 속에 숨어**
> **들판의 건초를 갉는다.**
>
> **나는 생각한다, 여름은 여전히 가깝다고,**
> **저 아래 숨어 있다고,**
> **들쥐가 작년의 히스 덤불 속에**
> **아늑히 몸을 누이듯.**
>
> **박새가 이내**

희미한 노랫소리를 흘린다면,
눈은 여름의 닫집,
자연이 스스로 두른 옷이리라.

아름다운 꽃은 즐거운 나무를 장식하고,
눈부신 열매는 가지마다 매달려,
북풍은 여름 산들바람처럼 한숨 쉬며
살을 에는 서리를 막아준다.

그 소식은 내게 기쁨을 전하고,
나는 온 귀를 기울이며 선다.
평온한 영원의 소식,
겨울을 두려워할 이유 없다는.

고요한 연못 위로
쉼 없이 얼음이 갈라지고,
연못의 정령들은 흥겹게 뛰놀며
귀청을 찢는 듯한 소리를 낸다.

나는 서둘러 계곡으로 달려간다,
용맹한 소식을 들은 듯,
자연이 연 잔치,
놓쳐서는 안 될 그 축제를 향해.

나는 얼음의 갈라짐과 더불어 뛰놀고,
공명하며 떨린다.

새로운 균열이 번쩍일 때마다
호수는 환희로 진동한다.

땅속의 귀뚜라미와 함께,
난롯가의 장작과 더불어,
드문드문 울려 퍼지는 가정의 소리가
숲길 끝까지 전해진다.

밤이 되기 전, 우리는 이 구불구불한 강줄기를 따라 스케이트 여행을 떠날 것이다. 겨울 내내 오두막 불가에 앉아 있던 이에게는, 마치 패리 선장이나 프랭클린[66]과 함께 극지의 얼음 위를 항해하는 듯한 새로움으로 가득할 것이다. 강은 언덕 사이를 돌며, 때로는 아름다운 초원을 지나 펼쳐지고, 소나무와 솔송나무가 아치를 이루어 무수한 작은 만과 후미를 만들어낸다. 강은 마을 뒤편으로 흐르고, 우리는 그 풍경을 새롭고 한층 더 야생적인 모습으로 바라본다. 들판과 정원은 큰길에서 보이지 않던 솔직함과 자유로움으로 강가까지 내려온다. 그곳은 지구의 바깥, 가장자리다. 농부의 울타리 마지막 난간은 여전히 흔들리는 버드나무 가지이고, 마침내 여기서 울타리는 멈춘다. 우리는 더 이상 어떤 길도 건너지 않고, 가장 한적하고 평평한 길을 따라 시골 깊숙이 나아간다. 언덕을 오를 필요 없이 넓은 평지를 지나 고원 초원

---

66 패리 선장(Parry)과 프랭클린(Franklin): 19세기 영국의 북극 탐험가들로, 당시 북서항로 탐사로 유명했다. 소로는 겨울 스케이트 여행의 신선함을 북극 탐험에 비유한다.

으로 오르는 것이다. 강의 흐름은 순응의 법칙을 보여주는 아름다운 예시다. 병든 이에게도 열려 있는 길, 도토리의 작은 잔이 실려도 무사히 떠내려갈 수 있는 대로. 절벽이 풍경을 다채롭게 만들지는 않는 작은 폭포들조차, 물보라와 안개로 찬사를 받으며 먼 곳과 가까운 곳에서 여행자를 불러들인다. 내륙 깊은 곳에서부터 흘러온 이 물길은 넓고 완만한 계단이나 경사로를 따라 바다로 나아간다. 땅의 불균등함에 일찍이, 그리고 끊임없이 순응함으로써, 강은 스스로 가장 쉬운 길을 확보한 것이다.

자연의 어떤 영역도 언제나 사람에게 닫혀 있지는 않다. 이제 우리는 물고기들의 제국 가까이 다가간다. 우리의 발은 헤아릴 수 없는 깊이 위를 빠르게 미끄러진다. 여름이면 낚싯줄이 메기와 농어를 유혹하고, 창꼬치가 부들로 된 긴 복도 속에 몸을 숨겼던 바로 그곳이다. 해오라기가 거닐고, 알락해오라기가 숨어 있던 깊고 뚫기 어려운 습지는, 마치 수천 개의 철도가 그 안에 뚫린 듯, 우리의 빠른 신발에 의해 통과 가능한 길로 변한다. 우리는 한 번의 충동으로 사향쥐의 오두막으로 이끌려가고, 그는 투명한 얼음 아래로 털가죽 입은 물고기처럼 둑 속 굴로 쏜살같이 사라진다. 이어서 우리는 최근에 "풀 베는 사람이 낫을 갈던" 초원 위를, 초원 풀과 뒤섞인 얼어붙은 크랜베리 밭을 미끄러지듯 지나간다. 찌르레기, 피위새, 왕새가 물 위에 둥지를 매달던 곳, 말벌이 늪의 단풍나무에 집을 짓던 곳 가까이로 스케이트는 우리를 데려간다. 태양을 따라온 수많은 휘파람새들이 은자작나무와 엉겅퀴 솜털 둥지에서 흩어져 나갔던 곳, 그 늪 가장자리는 발길 닿지 않는 수상 마을이었다. 속 빈 나무에서는 나무오리가 새끼를 길렀고, 매일 저편 늪으로 미끄러져 나가 먹이를 찾았다.

겨울의 자연은, 제 본래 자리에 있는 마른 표본들로 가득 찬 진귀한 진열장이다. 초원과 숲은 마른 식물 표본집이 된다. 잎과 풀은 나사나 끈 하나 없이도 공기에 눌려 곧게 서 있고, 새 둥지는 인공 구조물이 아니라 그들이 지었던 그대로 나뭇가지에 매달려 있다. 우리는 마른 신발을 신고 늪을 거닐며 여름의 작업을 점검한다. 오리나무, 버드나무, 단풍나무가 얼마나 자라났는지, 얼마나 많은 태양과 이슬과 소나기를 받았는지, 그 증거가 가지마다 새겨져 있다. 무성한 여름 동안 그들이 얼마나 큰 걸음을 내디뎠는지 보라. 이 잠자는 새싹들은 머지않아 다시 깨어나 하늘을 향해 더 높이 뻗어갈 것이다.

때때로 우리는 눈밭을 가로질러 간다. 그 깊이 아래로 강이 수십 로드나 사라졌다가, 우리가 예상치 못한 곳에서 갑자기 오른쪽이나 왼쪽으로 다시 나타난다. 여전히 그 아래로 길을 이어가며, 희미하고 코고는 듯한 우르릉거림을 내는데, 마치 곰이나 마멋처럼 동면하는 듯하다. 우리는 눈과 얼음 속에 굴을 판 그 흔적을 따라간다. 처음에는 강이 한겨울이면 말라 버리거나 봄이 오기 전까지 얼어붙어 멈출 것이라 생각했을 것이다. 그러나 강물의 양은 줄어들지 않는다. 단지 겉의 추위만이 표면을 다리처럼 잇고 있을 뿐이다. 호수와 시내를 먹이는 수천 개의 샘은 여전히 흐르고 있다. 일부 지표 샘의 출구만이 막혀 깊은 저수지를 채운다. 자연의 우물은 서리 아래에 있다. 여름 시냇물은 눈 녹은 물이 아니라, 그 자체로 흐르는 샘에 의해 살아간다. 풀 베는 사람도 그것만으로 갈증을 해소하지는 않는다. 봄에 눈이 녹아 시내가 불어나는 것은 자연의 작업이 늦춰졌기 때문이다. 물이 얼음과 눈으로 변해 입자가 덜 매끄럽고 둥글어져, 평형에 이르는 데 더 많은 시간이 걸리는 것이다.

얼음 위 멀리, 솔송나무 숲과 눈 덮인 언덕 사이에 창꼬치 낚시꾼이 서 있었다. 그의 낚싯줄은 어느 한적한 작은 만에 드리워져 있었고, 핀란드인처럼 두꺼운 외투 주머니에 팔을 찔러 넣고 있었다. 그는 둔하고, 눈 같고, 물고기 같은 생각을 품으며, 마치 지느러미 없는 물고기처럼 그 동족과 몇 인치 떨어져 서 있었다. 말이 없고, 곧게 서 있으며, 해안의 소나무처럼 구름과 눈 속에 둘러싸여 있었다. 이 야생의 풍경 속에서 사람들은 풍경에 속해 서 있거나, 무겁고 신중한 걸음으로 움직이며, 마을의 활기와 생기를 자연의 말없는 진중함에 바쳤다. 그는 제비나 사향쥐보다도 풍경을 덜 야생적으로 만들지 않았으며, 초기 항해자들의 기록에 등장하는 누트카 해협[67]과 북서 해안의 원주민들처럼, 쇠붙이의 영향으로 수다스러워

---

67 누트카 해협(Nootka Sound): 캐나다 브리티시컬럼비아 서쪽 해안의 해협. 18세기 후반 탐험가들의 항해기에 자주 등장하며, 원주민과의 교역 기록이 남아 있다.

지기 전, 모피를 두른 채 그 일부로서 거기에 서 있었다. 그는 자연스러운 인류 가족에 속했으며, 마을 주민들보다 자연에 더 깊이 뿌리내려 있었다. 가서 운이 어떤지 물어보라. 그러면 그 또한 보이지 않는 것을 숭배하는 자임을 알게 될 것이다. 그가 한 번도 본 적 없는, 원시적이고 이상적인 창꼬치 종족, 즉 호수 창꼬치에 대해 얼마나 진지한 경의와 흔들리는 몸짓의 어조로 말하는지 들어보라. 그는 여전히 낚싯줄처럼 해안에 연결되어 있으며, 집 정원에 완두콩이 자라는 동안 연못 얼음 위에서 물고기를 낚던 계절을 기억하고 있었다.

그러나 우리가 머뭇거리는 사이, 구름이 다시 몰려들고, 흩어진 눈송이가 흩뿌리듯 내리기 시작했다. 점점 더 빠르게 떨어져 먼 물체들을 시야에서 지웠다. 눈은 숲과 들을 가리지 않고 내렸고, 강가와 연못가, 언덕과 계곡을 덮었다. 네 발 달린 짐승들은 은신처에 갇히고, 새들은 평화로운 시간 속에 횃대 위에 앉아 있었다. 맑은 날보다 소리가 더 많지는 않았지만, 조용히, 점차적으로 모든 경사면과 회색 담과 울타리, 닦아놓은 얼음, 그리고 아직 덮이지 않은 마른 잎들까지 가려졌다. 사람과 짐승의 발자국도 눈 속에 사라졌다. 자연은 거의 힘을 들이지 않고도 다시금 그녀의 지배를 주장하며, 사람들의 흔적을 지워버렸다. 호메로스는 이를 이렇게 묘사했다. "겨울날 눈송이는 굵고 빠르게 내린다. 바람은 잠잠해지고, 눈은 끊임없이 쏟아져 산과 언덕, 연꽃이 자라는 평야와 경작지, 거품 이는 바다의 후미와 해안가까지 덮지만, 파도에 의해 조용히 녹는다." 눈은 모든 것을 평평하게 만들며, 사물을 자연의 품속으로 더 깊이 감쌌다. 마치 느린 여름에 초목이 신전의 엔타블러처[68]와 성의 포탑을 타고 오르며, 예술을 넘어 자연을 돕는 것처럼.

심술궂은 밤바람이 숲을 스치며 발걸음을 되돌리라고 경고했고, 해는 짙어지는 폭풍 너머로 저물었다. 새들은 둥지를 찾았고, 소들은 마구간으로 돌아갔다.

> **"고개 숙인 노동자 소는**
> **눈에 덮여 서서, 이제 요구하네**
> **그 모든 수고의 결실을."**

겨울은 달력 속 그림에서는 바람과 진눈깨비를 맞으며 외투를 여미는 노인으로 그려지지만, 우리는 오히려 그를 명랑한 나무꾼, 여름처럼 쾌활하고 혈기 왕성한 젊은이로 여겼다. 탐험되지 않은 폭풍의 장엄함은 여행자의 정신을 북돋웠다. 그것은 우리를 하찮게 대하지 않고, 달콤한 진지함을 품고 있었다. 겨울 동안 우리는 더 내면적인 삶을 살았다. 우리 마음은 눈 더미 아래 오두막처럼 따뜻하고 쾌활했다. 창문과 문은 반쯤 가려졌지만, 굴뚝에서는 연기가 명랑하게

68　엔타블러처(entablature): 고대 건축에서 기둥 위를 가로지르는 구조. 소로는 여름 덩굴식물이 신전 꼭대기까지 자라나는 모습을 비유했다.

피어올랐다. 가두는 눈 더미는 집의 안락함을 더했으며, 가장 추운 날에도 우리는 난로 위에 앉아 굴뚝 꼭대기를 통해 하늘을 바라보거나, 굴뚝 옆 따뜻한 구석에서 조용하고 평온한 삶을 누렸다. 혹은 거리에서 소의 울음소리나 먼 헛간에서 들려오는 도리깨 소리에 우리의 맥박이 맞추어지는 것을 즐겼다. 아마도 숙련된 의사는 이러한 단순하고 자연스러운 소리가 어떻게 우리의 심신에 영향을 미치는지를 보고 우리의 건강을 판단할 수 있을 것이다. 우리는 동양적 여가가 아니라, 북방의 여가를, 따뜻한 난로와 벽난로 주위에서 누리며, 햇살 속 티끌이 그리는 그림자를 바라보았다.

때때로 우리의 운명은 너무나 소박하고 친숙하게 진지해져 결코 잔인할 수 없었다. 석 달 동안 인간의 운명이 모피에 싸여 있는 것을 떠올려 보라. 선한 히브리의 계시는 이 명랑한 눈을 전혀 인식하지 않았다. 온대와 한대 지방을 위한 종교는 없는가? 우리는 뉴잉글랜드의 겨울밤에 신들의 순수한 자애를 기록한 경전을 알지 못한다. 그들의 찬양은 불린 적이 없고, 오직 그들의 진노만이 달래졌을 뿐이다. 결국, 최고의 경전이라 해도 빈약한 믿음만을 담고 있다. 그 성인들은 내성적이고 엄격하게 살았다. 용감하고 경건한 이가 메인이나 래브라도의 숲에서 한 해를 지내며, 겨울이 시작될 때부터 얼음이 풀릴 때까지 히브리 경전이 그의 상태와 경험을 적절히 말해주는지 시험해보라.

이제 농부의 난롯가에서 긴 겨울 저녁이 시작되었다. 거주자들의 생각은 멀리 해외로 여행했고, 사람들은 본성과 필요에 따라 모든 피조물에게 자비롭고 관대해졌다. 이제 추위에 맞서는 행복한 저항이 시작되었다. 농부는 그의 보상을 거두고, 겨울 준비를 생각하며, 반짝이는 창유리를 통해 평온하게 북쪽 곰의 저택[69]을 바라보았다. 폭풍은 이제 끝났기 때문이다.

> "가득 찬 천상의 둘레,
> 무한한 세계들을 시야에 드러내며,
> 강렬하게 날카롭게 빛나네.
> 그리고 온통 하나의 덮개인
> 별빛 반짝임이 극에서 극까지 빛나네."

---

69 북쪽 곰의 저택: 북극성 근처의 별자리인 큰곰자리와 작은곰자리를 가리키는 시적 표현.

1860
산림 수목의 차이

모든 사람은 가축 품평회에 올 자격이 있다. 초월주의자라 해도 예외는 아니다. 나 역시 가축보다 사람들을 더 눈여겨보며, 그 이름은 알지 못하지만 미들섹스 지방을 대표하고, 백인 가운데서도 이 땅에 가장 가까운 토착적 얼굴들을 다시 만나고 싶다. 자신의 지위보다 높지 않고, 코트는 지나치게 검지 않으며, 신발은 번쩍이지 않고, 손을 가리려 장갑을 낀 적 없는 얼굴들 말이다.

물론 우리 잔치에는 기이한 인간 표본들도 모여들지만, 그 또한 환영받는다. 나는 매번 그곳에서 몸이 허약하고 정신은 변덕스러운, 늘 지팡이로 구부러진 막대기를 짚고 다니는 친구를 만난다. 사람들은 말할 것이다. "쓸모없는 물건이군. 그저 기이할 뿐이며, 진열장 속 석화된 뱀 같을 뿐"이라고. 그러나 나는 생각한다. 숫양의 뿔도 그만큼 편리하고, 더 신기하게 꼬여 있지 않은가? 그는 마을 끝 어딘가에서 그런 기이한 물건을 가져와, 마치 약속이나 한 듯 콩코드 숲에 소개한다. 그래서 어떤 이들은, 그 구부러짐 때문에 지도자를 고르는 것 같다. 그러나 나는 말한다. 곧은 막대기가 최고의 지팡이가 되듯, 올곧은 사람이 최고의 통치자가 된다고. 왜 평범한 일을 맡길 사람을, 기이함으로 유명한 이에게 선택하는가? 어쩌면 오늘 나를 이 자리에 불러 연설하도록 한 분들이 바로 그 실수를 범했다고, 여러분은 속으로 생각할지도 모르겠다.

측량사였던 나는 여러 차례 여러분 중 몇몇, 곧 나

의 고용주들과 저녁 식탁에 마주 앉은 적이 있었다. 여러분의 농지를 두루 돌며 경계가 어디까지인지 확인하고 난 뒤였지. 게다가 측량사이자 박물학자로서의 자유를 빌려, 나는 보통보다 훨씬 더 자주 여러분의 땅을 가로질렀다. 여러분 중 많은 분들이, 어쩌면 못마땅하게도, 그 사실을 알았을 것이다. 그러나 다행히도, 더 많은 분들은 알지 못했다. 그래서 내가 어느 외딴 구석에서 여러분을 우연히 만나면, 여러분은 놀란 얼굴로 내게 물었다. "길을 잃지 않으셨소?"라고. 그러나 사실은 내가 여러분이 길을 잃지 않았는지 묻는 것이 더 자연스러웠다. 내가 그곳에서 여러분을 본 적이 없었기 때문이다. 실제로 나는 여러 번 땅 주인에게 그의 삼림에서 벗어나는 가장 짧은 길을 안내해준 적이 있다.

그러므로 오늘 이 자리에 서 있는 내게도 어느 정도 자격은 있다고 본다. 게다가 우리가 이 자리에서 다루려는 주제를 생각하면, 내가 잠시 동안 순전히 과학적인 문제로 여러분의 주의를 끌더라도 사과할 필요는 없을 것이다.

앞서 언급한 저녁 자리에서, 나는 여러 번 이런 질문을 받았다. "소나무 숲을 베어내면 떡갈나무 숲이 돋아나고, 떡갈나무 숲을 베면 다시 소나무 숲이 자라나는데, 어찌된 일인가?" 이에 나는 대답했다. 그리고 지금도 말한다. 그것은 내게 신비가 아니다. 아직 누구도 이 현상을 뚜렷하게 밝혀낸 적은 없지만, 나는 확신한다. 그래서 오늘 여러분을 다시 숲으로 이끌려 한다.

 이 근방에서, 전에는 자라지 않았던 곳에 갑자기 숲이 돋아나는 경우가 있다. 나는 주저 없이 말한다. 그것은 씨앗에서 비롯된 것이라고. 이식이나 꺾꽂이 같은 여러 번식 방법이 알려져 있지만, 이런 상황에서는 오직 씨앗만이 그 설명이 될 수 있다. 나무가 다른 방식으로 돋아난 적은 결코 없었다. 만약 누군가 그것이 다른 어떤 것에서, 혹은 아무것도 없는 데서 생겨났다고 주장한다면, 그 증명은 그에게 달려 있다.

 그렇다면 이제 남은 것은 단 하나다. 씨앗이 어떻게 싹이 트는 곳에서 심겨지는 곳으로 옮겨가는가? 그것은 바람, 물, 그리고 동물의 힘으로 이루어진다. 소나무와 단풍나무 씨앗처럼 가벼운 것들은 주로 바람과 물에 실려 운반되고, 도토리와 견과류처럼 무거운 것들은 동물의 발과 부리에 의해 옮겨진다.

 모든 소나무에는 곤충의 날개와 매우 흡사한 얇은 막이 씨앗 위와 주위를 감싸 자라난다. 씨앗이 그 기부에서 발달하는 동안, 이 막은 씨앗과는 독립적으로 형성된다. 흥미롭게도 씨앗이 불임일 때조차 이 막은 종종 완벽하게 발달한다. 이는 마치 자연이 씨앗 자체를 제공하는 것보다, 씨앗을 멀리 운반할 수단을 더 확실히 마련해 두었다는 사실을 보여준다. 아름다운 얇은 주머니가 씨앗 주위에 짜여지고, 바람이 잡아줄 손잡이가 달리며, 그 순간 씨앗은 바람에 맡겨진다. 종의 범위를 넓히기 위함이다. 이 과정은 마치 씨앗이 특허청에서 다른 종류의 주머니에 담겨 우편으로 발송되는 것만큼이나 효과적이다. 우주의 정부가 있는 곳에 '특허청'이 있다면, 그 관리자는 워싱턴의 어느 누구보다도 씨앗의 분산에 깊은 관심을 기울일 것이다. 그리고 그들의 활동은 인간보다 훨씬 더 광범위하고 규칙적이다.

따라서 소나무가 무(無)에서 저절로 돋아난다고 가정할 필요는 없다. 나는 소나무가 씨앗에서 자란다고 주장하는 것이 조금도 특별한 의견이 아님을 안다. 단지 자연에 의한 그 번식 방식이 거의 주목받지 않았을 뿐이다. 실제로 유럽에서는 소나무가 씨앗으로 매우 널리 재배되고 있으며, 이곳에서도 점차 그렇게 되고 있다. 떡갈나무 숲을 베어낸다 하더라도, 인근에 씨앗을 맺는 소나무가 있어 그 씨앗이 날아올 만큼 가까이 있거나, 최근까지 그 자리에 존재하지 않았다면, 소나무 숲이 즉시 그 자리를 대신하지는 않을 것이다. 그러나 소나무 숲에 인접한 곳이라면, 만약 다른 작물이 자라나는 것을 막고 토양이 알맞다면, 소나무 숲은 분명히 그곳으로 확장될 것이다.

날개 없는 무거운 씨앗과 견과류에 관해서는, 여전히 잘못된 믿음이 널리 퍼져 있다. 즉, 같은 종류의 나무가 이전에는 없었던 곳에 자라날 경우, 그것들이 어떤 비정상적인 방식으로 자발적으로 생성되었거나, 혹은 수 세기 동안 땅속에서 잠자다 불의 열기 따위에 의해 갑자기 활동을 시작했다는 생각이다. 나는 이런 주장을 믿지 않는다. 내 관찰에 따르면, 이러한 숲이 어떻게 심어지고 자라는지는 명확히 설명할 수 있다.

각 씨앗은 제각기 다른 방식으로 날개나 다리를 지닌 셈이다. 벚나무가 널리 퍼진 사실은 전혀 놀랍지 않다. 그 열매가 많은 새들이 가장 즐겨 먹는 먹이로 알려져 있기 때문이다. 수많은 종류가 '새벚나무'라 불리지만, 그렇게 불리지 않는 종류까지 합치면 그 수는 훨씬 더 많다. 벚나무 열매를 먹는 것은 곧 씨앗을 퍼뜨리는 일이기도 하다. 우리가 가끔 그 일을 하지 않는다면, 아마 새들이 그 권리를 독차지했을 것이다. 벚나무 씨앗이 얼마나 교묘히 새의 부리로 운반되도록 놓여 있는지 보라. 달콤한 과육 한가운데 커다란 씨앗이 자리 잡고 있어, 그것을 삼키려는 생물은 돌처럼 단단한 그 씨앗까지 함께 입에 넣을 수밖에 없다. 벚나무 열매를 먹어본 사람이라면, 혀 위에 남는 그 흙 같은 잔여물을 느꼈을 것이다. 우리는 완두콩만 한 씨앗을 한 번에 열두 개씩 입에 넣기도 한다. 자연은 목적을 이루기 위해 우리에게 거의 모든 것을 하도록 설득할 수 있기 때문이다. 야생인이나 아이들은 서두를 때 본능적으로 새들처럼 그 씨앗을 삼키는데, 이는 가장 짧은 전파 방식이 된다.

이처럼 벚나무 씨앗에는 식물성 날개가 없지만, 자연은 개똥지빠귀과 새들이 그것을 부리에 물고 날도록 만들었다. 그 결과 씨앗에는 다른 의미의 날개가 생겼고, 이는 바람을 거슬러서조차 운반된다. 소나무 씨앗보다 오히려 더 효과적인 것이다. 그래서 벚나무는 이곳에도, 저곳에도 널리 자란다. 다른 많은 씨앗들 역시 마찬가지다.

그러나 이제 처음의 관찰로 돌아가자. 앞서 말했듯, 나는 이 근방에서 빽빽한 소나무 숲이 베어질 때, 떡갈나무와 다른 활엽수들이 곧바로 그 자리를 차지하는 사실에 대해 어느 정도 설명할 수 있다. 중요한 것은 도토리와 견과류가 근처에서 자라기만 한다면, 동물과 새들의 손을 빌려 규칙적으로 그곳에 심어진다는 점이다. 따라서 10마일 이내에 떡갈나무가 전혀 자라지 않았고, 또 사람이 그곳으로 도토리를 가져다 놓지 않았다면, 소나무 숲이 베어진다 해도 떡갈나무 숲이 즉시 그곳에 자라나지는 않을 것이다.

겉으로 보기에는 그 땅에 늘 소나무만 있었던 것처럼 보인다. 그러나 숲이 베이고 1~2년이 지나면, 그곳에는 떡갈나무와 다른 활엽수들이 돋아나고, 소나무는 거의 보이지 않는다. 사람들은 흔히 묻는다. 어떻게 그 씨앗이 그렇게 오랫동안 썩지 않고 땅속에 남아 있었느냐고. 하지만 진실은 단순하다. 그것들은 오랜 세월 땅속에서 잠자고 있던 것이 아니라, 매년 네 발 달린 짐승들과 새들에 의해 끊임없이 그곳에 심어졌던 것이다.

떡갈나무와 소나무가 거의 균등하게 분포된 이 근방에서, 가장 빽빽한 소나무 숲, 겉보기에 순수한 송진소나무 숲이라 할지라도 들여다보면, 다람쥐와 다른 동물들이 덤불 속으로 옮겨 놓은 씨앗에서 자라난 많은 어린 떡갈나무, 자작나무, 그리고 다른 활엽수들을 발견할 수 있다. 물론 바람에 날려온 씨앗도 있지만, 그것들은 대부분 소나무의 그늘에 눌려 살아남지 못한다. 상록수 숲이 빽빽할수록 이 씨앗들이 옮겨질 가능성은 오히려 더 크다. 먹이를 품은 작은 동물들이 가장 은밀한 은신처를 택하기 때문이다. 그들은 씨앗을 자작나무 숲이나 다른 활엽수림에도 옮기지만, 소나무 숲 속으로도 가져간다. 이렇게 해마다 묘목이 심어지고, 해마다 가장 오래된 묘목들이 죽어간다. 그러나 소나무가 베어지고 나면, 떡갈나무들은 마침내 기다리던 출발의 기회를 얻어 즉시 나무로 자라난다.

빽빽한 소나무 숲의 그늘은 아이러니하게도 소나무 자체의 새싹보다 떡갈나무의 새싹을 더 불리하게 만든다. 소나무의 씨앗이 땅에 남아 있다면, 소나무는 숲이 베어진 뒤에 풍성히 돋아날 수 있다. 그러나 활엽수림 한 구획을 베어낼 경우, 그 안에 섞여 있던 작은 소나무들이 기회를 잡아 곧잘 성장한다. 다람쥐가 견과류를 소나무 숲 속으로 가져가듯, 씨앗의 주인들도 은밀히 자신의 후계자를 준비해 두었던 것이다. 그러나 숲이 이미 늙었다면 새싹은 약하거나 아예 실패할 수밖에 없다. 토양이 이미 고갈된 탓이다.

만약 소나무 숲이 흰떡갈나무 숲으로 둘러싸여 있다면, 소나무가 베어진 뒤에는 흰떡갈나무가 그 자리를 차지할 것이다. 반대로 관목 떡갈나무 숲에 인접해 있다면, 그곳은 곧 울창한 떡갈나무 덤불로 변할 것이다. 한마디로 말해, 바람은 소나무 씨앗을 활엽수림과 개활지로 날려 보내고, 다람쥐와 다른 동물들은 떡갈나무와 호두나무의 씨앗을 소나무 숲 속으로 옮긴다. 이리하여 숲은 세월 속에서 순환하며 교차한다.

나는 이미 수년 전부터 이 사실을 확신했고, 여러 차례 소나무 숲을 조사하며 내 생각이 옳음을 확인했다. 다람쥐가 땅속에 견과류를 묻는다는 사실은 오래전부터 알려져 있었지만, 숲의 규칙적인 천이를 이렇게 설명한 이는 드물었다.

1857년 9월 24일, 나는 이 마을의 에서벳 강을 따라 카누를 저어 내려가던 중 붉은 다람쥐 한 마리를 보았다. 녀석은 입에 무언가 큼직한 것을 물고 둑을 따라 달리다가, 두어 로드 떨어진 솔송나무 밑동 근처에서 멈추었다. 앞발로 서둘러 구멍을 파고 그 전리품을 묻은 뒤 덮고는, 나무줄기를 반쯤 타고 올라갔다. 내가 가까이 다가가자 다람쥐는 반쯤 내려오면서 보물을 지키려는 듯 불안한 기색을 보였고, 두세 번 그것을 되찾으려는 시늉까지 하다가 마침내 물러났다. 그 자리를 파보니 썩은 솔송나무 잎에 붉은 흙이 덮인 곳에서, 두 개의 녹색 피그넛이 껍질째 함께 묻혀 있었다. 깊이는 약 1인치 반, 심기에 딱 맞는 깊이였다.

그 순간 나는 다람쥐가 두 가지 일을 동시에 수행하고 있음을 보았다. 하나는 자신을 위한 겨울 식량 저장, 다른 하나는 온 세상을 위한 히코리 숲 심기였다. 만약 다람쥐가 죽거나 그 매장물을 잊어버린다면, 그 자리에 히코리 나무가 돋아날 터였다. 가장 가까운 히코리 나무는 무려 20로드 떨어져 있었다. 이 씨앗들은 14일 후에도 그대로 있었지만, 6주 뒤인 11월 21일에 다시 가보니 사라지고 없었다.

그 뒤로 나는 겉보기에는 배타적으로 소나무만 자라는 숲들을 더 주의 깊게 조사했다. 그러나 결과는 언제나 같았다. 예컨대 같은 날, 마을 동쪽에 있는 약 15로드 제곱 크기의 작지만 매우 울창한 백송 숲을 찾아갔다. 이 숲은 콩코드에서 보기 드문 큰 소나무들이 직경 10에서 20인치에 이르는 규모로 자라고 있었고, 겉으로는 소나무만으로 이뤄진 듯 보였다. 남동쪽에 작은 소나무 숲과 몇 그루의 떡갈나무가 있는 것을 제외하면, 사방이 탁 트인 평야와 목초지였다. 가장 가까운 숲도 30로드 이상 떨어져 있었다.

겉보기에 그 숲 바닥은 평평하고 하층 식생이 거의 없어, 붉은 융단을 깔아놓은 듯 보였다. 그곳에는 늙은 나무도, 어린 활엽수도 없는 듯했다. 그러나 주의 깊게 살펴보니, 얇은 고사리와 작은 블루베리 덤불 사이사이에, 오척마다 규칙적으로, 높이 3에서 12인치에 이르는 어린 떡갈나무들이 돋아나 있었다. 그리고 어느 한 곳에서는 소나무 밑동 옆에 떨어진 녹색 도토리도 발견되었다.

이때 나는 내 이론이 너무나 완벽하게 입증된 사실에 놀라움을 감추지 못했다. 숲의 작은 농부들이자 주요 심자(植者)인 붉은 다람쥐들은, 내가 그들의 농장을 조사하는 동안 내내 호기심 어린 눈빛으로 나를 지켜보고 있었다. 그 어린 떡갈나무들 가운데 일부는 소들이 숲 그늘을 찾아 들어오며 뜯어 먹히기도 했다.

7~8년이 지나면, 활엽수들은 소나무가 그대로 서 있는 한 그 자리가 자신들의 성장에 불리하다는 사실을 분명히 드러낸다. 나는 최근 쓰러진 붉은 단풍나무 하나를 본 적이 있다. 길이 25피트에 이르는 그 나무는 여전히 푸른 잎으로 덮여 있었으나, 숲속 어디에서도 유일한 단풍나무였다.

떡갈나무도 마찬가지다. 소나무가 베어지지 않으면 거의 예외 없이 죽지만, 그 몇 해 동안은 오히려 소나무의 보호 아래에서 다른 곳보다 더 잘 자라기도 한다. 영국인들의 광범위하고 철저한 실험 끝에 그들은 마침내 이와 거의 동일한 떡갈나무 재배 방법을 채택하게 되었는데, 이는 오래전 이미 이 땅에서 자연과 다람쥐들이 행하고 있던 방식이었다. 그들은 단지 떡갈나무의 양육자로서 소나무가 지닌 가치를 새삼 확인했을 뿐이었다.

영국의 조림가들은 어린 떡갈나무를 기를 때, 다른 나무를 '양육 식물'로 삼는 것이 중요하다는 사실을 일찍 깨달았다. 라우던은 이를 "떡갈나무 심기와 보호에 관한 최종 결론"이라 불렀으며, 알렉산더 밀른이 정리한 「국유림에서 채택된 관행의 요약」에서 그 내용을 전하고 있다.

처음에는 일부 떡갈나무를 단독으로 심고, 다른 것들은 스카치 소나무와 섞어 심었다. 밀른은 이렇게 기록한다.

"그러나 모든 경우에서, 떡갈나무가 실제로 소나무들 사이에 심겨 그들에 둘러싸여 있을 때, [비록 토양이 다소 열악하더라도] 떡갈나무는 훨씬 더 잘 자라는 것으로 드러났다."

최근 수립된 계획은 먼저 울타리 안을 송진 소나무와 유사한 스카치 소나무로만 먼저 심고, 그것이 5~6피트 높이로 자라면 4~5년생의 튼튼한 떡갈나무 묘목을 그 사이에 심는 것이다. 처음에는 소나무를 베어내지 않고 그대로 두되, 떡갈나무를 심각하게 가리거나 그늘지게 하지 않는 경우에 한한다. 약 2년 후에는 떡갈나무에 빛과 공기를 주기 위해 소나무 가지를 치고, 그 뒤로 2~3년이 지나면 점차 소나무를 제거해 나가, 20~25년이 지나면 단 한 그루의 스카치 소나무도 남지 않게 된다. 처음 10여 년 동안은 오직 소나무뿐인 숲처럼 보이지만, 실제로는 떡갈나무가 자라나는 중인 것이다.

이 방법의 장점은 분명하다. 소나무가 토양을 건조하게 하고 개량하며, 떡갈나무를 질식시키는 잡풀과 가시덤불을 없앤다. 이렇게 심긴 떡갈나무는 거의 실패하지 않으므로, 다시 심을 필요가 없다.

영국 조림가들은 끈질긴 실험을 통해 이 방법을 발견했고, 마치 특허라도 낸 듯 자랑했지만, 사실은 그저 자연의 방식을 다시 발견했을 뿐이다. 자연은 오래전부터 그 방법을 만인에게 개방해 두었다. 그녀는 소나무들 사이에 떡갈나무를 심고, 마침내 벌목꾼들을 불러 소나무를 베어내게 하여 떡갈나무 숲을 드러내는 일을 거듭해 왔다. 우리는 그 장관을 보며, 그것이 마치 하늘에서 떨어진 듯 놀라워할 따름이다.

내가 히코리 숲을 거닐 때면, 여름 한창인 8월에도 머리 위로 청설모가 잘라낸 푸른 피그넛이 떨어지는 소리를 듣곤 한다. 가을이면 마을 곳곳의 떡갈나무 숲 안팎에서, 빈 도토리 껍질이 여러 개 달린 튼튼한 떡갈나무 가지들이 떨어져 있는 것을 발견한다. 다람쥐들이 견과류를 더 쉽게 나르기 위해 양쪽을 갉아낸 것이다. 사람이 몽둥이로 밤나무를 흔들면 어치들이 비명을 지르고, 붉은 다람쥐들이 호통을 친다. 그들도 같은 목적을 두고 와 있기 때문이다. 동업자는 결코 뜻이 같지 않다. 나는 숲에서 붉은 다람쥐나 회색 다람쥐가 푸른 밤송이를 떨어뜨리는 것을 자주 보았다. 가끔은 그것들이 일부러 내게 던지는 것 아닌가 싶을 때도 있었다. 사실 밤이 한창일 때는 그들이 너무 바빠서, 숲속에 오래 서 있으면 반드시 하나쯤 떨어지는 소리를 듣게 된다.

어느 사냥꾼은 10월 중순, 가장 가까운 숲에서 50로드, 가장 가까운 밤나무에서는 훨씬 떨어진 강 초원에서 푸른 밤송이가 떨어진 것을 보았다고 내게 말했다. 그것이 어떻게 거기에 왔는지는 알 수 없었다고 했다. 한겨울 밤을 주울 때면, 나는 흔한 산쥐(mus leucopus)가 낙엽 바로 아래 굴에 모아둔 30~40개의 밤 무더기를 발견하곤 한다.

특히 겨울에는 눈 덕분에 이 씨앗 운반과 심기의

규모가 더욱 분명해진다. 거의 모든 숲에서, 붉은 다람쥐나 회색 다람쥐가 눈을 2피트 깊이까지 파헤친 흔적을 볼 수 있다. 그 흔적은 거의 언제나 견과류나 솔방울에 곧장 닿아 있다. 마치 그 속에서 바로 뚫고 나온 듯이 직접적이다. 우리가 눈 내리기 전에 그것들을 찾아내는 것은 어렵지만, 다람쥐는 가을에 미리 저장해 둔 것을 겨울에도 잊지 않고 찾아낸다. 그들이 기억으로 찾는지, 냄새로 찾는지는 알 수 없다. 붉은 다람쥐는 보통 상록수 덤불 아래, 땅속에 겨울 보금자리를 마련한다. 종종 낙엽수림 한가운데 있는 작은 상록수 덤불 아래이기도 하다. 만약 숲 밖에 멀리 견과류 나무가 서 있다면, 그들의 길은 종종 그곳까지 직접 이어진다.

그러므로 숲에 씨앗을 뿌리기 위해 떡갈나무가 이곳저곳 흩어져 있어야 한다고 가정할 필요는 없다. 20~30로드 이내에 몇 그루만 있어도 충분하다.

나는 단언컨대, 이 마을에서 자연적으로 땅에 떨어지는 모든 백송의 솔방울은 열리기 전, 씨앗을 흩뿌리기 전, 거의 모두 다람쥐가 잘라낸다. 송진 소나무 솔방울도 마찬가지다. 다람쥐는 백송 솔방울 수확이 적을 때일수록, 그것들이 익기 훨씬 전에 잘라낸다. 어쩌면 그 의도는 솔방울이 열려 씨앗이 흩어지기 전에 확보하려는 것일 것이다. 겨울 눈 속에서 다람쥐가 찾아내는 백송 솔방울은 대개 그들이 미리 잘라낸 것들이기 때문이다. 나는 한 무더기 속에서 붉은 다람쥐가 잘라내고 껍질을 벗긴 송진 소나무 솔방울

239개를 세어 본 적이 있다.

그렇게 땅 표면에 남거나 바로 아래 묻힌 견과류는 발아하기에 가장 좋은 환경에 놓인다. 나는 때때로 단순히 땅 위에 떨어진 것들이 어떻게 싹트는지 의아해했다. 그러나 12월 말이면, 전해의 밤들이 썩고 곰팡이 핀 낙엽 밑에서, 흙과 뒤섞인 채 눅눅하게 묻혀 있는 것을 발견하곤 했다. 그곳에는 싹이 나기에 필요한 습기와 거름이 충분히 갖추어져 있었다. 견과류가 먼저 떨어지고, 그 뒤를 덮은 낙엽이 이불이 되어 주는 것이다. 풍년에는 많은 견과류가 이렇게 한 치 깊이로 느슨히 덮여 다람쥐의 눈을 피해 보존된다.

나는 한 해 겨울, 갈퀴로 낙엽을 헤치며 1월 10일이 되어서야 수 쿼트 분량의 밤을 주운 적이 있다. 같은 날 가게에서 산 밤들 가운데 절반 이상이 곰팡이가 슬어 있었지만, 젖고 곰팡이가 핀 낙엽 밑에서 건져 올린 이 밤들 가운데는 단 하나도 상한 것이 없었다. 이미 몇 차례 눈이 내린 자리였다. 자연은 그 저장법을 가장 잘 알고 있었던 것이다. 밤알들은 여전히 통통하고 매끄러웠으며, 겉으로는 젖어 있어도 열이 오르지 않았다. 이듬해 봄에는 거의 모두가 싹을 틔우고 있었다.

라우던은 이렇게 말한다. "유럽산 호두를 이듬해 봄에 심으려면, 수확 즉시 껍질째 썩는 더미 속에 두고, 겨울 내내 자주 뒤집어 주어야 한다." 그러나 이것 또한 자연의 방법을 흉내 낸 것에 지나지 않는다. 인간이 할 수 있는 일은 결국 자연의 지혜를 조금 늦게 깨닫는 것뿐이다. 대부분의 나무 씨앗은 단순히 땅에 눌러 심고 낙엽이나 짚으로 덮어 주기만 해도 가장 잘 발아한다. 정원사들이 내놓은 이 같은 결론은, 북방에서 원주민의 생활법을 배우려다 마침내 원주민과 같은 방식으로 살아가는 자신들을 발견하고 놀란 탐험가들의 경험을 떠올리게 한다. 우리가 숲을 심는 실험을 한다 해도, 결국은 자연이 행하는 그대로를 따라가고 있을 뿐이다. 처음부터 그녀의 지혜에 귀 기울이는 것이 현명하지 않겠는가? 자연은 애솔공작들을 제외하고, 인류 가운데 가장 숙련되고 경험 많은 조림가다.

사람들은 보통, 가을에 네 발 짐승과 새들이 씨앗을 모아 나르고 심는 일을 얼마나 광범위하게 수행하는지 알지 못한다. 그 계절 다람쥐들의 일은 거의 끊임없다. 입에 견과류를 물고 있거나, 또 다른 것을 구하러 가지 않은 다람쥐를 보기란 어렵다. 이 마을의 한 다람쥐 사냥꾼은 특히 열매가 잘 열리는 호두나무 한 그루를 알고 있었는데, 어느 가을날 그 열매를 따러 갔다가 열두 마리 붉은 다람쥐 가족에게 먼저 수확을 빼앗겼다고 한다. 그는 속이 빈 그 나무에서 껍질을 제외하고 무려 1부셸 3펙에 달하는 양을 꺼냈고, 그것은 그와 그의 가족의 겨울 양식을 책임졌다.

줄무늬다람쥐의 볼주머니가 한껏 불룩한 모습을 보는 것도 흔한 일이다. 이 종은 견과류와 씨앗을 저장하는 습성 때문에 타미아스(관리인)라는 이름을 얻었다. 한 달쯤 지난 뒤, 견과류 나무 아래를 살펴보면, 비어 있는 껍데기가 온전한 알보다 훨씬 많다. 그것들은 이미 먹혔거나 멀리 흩어졌기 때문이다. 땅 위에는 마치 마을의 수다쟁이들이 가게 앞 단상에 앉아 견과류를 까고 수다를 떨다 남긴 껍질처럼 어지럽게 널려 있다. 우리는 잔치가 끝난 뒤 찾아온 이처럼, 껍질만 받게 되는 것이다.

가을 숲을 거닐다 보면, 부러진 가지 소리가 들리고, 올려다보면 어치가 도토리를 쪼고 있는 장면을 목격하기도 한다. 때로는 떡갈나무 꼭대기에서 여러 마리 어치가 몰려들어 도토리를 부러뜨리는 소리를 낸다. 그들은 곧 적당한 가지로 날아가 도토리를 끼워 놓고, 딱따구리처럼 쪼아대며 속살을 드러낸다. 머리를 들어 삼키고, 남은 것은 발톱으로 단단히 고정한다. 그러나 다 먹기 전에 땅에 떨어뜨리는 경우도 많다.

윌리엄 바트램이 조류학자 윌슨에게 쓴 글은 이를 잘 보여 준다. "어치는 자연의 경제에서 가장 유용한 존재 중 하나다. 그들은 자신들이 먹는 나무열매와 견과, 단단한 씨앗을 퍼뜨린다. 가을철 그들의 주요 임무는 겨울 식량을 마련하는 일이다. 이 일을 하면서 그들은 들판과 산울타리, 울타리 옆을 날아다니며 많은 씨앗을 떨어뜨리고, 기둥 구멍 같은 곳에 저장한다. 젖은 겨울과 봄이 지나면 들판과 목초지에 무수한 어린 나무들이 돋아나는 것을 보게 되니 놀라울 따름이다. 이 새들만으로도 몇 해 안에 모든 개간지를 다시 숲으로 되돌릴 수 있다."

나 역시 다람쥐들이 드넓은 초원에 견과류를 떨어뜨리는 것을 여러 번 목격했다. 목초지에 돋아나는 떡갈나무와 호두나무는 그 증거일 것이다. 믿어도 좋다. 모든 나무는 결국 씨앗에서 시작된다. 나는 그런 곳에서 어린 떡갈나무를 살펴볼 때마다, 늘 그 밑에서 빈 도토리 껍데기를 발견했다.

많은 이들이 믿듯, 떡갈나무의 씨앗이 수십 년간 토양 속에 잠자고 있다가 싹을 틔운 것은 아니다. 도토리의 생명력은 오래 가지 않는다. 유럽으로 수송하는 것조차 어려워, 라우던은 항해 중에 화분에 심어 두는 것이 가장 안전하다고 권했다. 그는 또 "어떤 도토리도 1년 이상 보관하면 발아하지 않으며, 너도밤나무 열매는 1년, 검은 호두는 6개월 이상은 유지되지 못한다"고 기록했다. 나 역시 11월 무렵, 땅에 남아 있는 거의 모든 도토리가 싹을 틔우거나 썩어 버린 것을 여러 번 보았다. 서리, 가뭄, 습기, 벌레가 그 운명을 재촉한다. 그런데도 한 식물학자는 "수 세기 동안 묻혀 있던 도토리가 밭갈이에 의해 드러난 뒤 곧 싹을 틔웠다"고 전하기도 했다.

조지 B. 에머슨[70]은 그의 귀중한 「메사추세츠주의 나무와 관목에 관한 보고서」에서 소나무에 대해 이렇게 기록했다. "씨앗의 생명력은 놀랍다. 그것들은 숲의 서늘함과 깊은 그늘에 보호받으며, 수년 동안 땅 속에서 변치 않고 잠들어 있다. 그러나 숲이 베이고

---

70 조지 B. 에머슨(George B. Emerson, 1797~1881): 미국의 교육자이자 자연학자.

햇빛이 스며들면, 그 즉시 싹을 틔운다." 그러나 그는 이 말이 어떤 실제 관찰에 근거한 것인지 밝히지 않았으므로, 나는 그 진실성에 의문을 품지 않을 수 없다. 더욱이 묘목 재배자들의 경험은 그의 주장에 의심을 더한다.

고대 이집트인의 무덤에서 나온 밀알이 싹을 틔웠다는 이야기나, 1600년 혹은 1700년 전에 죽은 영국인의 위장에서 발견된 씨앗에서 자라난 산딸기 이야기는, 그럴듯하나 믿기 어렵다. 증거가 확실치 않기 때문이다. 몇몇 학자들, 그중 카펜터 박사[71]는 메인 주 내륙 40마일 지점의 모래에서 비치플럼이 돋아난 사례를 들어, 씨앗이 오랫동안 묻혀 있었다고 주장하며, 일부는 해안선이 그만큼 후퇴했다고까지 추론했다. 그러나 이를 뒷받침하려면 먼저 비치플럼이 반드시 해안에서만 자란다는 사실을 입증해야 할 것이다. 하지만 그것은 이곳, 해안에서 절반 거리밖에 되지 않는 내륙에서도 흔히 볼 수 있다. 나는 불과 몇 마일 북쪽, 내륙 25마일 지점에서 빽빽한 군락을 본 적이 있으며, 그 열매는 해마다 시장으로 운반되었다. 찰스 T. 잭슨 박사[72] 또한 메인 주 내륙 100마일 이상 지점에서 비치플럼(아마도 그와 유사한 종이었을 것이다)을 발견했다고 한다. 결국, 이와 같은 '오래된 씨앗의 부활' 사례는 대개 비슷한 반론에 부딪힌다.

---

71 윌리엄 벤자민 카펜터(William B. Carpenter, 1813~1885): 영국의 생리학자이자 자연과학자. 다양한 생물학적 관찰을 남겼다.

72 찰스 T. 잭슨(Charles Thomas Jackson, 1805~1880): 미국의 지질학자, 화학자, 발명가. 메인 주와 뉴잉글랜드의 지질학 연구로 유명하다.

그럼에도 나는 일부 씨앗, 특히 작은 씨앗은 적합한 환경만 주어진다면 수 세기 동안도 생명력을 보존할 수 있으리라 믿는다. 1859년 봄, 이 마을의 소위 '헌트 하우스'가 헐렸다. 그 집 굴뚝에는 1703년이라는 연대가 새겨져 있었고, 땅은 한때 매사추세츠 초대 주지사 존 윈스럽[73] 가문의 소유였다. 나는 이 근방의 식물들을 두루 살펴 익숙하다고 자부했는데, 그 집 지하실에서야말로 오랫동안 빛을 보지 못했던 어떤 새로운 식물이 싹트지 않았을까 하는 생각이 들었다. 9월 22일, 그곳을 수색하던 중 무성한 잡초 사이에서 이전에 본 적 없는 쐐기풀 한 종(Urtica urens), 자생하는 모습을 본 적 없는 딜, 드물게만 발견되는 예루살렘 오크(Chenopodium botrys), 이 근방에서는 보기 힘든 까마중(Solanum nigrum), 그리고 50년간 이 마을에서 사라졌다가 그 지하실에서 다시 모습을 드러낸 담배를 발견했다. 나는 이들 식물 중 일부, 혹은 전부가 오래전 그 집 근처에 묻혀 있던 씨앗에서 돋아난 것이라 믿는다. 그 지하실은 그해 메워졌고, 담배를 포함한 그 식물 네 종은 이제 다시 이 지역에서 자취를 감추었다.

나는 또한 동물들이 나무 씨앗의 상당 부분을 먹어치워 그것들이 나무로 자라는 것을 막는다는 사실을 관찰했다. 그러나 동시에 그들은 분산자이자 심는 자가 될 수밖에 없다. 그것이 자연에 바치는 그들의 '세

---

73 존 윈스럽(John Winthrop, 1588~1649): 매사추세츠만 식민지의 초대 주지사로, 청교도 공동체 건설을 주도한 인물.

금'이다. 린네우스가 말했듯, 돼지가 도토리를 파헤치는 동안에도, 실은 도토리를 심고 있는 것이다.

나는 씨앗이 없는 곳에서 식물이 생겨나리라 믿지는 않는다. 그러나 씨앗 자체의 힘에 대해서는 경이로움에 가까운 믿음을 품는다. 누군가 씨앗이 있다고 내게 확신시킨다면, 나는 그곳에서 무슨 기적이 일어나도 놀라지 않을 것이다. 심지어 그것이 천년왕국의 도래와 정의의 통치의 시작이라 해도 말이다. 특허청이나 정부가 씨앗을 배포하고, 사람들이 그것을 심기 시작할 때, 우리는 새로운 시대의 문턱에 들어서는 것이다.

1857년 봄, 나는 특허청에서 받은 씨앗 여섯 알을 심었다. 라벨에는 아마도 '큰 노란 호박'이라고 적혀 있었던 것 같다. 그중 두 알이 싹이 트더니, 하나는 무게 123.5파운드의 호박 하나를 맺었고, 다른 하나는 네 개를 맺어 모두 합쳐 186.25파운드였다. 내 정원 구석에서 무려 310파운드의 호박이 자라리라 누가 상상이나 했겠는가? 이 씨앗들은 내게 있어 흰족제비 같은 사냥 도구였고, 테리어 같은 발굴 도구였다. 내가 보탠 '마법'이라곤 김매기와 거름주기뿐이었다. 그러나 보라! 라벨대로, 그들은 내게서 총 310파운드의 거대한 호박을 내놓았다. 마치 어디선가 신비한 부적처럼 돌아온 씨앗 같았다. 그 호박은 그해 가을 품평회에서 상을 받았고, 내가 알기로 그것을 산 이는 씨앗을 개당 10센트에 팔 작정이었다. 싼 값은 아니었다. 그러나 내게는 같은 혈통의 사냥개가 여전히 남아 있었다. 내가 먼 마을에 보낸 한 알은, 조상들이 이곳에서와 프랑스에서 그랬던 것처럼, 그곳에서도 어김없이 '큰 노란 호박'을 찾아냈다.

나는 내 정원 한 구석에서, 거의 모든 과일을 언제든 길어 올릴 수 있는 씨앗들을 지니고 있었다. 그것들은 수 세기 동안 매년 열매를 맺으며, 수확은 정원 전체를 가득 채우고도 남을 만큼 풍성했다. 이 미국의 시대에, 즐거움이라곤 모자를 하늘로 던져 올리는 것 외에는 할 일이 거의 없을지라도, 나는 끊임없이 물질을 다른 모습으로 바꾸어내는 완벽한 연금술사들을 길러내고 있었다. 그래서 내 정원의 그 구석은 다함이 없는 보물 상자와 같았다. 거기서 얻는 것은 금 그 자체가 아니라, 금이 상징하는 가치였으며, 그것을 팔 수 있었다. 그리고 그 안에는 블리츠 씨[74] 같은 속임수는 전혀 없었다.

그러나 농부의 아들들은 마술사가 목구멍에서 끝없이 리본을 꺼내는 것을 보고, 그것이 단순한 속임수라 하더라도 한 시간은 넋을 잃고 바라볼 것이다. 분명히 사람들은 빛보다 어둠을 더 사랑한다.

---

74 블리츠 씨(Blitz): 19세기 미국에서 활동한 저명한 마술사. 당시 대중오락의 상징적인 인물로, 소로는 그의 마술을 '속임수'에 비유하며 자연의 법칙이 보여주는 진정한 기적과 대비시킨다.

1862
걷기

나는 자연을 위해, 곧 시민 사회의 자유나 문화와 대비되는 절대적 자유와 야성의 가치를 옹호하기 위해 이 글을 쓴다. 인간을 사회의 단순한 구성원이 아니라 자연의 거주자, 아니 자연 그 자체의 일부로 바라보고자 함이다. 나는 다소 극단적으로 들릴지도 모를 주장을 펼칠 것이다. 그래야만 내 뜻이 분명하게 전달될 것이기 때문이다. 문명을 찬양하는 목소리는 이미 차고 넘친다. 목사도, 학교 위원회도, 그리고 당신들 모두가 그 일을 충분히 하고 있으니 말이다.

내가 평생 동안 만난 사람들 가운데, 걷기의 참된 기술, 곧 산책을 진정으로 이해한 이는 손에 꼽을 만큼 드물었다. 그들은 말하자면 '한가로이 거니는 자(saunterers)'로, 그 재능을 타고난 사람들이었다. 이 단어는 중세 시절, 성지 순례를 구실로 시골을 떠돌며 자선을 구하던 이들에서 비롯되었다고 한다. 아이들은 그들을 보고 "저기 성지 순례자(Sainte-Terrer)가 간다!"라 외쳤고, 여기서 산책자(saunterer), 곧 성지를 향해 걷는 자(Holy-Lander)라는 말이 생겼다. 그러나 실은 성지에 도달할 뜻조차 없던 그들은 단순한 부랑자이자 게으름뱅이에 불과했다. 반대로 진정으로 성지를 향해 발걸음을 옮기던 이들이야말로 내가 말하는 바람직한 의미의 산책자였다.

다른 어원도 전한다. 어떤 이는 이 말이 '땅이 없는(sans terre)' 상태에서 비롯되었다고 한다. 곧 집은 없지만, 어디서든 편안히 머무를 수 있는 경지를 뜻한다는 것이다. 이것이야말로 산책의 진정한 비밀일 것이다. 늘 집 안에만 머무는 자는 아이러니하게도 가장 큰 방랑자다. 그러나 진정한 산책자는 굽이치는 강물보다 더한 방랑자다. 강물은 끊임없이 바다로 향하는 가장 짧은 길을 택하기 때문이다. 나는 첫 번째 어원을 더 선호한다. 모든 걷기는 우리 내면의 은수자 피에르가 외치듯, 이교도에게 빼앗긴 성지를 되찾으려는 십자군 원정과 같기 때문이다. 그러나 오늘날의 우리, 심지어 걷는 이들조차, 끈기 있는 모험을 감행하지 못하는 나약한 십자군에 불과하다. 우리의 원정은 여행에 지나지 않고, 저녁이면 다시 난롯가로 돌아온다. 걷기의 절반은 결국 제자리걸음일 뿐이다. 그러나 산책은 다르다. 가장 짧은 길이라도 불멸의 모험 정신으로 나서야 하며, 돌아오지 않겠다는 각오로 임해야 한다. 마치 황량한 왕국에 단 하나의 유물, 방부 처리된 심장만 남기겠다는 결심으로 걷는 것처럼 말이다.

아버지와 어머니, 형제와 자매, 아내와 자식, 그리고 친구들을 떠나 다시는 돌아오지 않을 준비가 되었는가? 모든 빚을 갚고, 유언장을 작성하고, 세속의 일들을 마무리하여 자유로운 몸이 되었는가? 그렇다면 이제야 비로소 걸을 준비가 된 것이다.

내 경험으로 말하자면, 나는 동행과 함께 걸을 때, 혹은 때로는 동행이 있기 때문에, 우리 자신을 새로운 기사단, 혹은 오래된 기사단의 일원으로 상상하곤 한다. 우리는 단순히 승마 기사(Equestrians)나 슈발리에(Chevaliers), 리터(Ritters), 기수(Riders)가 아니다. 나는 우리가 그보다 훨씬 오래되고 더 명예로운 계급에 속한다고 믿는다. 바로 보행자(Walkers)다. 한때 기수에게 속했던 기사도의 정신과 영웅적 기개는 이제 보행자에게 깃들었거나 스며든 듯하다. 더 이상 '기사(Knight)'가 아니라, 방랑하는 '보행자(Walker Errant)'다. 그는 교회와 국가, 인민의 울타리 바깥에 존재하는 제4의 계급이다.

우리는 이 근방에서 이 고귀한 기술을 실천하는 사람이 우리뿐이라고 늘 느껴왔다. 그러나 솔직히 말하면, 마을 사람들이 주장하는 것을 액면 그대로 받아들인다면, 그들 역시 나처럼 걷고 싶어 하지만 그렇게 하지 못하는 것일지도 모른다. 이 직업의 자본이라 할 수 있는 필수 조건, 곧 여가와 자유, 그리고 독립은 어떤 부로도 살 수 없다. 그것은 오직 하늘의 은총으로만 주어진다. 걷는 자가 되려면 하늘로부터 직접 허락을 받아야 한다. 당신은 '걷는 자들의 가문'에서 태어나야 한다. 걷는 자는 만들어지는 것이 아니라 태어나는 것이다. 물론 내 마을의 몇몇 사람들은 십여 년 전 산책을 아직도 기억하며 내게 이야기해 준 적이 있다. 그들은 숲속에서 서른 분 동안 길을 잃는 축복을 누렸다고 말했다. 그러나 나는 잘 안다. 그들이 아무리 자신을 이 선택된 계급에 속한다고 주장하더라도, 그 뒤로는 줄곧 큰길만을 걸어왔다는 것을. 아마 그 순간만큼은 숲의 사람, 무법자의 전생을 떠올린 듯 잠시 고양되었을지도 모른다.

"그가 푸른 숲에 이르렀을 때,
즐거운 어느 아침,
그곳에서 작은 노랫소리를 들었네,
새들이 환희에 차 지저귀는.
로빈이 말했네. '참으로 오랜만이구나.
내가 마지막으로 이곳에 온 지가.
잠시 활을 당겨보고 싶구나,
저 갈색 사슴을 향해.'"

나는 하루에 적어도 네 시간—대개는 그보다 더 오래—모든 세상사에서 완전히 벗어나 숲과 언덕, 들판을 거닐지 않으면, 건강과 활기를 유지할 수 없다고 생각했다. 당신이 내게 "무슨 생각을 하느냐" 묻고 동전 한 푼을 주든, 아니면 천 파운드를 주든 상관없었다. 종종 나는 기계공이나 가게 주인들이 하루 종일 다리를 꼬고 앉아 가게를 지키고 있다는 사실을 떠올렸다. 마치 다리가 서거나 걷기 위해서가 아니라, 오직 앉기 위해 만들어진 것처럼 보였다. 그들이 오래전 모두 스스로 목숨을 끊지 않은 것만으로도 일종의 칭찬을 받아야 할 것이라고 생각했다.

나는 단 하루라도 방 안에 머물면 곧바로 녹슬어버리는 사람이었다. 때때로 오후 4시, 이미 하루를 되돌리기에는 너무 늦은 시간이 되어 몰래 산책에 나설 때가 있었다. 땅거미가 햇살과 뒤섞이는 그 시간에 길을 나서면, 마치 무언가 속죄해야 할 죄를 저지른 듯한 기분이 들곤 했다. 나는 몇 주, 몇 달, 심지어 거의 몇 해 동안이나 가게나 사무실에 갇혀 지내는 이

옷들의 인내심, 아니, 도덕적 무감각에 놀라움을 금할 수 없었다. 그들이 어떤 재료로 빚어진 존재인지 알 수 없었다. 오후 3시에 앉아 있는 모습이 마치 새벽 3시인 것처럼 보였으니 말이다. 보나파르트가 새벽 3시의 용기[75]에 대해 말했을지 모르나, 그것은 이 오후 시간에 스스로를 가두어 두는 용기에 비하면 아무것도 아니었다. 아침 내내 자신과 마주 앉아, 그토록 단단히 묶인 수비대를 굶겨 죽이는 용기. 나는 오후 4시에서 5시 사이, 조간신문은 이미 늦고 석간신문은 아직 이른 그 어정쩡한 시간에, 왜 거리마다 집 안에서나 통하는 케케묵은 관념과 변덕이 한꺼번에 터져 나와 공기 속으로 흩어져, 세상의 악이 저절로 씻겨 내려가지 않는지 의문이었다.

여성들은 남성보다 훨씬 더 집 안에 갇혀 지내는데, 그들이 어떻게 그것을 견뎌내는지 나는 알 수 없었다. 오히려 대부분은 결코 잘 견디고 있지 않다고 의심할 만한 이유가 있었다. 이른 여름 오후, 우리가 마을의 먼지를 옷자락에서 털어내며 도리아 양식[76]이나 고딕 양식[77]의 정면을 지닌 집들을 서둘러 지나칠 때, 그 집들에서는 오히려 안온한 기운이 풍겨 나

---

75 나폴레옹 보나파르트가 군대의 결단력과 용기를 비유하며 사용한 표현으로 알려져 있다. 새벽 3시는 전투 전 가장 피곤하고 사기가 떨어지는 시간대이므로, 이때 용기를 낼 수 있는 병사가 진정한 용기를 가진 자라는 뜻이다.

76 고대 그리스 건축의 3대 기둥 양식 중 하나로, 단순하고 장중한 비례와 장식의 절제를 특징으로 한다. 주로 신전 건축에 사용되었다.

77 12세기 프랑스에서 시작된 건축 양식으로, 뾰족한 아치, 첨두형 창, 스테인드글라스, 플라잉 버트레스를 특징으로 한다. 중세 유럽의 성당과 교회 건축에 주로 나타난다.

왔다. 내 동행은 아마도 이 시간쯤이면 그 집의 거주자들이 모두 잠자리에 들었을 것이라 속삭였다. 바로 그 순간 나는 건축의 진정한 아름다움과 영광을 깨달았다. 건축물 자체는 결코 잠들지 않고, 영원히 밖에서 우뚝 서서 그 안의 이들을 지켜보고 있기 때문이었다.

의심할 여지 없이 기질, 그리고 무엇보다 나이가 이러한 태도와 관련이 깊다. 사람은 나이를 먹을수록 가만히 앉아 실내 활동에 익숙해진다. 인생의 저녁 무렵이 가까워지면서 습관도 저녁형[78]으로 바뀌고, 마침내 해가 지기 직전에야 나와서 단 30분 만에 필요한 모든 산책을 마친다.

하지만 내가 말하는 걷기는 병자가 정해진 시간에 약을 삼키듯, 혹은 아령을 흔들거나 의자에 몸을 맡기는 것과 같은 소위 운동과는 아무런 상관이 없다. 그것은 그 자체로 하루의 과업이자 모험이다. 운동을 하고 싶다면 생명의 샘을 찾아 나서야 한다. 저 멀리 목초지에서 샘들이 솟아오르고 있는데, 사람은 건강을 위한다며 아령을 흔든다니, 이보다 더 우스운 일이 어디 있겠는가!

더욱이 걷기는 낙타처럼 해야 한다. 낙타는 걸으면서 동시에 되새김질을 하는 유일한 짐승이라고 한다.

---

78 소로가 말하는 인생의 '저녁'은 실제 하루의 저녁 시간이자 동시에 노년을 비유하는 말이다. 나이가 들수록 실내 활동과 짧은 산책에만 만족하는 태도를 꼬집는다.

어느 날 한 여행자가 워즈워스[79]의 하인에게 주인의 서재를 보여 달라고 요청했을 때, 그녀는 이렇게 대답했다고 한다. "여기가 도서관이고, 주인의 서재는 바깥에 있답니다."

햇볕과 바람 속에서 야외에 오래 머물면, 의심할 여지 없이 성격은 다소 거칠어진다. 얼굴과 손에 그러하듯, 인간 본성의 섬세한 부분 위에도 더 두꺼운 각질이 자라나며, 힘든 육체노동이 손의 미묘한 감각을 앗아가는 것과 같다. 반면 집 안에만 머무른다고 해서 피부가 얇아지는 것은 아니지만, 부드러움과 매끄러움은 얻을 수 있으며, 특정한 인상에 대한 감수성은 더욱 예민해진다. 아마 우리가 햇볕을 덜 쬐고 바람을 덜 맞았다면, 지적·도덕적 성장에 필요한 어떤 자극에도 더 민감해졌을 것이다. 그러나 두꺼운 피부와 얇은 피부의 비율을 올바르게 맞추는 문제는 언제나 미묘하다. 내 생각에는 그것은 머리에서 떨어지는 비듬처럼 곧 흩어져 사라지는 문제에 불과하다. 자연의 치유책은 낮과 밤, 여름과 겨울, 생각과 경험의 비율 속에서 발견된다. 우리의 사유 속에는 그만큼 더 많은 공기와 햇살이 깃들게 될 것이다.

노동자의 굳은살 박인 손바닥은 게으름뱅이의 나른한 손가락보다 오히려 더 섬세한 자존감과 영웅심의 결을 지니며, 그 손길은 심장을 전율케 한다. 낮 동안 침대에 누워 자기 피부가 희다고 생각하는 것

---

79 워즈워스(William Wordsworth, 1770~1850): 영국의 낭만주의 시인. 자연과 인간 정신의 교감을 노래했으며, 소로에게도 깊은 영향을 주었다.

은, 경험이 남긴 그을음과 굳은살에서 멀리 달아난 단순한 감상주의일 뿐이다.

우리가 걷는다는 것은 곧 들판과 숲으로 발걸음을 옮긴다는 뜻이다. 만약 우리가 정원이나 상점가에서만 걷는다면, 그것이 무슨 소용이 있겠는가. 어떤 철학 학파들은 숲으로 나아가지 않았기 때문에, 오히려 숲을 자신들에게로 불러들여야 했다. 그들은 플라타너스 숲[80]과 산책로를 조성하고, 공기에 개방된 주랑 현관에서 햇볕을 받으며 걸었다. 물론 숲이 우리를 부르지 않는다면, 억지로 그곳을 향해 걷는 것은 아무 의미가 없다. 내가 몸으로는 숲속 1마일을 걸어 들어갔는데, 정신은 그곳에 이르지 못했을 때, 나는 불안해진다. 오후 산책은 아침의 모든 일과와 사회적 의무를 잊는 시간이어야 한다. 그러나 때때로 마을의 기운이 쉽게 떨어져 나가지 않을 때가 있다. 어떤 일에 대한 생각이 머릿속에서 맴돌아, 몸은 숲에 있으면서도 마음은 도달하지 못한다. 내 정신은 흐트러져 있다. 산책은 나의 정신을 제자리에 돌려놓아야 한다. 숲에 있으면서 숲 밖의 일에 사로잡혀 있다면, 내가 숲에 있을 이유가 어디 있겠는가. 소위 선한 일들조차 이토록 나를 얽매고 있다는 사실을 깨달을 때, 나는 오히려 전율을 느낀다.

내 주변에는 좋은 산책로가 많다. 나는 수년 동안 거의 매일, 때로는 며칠을 연달아 걸었지만, 아직 그

---

80 고대 철학 학파들이 토론과 산책을 위해 조성한 장소. 플라톤의 아카데미아가 대표적이며, 자연과 철학적 사유를 연결하려는 시도의 일환이었다.

길들을 다 걷지 못했다. 완전히 새로운 풍경을 만난 다는 것은 큰 행복이며, 나는 여전히 어느 오후에도 그 기쁨을 누릴 수 있다. 두세 시간의 걷기는 때로 내가 언젠가 도달하리라 기대하는 낯선 나라로 나를 데려간다. 전에 보지 못한 농가 한 채조차 다호메이 왕[81]의 영토만큼이나 신비롭게 느껴진다. 사실 반경 10마일 안의 풍경, 곧 반나절 산책 거리의 풍경은 인간의 70년 생애와 어딘가 닮아 있다. 그것은 결코 완전히 익숙해질 수 없는 풍경이다.

요즘의 집 짓기와 숲과 큰 나무들을 베어내는 일, 곧 인간이 자랑하는 모든 소위 '개선'이라는 것들은 풍경을 기형적으로 만들고, 점점 더 길들여지고 천박하게 만들 뿐이다. 차라리 울타리를 불태우고 숲은 그대로 두는 것으로 시작하는 민족이 있었으면 한다. 나는 울타리가 반쯤 불타다가, 그 끝이 대초원 한가운데서 사라진 광경을 본 적이 있다. 어떤 세속적 구두쇠가 측량사와 함께 자기 땅의 경계를 확인하고 있었는데, 그 주위에는 천국이 펼쳐져 있었지만 그는 천사들의 왕래를 보지 못하고, 낙원 한가운데서 낡은 말뚝 구멍만 찾고 있었다. 다시 바라보니, 그는 악마들에게 둘러싸여 질퍽한 스틱스 강 같은 늪 가운데 서 있었다. 그는 의심할 여지 없이, 말뚝이 박혔던 자리의 작은 돌 세 개로 자기 경계를 찾고 있었고, 더 가까이 살펴보니 그 측량사는 다름 아닌 어둠의 왕자

---

81 다호메이 왕(King of Dahomey): 서아프리카 베냉 지역의 역사적 왕국 다호메이의 군주를 가리킨다. 유럽인들에게는 낯설고 이국적인 세계의 상징처럼 여겨졌다.

였다.

　나는 내 집 문을 나서면 여우와 밍크가 다니는 오솔길만을 따라, 다른 어떤 집도 지나치지 않고, 다른 어떤 길도 건너지 않은 채 10마일, 15마일, 20마일을 거뜬히 걸을 수 있다. 처음에는 강을 따라 걷고, 다음에는 시냇물을 따라 걷다가, 마침내 초원과 숲가로 들어선다. 내 주변에는 수 제곱 마일에 이르는 무인 지대가 남아 있다. 많은 언덕에 올라서면, 멀리 문명과 인간의 거처를 바라볼 수 있다. 농부와 그들의 일이 보이기는 해도, 우드척과 그들의 굴이 주는 인상과 별반 다르지 않다.

　나는 인간과 그의 일들, 교회와 국가, 학교, 무역과 상업, 제조업과 농업, 심지어 가장 놀라운 정치조차도 풍경 속에서는 얼마나 작은 영역을 차지하는지 보고 기뻤다. 정치는 단지 좁은 구역일 뿐이며, 그 너머의 더 좁은 큰길이 거기로 이어질 뿐이다. 나는 가끔 여행자에게 그곳을 안내하곤 한다. "정치의 세계로 가고 싶다면, 큰길을 따라가시오. 저 상인을 따라가며 그의 먼지를 눈에 담으시오. 그러면 곧장 그곳으로 인도될 것이오." 그것은 단지 자리를 차지할 뿐, 결코 세상을 온통 차지하지는 않는다. 나는 콩밭에서 숲으로 들어가듯 그곳을 지나쳐 잊는다. 삼십 분 안에, 나는 일 년 내내 사람이 서 있지 않은 지구의 어느 표면으로든 걸어갈 수 있다. 그곳에는 당연히 정치가 없다. 정치는 그저 인간의 시가 뿜어내는 연기 같은 것일 뿐이다.

마을은 단지 길들이 모이는 곳이다. 강이 호수가 되듯, 큰길이 확장되어 이루어진 일종의 공간이다. 그것은 길이 팔과 다리인 몸체이고, 삼거리와 사거리에 있는 장소이며, 여행자들의 통로이자 일상의 터전이다. 이 단어는 라틴어 빌라(villa)에서 유래했는데, 바로[82]에 따르면 이는 길을 뜻하는 비아(via) 혹은 더 오래된 형태인 베드(ved)와 벨라(vella), 그리고 '운반하다'는 뜻의 베호(veho)에서 파생되었다고 한다. 빌라는 물건이 오가며 실려 나르는 곳이기 때문이다. 짐마차로 생계를 잇던 사람들은 '벨라투람 파케레(vellaturam facere)[83]'를 한다고 말하곤 했다. 여기서 라틴어 빌리스(vilis)가 나왔고, 영어의 '천박한(vile)'이라는 단어도 비롯되었다. '악당(villain)'도 같은 뿌리를 지닌다. 이것은 마을 사람들이 어떤 타락에 쉽게 빠질 수 있는지를 암시한다. 그들은 스스로 여행하지 않으면서, 그저 곁을 스치고 위를 지나가는 여행에 이미 지쳐 있는 것이다.

어떤 이들은 아예 걷지 않고, 또 어떤 이들은 오직 큰길로만 걷는다. 그러나 밭을 가로질러 걷는 이는 소수에 불과하다. 길이란 본래 말과 장사꾼을 위해 만들어진 것이다. 나는 비교적 그 길을 자주 이용하지 않는다. 그 길이 인도하는 선술집이나 식료품점, 마구간이나 역으로 내가 서둘러 가야 할 일은 없

---

82 바로(Varro, B.C. 116~27): 고대 로마의 학자이자 문법가, 정치가. 어원학과 농업, 철학에 관한 저술로 알려졌다.

83 라틴어 표현으로, 문자 그대로는 '운반으로 생계를 꾸리다'는 뜻이다. 짐마차꾼이나 운송업에 종사하는 사람들을 가리켰다.

기 때문이다. 나는 훌륭한 말이지만, 선택에 따라 길 위를 달리는 말은 아니다. 풍경화가는 길을 드러내기 위해 사람의 형상을 그려 넣는다. 그러나 그는 내 형상을 그런 용도로 사용하지 않을 것이다.

나는 옛 예언자와 시인들—메누[84], 모세, 호메로스, 초서—이 걸었던 것과 같은 길, 곧 자연 속으로 걸어 나간다. 당신은 그것을 아메리카라 부를지 모르지만, 그것은 결코 아메리카가 아니다. 아메리쿠스 베스푸치우스도, 콜럼버스도, 그 누구도 그것의 발견자가 아니다. 내가 보아온 이른바 아메리카의 역사시들보다, 신화 속에 그것의 진실한 모습이 더 온전히 담겨 있다.

그러나 지금은 거의 쓰이지 않지만, 여전히 어딘가로 이어지는 듯하여 유익하게 걸을 수 있는 오래된 길들이 몇 개 있다. 그중 하나가 옛 말버러 길[85]이다. 그러나 지금은 더 이상 말버러로 가지 않는 듯하다. 그 길이 나를 데려가는 곳이 말버러가 아니라면 말이다. 내가 감히 여기서 이 길을 말하는 것은, 아마도 모든 마을에 이런 길이 한두 개쯤은 있기 때문일 것이다.

---

84 메누(Manu): 인도의 전설적 인류 시조이자 법전 편찬자로 여겨지는 인물. 힌두교의 고대 율법서 《마누 법전》이 그의 이름을 따르고 있다.

85 매사추세츠주 말버러 마을로 이어지던 오래된 도로. 소로가 살던 콩코드 주변의 옛길 중 하나였다.

⟨옛 말버러 길⟩

사람들이 돈을 찾아 땅을 팠지만
한 푼도 찾지 못한 그곳.
때로는 마셜 마일스[86]가
홀로 줄지어 지나가고,
일라이자 우드는
불길한 예감을 안고 걸어가는 곳.
다른 이는 아무도 없으니,
엘리샤 듀건 외에는—오, 야생의 기질을 지닌 사람,
자고새와 토끼를 쫓으며
아무 걱정 없이
오직 덫 놓는 일에만 몰두하는 이여.

그는 홀로 살아가며,
뼈에 가깝게 매달린 살처럼,
삶이 가장 달콤한 자리에서
끊임없이 먹고 산다.
봄이 내 피를 휘저어
여행의 본능을 일깨울 때,
나는 옛 말버러 길에서
충분한 자갈을 얻는다.

---

86 마셜 마일스(Marshall Miles): 소로가 살던 콩코드 지역의 인물로 추정되며, 지역적 맥락에서 언급된 이름.

아무도 수리하지 않으니,
아무도 다니지 않기 때문이다.
그 길은 살아 있는 길,
기독교인들이 말하듯.
그곳으로 들어서는 이는 드물고,
오직 아일랜드인 퀸[87]의 손님들뿐이다.

그것은 단지 무언가,
저 밖을 가리키는 방향일 뿐,
어딘가로 갈 수 있다는
희미한 가능성일 뿐이다.
거대한 돌로 된 이정표,
그러나 여행자는 없다.
마을들의 기념비,
그 꼭대기에는 이름이 새겨져 있다.
당신이 있었을 수도 있는 곳을
가서 보는 것,
그것만으로도 가치가 있다.

어떤 왕이
이 일을 했을까?
나는 여전히 궁금하다.
언제, 어떻게 세워졌을까?
구르가스인가, 리인가,

---

87 아일랜드인 퀸(Irish Queen): 당시 아일랜드 이민자 집단이나 그들의 거주지를 상징하는 표현으로 해석된다.

클라크인가, 다비인가[88]—
그들은 위대한 노력을 기울여
영원히 무언가가 되고자 했다.

아무것도 쓰이지 않은 돌판,
여행자가 신음하며 잠시 멈출 수도 있는 곳.
그리고 한 문장으로
자신이 아는 모든 것을 새겨,
다른 이가 극심한 필요 속에서
읽을 수 있도록 남기는 곳.

나는 한두 구절쯤은 알고 있다.
그럴듯한 문구,
온 땅에 새겨둘 만한 문학을.
사람들이 기억하고,
다음 12월까지 간직하다가,
얼음이 녹은 봄에
다시 읽을 수 있는 문장을.

상상의 나래를 펴고
집을 떠난다면,
그대는 세계를 일주할 수 있다.
옛 말버러 길을 따라 걸으며.

---

88 구르가스(Gurghas), 리(Lee), 클라크(Clark), 다비(Darby): 매사추세츠나 뉴잉글랜드 지역 행정위원 또는 토지 측량 관련 인물로 추정되며, 소로가 풍자적 어조로 언급한 이름들.

현재 이 근방에서 땅의 가장 좋은 부분은 아직 사유화되지 않았다. 풍경은 누구의 소유도 아니며, 걷는 자는 비교적 자유를 누린다. 그러나 언젠가 이 땅이 소위 유원지로 분할되어, 소수만이 좁고 배타적인 즐거움을 누리는 날이 올지도 모른다. 울타리는 점점 더 뻗어나가고, 사람들을 공공도로에 가두기 위해 인간의 덫과 여러 장치들이 발명되어, 신의 땅을 걷는 일이 어느 신사의 사유지를 침범하는 행위로 간주될 날이 올지도 모른다. 그러나 어떤 것을 배타적으로 소유한다는 것은, 대개 그것의 진정한 즐거움에서 스스로를 배제하는 일이다. 그렇기에 악한 날이 오기 전에 우리는 우리의 기회를 잘 활용해야 한다.

때때로 어디로 걸어야 할지를 결정하는 일이 왜 그토록 어려운가? 나는 자연 속에 어떤 미묘한 자성이 깃들어 있다고 믿는다. 우리가 무의식적으로 그 힘에 몸을 맡기면, 그것이 우리를 올바른 길로 인도할 것이다. 우리가 어느 길을 택하느냐는 결코 무관하지 않다. 올바른 길이 분명히 있다. 그러나 우리는 부주의와 어리석음 때문에 잘못된 길을 고르기 쉽다. 인간은 이 현실 세계에서 아직 발길이 닿지 않은 그 길, 곧 내면의 이상 세계에서 걷고 싶어 하는 바로 그 길을 찾아 나선다. 우리가 방향을 정하기 어려운 까닭은, 아마도 그 길이 아직 우리 생각 속에 뚜렷하게 자리 잡지 않았기 때문일 것이다.

아직 어디로 향할지 정하지 못한 채 산책을 나설 때, 나는 본능에 결정을 맡긴다. 그러면 이상하게 보일지도 모르지만, 결국 나는 언제나 남서쪽, 그 방향 어딘가의 숲이나 초원, 버려진 목초지나 언덕을 향해 발걸음을 옮기고 있음을 깨닫는다. 나의 나침반 바늘은 천천히 정착하며, 몇 도씩 흔들리지만, 언제나 서쪽과 남남서 사이에서 멈춘다. 미래는 내게 그 방향에 있다. 지구는 그쪽에서 더 고갈되지 않고, 풍요롭고 넉넉해 보인다. 나의 산책은 원의 궤적이 아니라 포물선이며, 오히려 다시 돌아오지 않는 혜성의 궤도와도 같다. 그 궤도는 서쪽으로 열려 있고, 나의 집은 태양이 머무는 자리다. 나는 때로 15분 동안 망설이며 빙빙 돌다가, 결국 천 번째로 남서쪽이나 서쪽을 향해 걷는다. 동쪽으로는 억지로만 갈 뿐, 서쪽으로는 자유롭게 나아간다. 그곳으로는 어떤 의무도 나를 이끌지 않는다.

나는 동쪽 지평선 너머에서 아름다운 풍경이나 충분한 야생성과 자유를 찾을 수 있으리라고 믿지 않는다. 그곳으로 향하는 산책은 내게 어떤 설렘도 주지 못한다. 그러나 서쪽 지평선에서는 숲이 해가 지는 곳을 향해 끊임없이 뻗어 있고, 그 안에는 나를 막을 만한 중요한 도시나 마을이 없다고 나는 믿는다. 내가 어디에 살든, 이쪽은 도시이고 저쪽은 황야다. 그리고 나는 언제나 도시를 떠나 조금씩 황야로 물러나고 있다.

만약 이 경향이 내 동포들에게 널리 퍼져 있음을 믿지 않는다면, 나는 감히 이 사실을 그다지 강조하지 않을 것이다. 그러나 미국인은 유럽이 아니라 오리건을 향해 걷고 있으며, 그 방향으로 국가 전체가 움직이고 있다. 나는 인류가 동쪽에서 서쪽으로 진보한다고 말할 수 있다. 최근 몇 년 동안 우리는 오스트레일리아 정착을 계기로 남동쪽으로의 이주 현상을 목격했다. 그러나 그것은 우리에게 퇴보로 보인다. 오스트레일리아 첫 세대가 보여준 도덕적·신체적 특성으로 판단하건대, 그것은 아직 성공적인 실험으로 입증되지 않았다. 동쪽의 타타르인[89]들은 티베트 서쪽에는 아무것도 없다고 믿었다. "세상은 거기서 끝난다"고 그들은 말했다. "그 너머에는 끝없는 바다뿐이다." 그들의 삶은 완전한 동쪽에 있었다.

우리는 역사를 확인하고 예술과 문학 작품을 탐구하기 위해, 인류의 발자취를 되짚으며 동쪽을 향한다. 그러나 미래를 향해서는 기업가 정신과 모험심을 가지고 서쪽으로 나아간다. 대서양은 마치 레테의 강[90]과 같아서, 그것을 건너는 동안 우리는 구세계와 그 제도를 잊을 수 있는 기회를 얻었다. 만약 이번에 우리가 성공하지 못한다 해도, 인류가 스틱스 강둑에 도달하기 전에 한 번의 기회가 더 남아 있을 것이다. 그것은 세 배나 더 넓은 태평양, 곧 또 하나의 레테의 강에 있다.

한 개인이 가장 사소한 산책조차 인류 전체의 보편적인 움직임과 이처럼 조응한다는 사실이 얼마나 중

---

89 타타르인: 중앙아시아 유목민.

90 레테(Λήθη): 그리스 신화에 나오는 망각의 강. 죽은 자들이 이 강물을 마시면 전생을 잊는다고 전해진다.

요한지, 혹은 단순히 기묘한 우연의 증거에 불과한지는 알 수 없다. 하지만 나는 새와 네 발 짐승의 이동 본능과 비슷한 어떤 힘이 국가와 개인 모두에게 때때로, 혹은 영구적으로 작용한다고 믿는다. 다람쥐 무리가 집단적으로 이주할 때 나타나는 신비로운 현상이 그것을 보여준다. 어떤 이는 그들이 나무 조각을 타고 꼬리를 돛처럼 세워 넓은 강을 건너며, 더 좁은 시내는 죽은 동료들의 시체로 다리를 놓고 건넌다고 증언하기도 한다. 또 봄마다 가축들에게 발현되는 광기, 곧 꼬리에 기생하는 벌레 탓이라고 설명되는 그 불가해한 충동 또한 같은 계열의 본능일지 모른다. 마찬가지로, 기러기 떼가 우리 마을 위를 꽥꽥거리며 날아갈 때마다 이 지역 부동산의 가치는 흔들린다. 만약 내가 중개인이었다면 반드시 그 혼란을 고려했을 것이다.

**"사람들은 순례를 떠나고 싶어 하고,
순례자들은 낯선 해변을 찾고 싶어 하네."**

내가 목격하는 모든 일몰은 저 멀고 아름다운 서쪽으로 향하고자 하는 욕망을 불러일으킨다. 태양은 매일 서쪽으로 이주하는 것처럼 보이며, 우리에게 그 뒤를 따르라고 손짓한다. 그는 인류가 따르는 위대한 서부의 개척자다. 우리는 밤새도록 지평선에 겹겹이 놓인 산등성이들을 꿈꾼다. 그것들이 그의 마지막 빛에 금빛으로 물든 수증기에 불과할지라도 말이다. 아틀란티스와 헤스페리데스[91]의 섬과 정원, 곧 일종의 지상낙원은 고대인들의 상상 속에서 신비와 시에 싸인 '위대한 서쪽'이었다. 저 석양 하늘을 바라보며, 그 속에서 헤스페리데스의 정원과 모든 우화의 원천을 떠올리지 않은 사람이 과연 있겠는가?

컬럼버스는 누구보다 강렬하게 서쪽으로 향하는 충동을 느낀 사람이었다. 그는 그 부름에 응답하여 카스티야와 레온을 위해 신세계를 발견했다. 그 시절 사람들은 멀리서도 신선한 목초지의 향기를 맡을 수 있었다.

> **"이제 해는 모든 언덕을 길게 비추었고,**
> **이제 서쪽 만으로 떨어졌네.**
> **마침내 그는 일어나 푸른 망토를 여미고,**
> **내일은 새로운 숲과 새로운 목초지로 향하리."**

지구상 어디에서, 오늘날 하나의 주(State)가 차지하는 면적만큼이나 넓고, 비옥하며, 생산물이 풍부하고 다채로우면서도 동시에 유럽인이 살기에 이토록 적합한 지역을 찾을 수 있겠는가? 식물학자 미쇼[92]는 그중 일부만 알았을 뿐이지만 이렇게 기록했다. "북아

---

91 헤스페리데스(Hesperides): 그리스 신화 속 서쪽 끝에 있는 낙원 같은 정원. 황금 사과가 열리고, 헤라클레스의 과업 중 하나와 관련되어 있다.

92 앙드레 미쇼(André Michaux, 1746~1802): 프랑스의 식물학자·탐험가. 북아메리카 식생을 탐사하고 『북아메리카의 참나무에 관한 논문』 등을 저술했다.

메리카에는 유럽보다 큰 나무 종이 훨씬 더 많다. 미국에는 키가 30피트를 넘는 나무 종이 140종 이상 있지만, 프랑스에는 이 크기에 도달하는 종이 30종뿐이다." 후대의 식물학자들은 그의 관찰을 더욱 확증해 왔다.

훔볼트[93]는 젊은 시절 꿈꾸었던 열대 식물의 세계를 직접 보기 위해 아메리카로 건너왔고, 마침내 지구상에서 가장 거대한 황야, 곧 아마존의 원시림에서 그것의 가장 완벽한 형태를 목격했다. 지리학자 기요[94]는 유럽인이면서도 더 나아갔는데, 때때로 내가 감히 따를 수 없을 만큼 급진적으로 나아갔지만, 이런 말에서는 오히려 공감을 얻게 된다. 그는 이렇게 썼다.

"식물이 동물을 위해 존재하듯, 식물 세계가 동물 세계를 위해 존재하듯, 아메리카는 구세계의 인간을 위해 창조되었다… 구세계의 인간은 길을 나선다. 아시아의 고원지대를 떠난 그는 차례차례 유럽을 향해 내려오고, 그의 발걸음마다 이전보다 더 뛰어난 문명과 더 큰 발전의 힘이 특징으로 나타난다. 그는 마침내 대서양에 도착해 미지의 바다 앞에서 잠시 멈추고, 그 경계를 알지 못한 채 걸어온 발자취를 돌아본다." 그리고 유럽의 비옥한 토양을 소진하고 자신을 재충전한 뒤, "그는 가장 이른 시절과 마찬가지로 서

---

[93] 알렉산더 폰 훔볼트(Alexander von Humboldt, 1769~1859): 독일의 자연과학자·탐험가. 남아메리카 탐험과 『코스모스』 저술로 유명하다.

[94] 아르노 기요(Arnaud Guéroult de Guilhou, 19세기 활동): 프랑스 지리학자. 아메리카의 지리와 인류학에 대한 저술로 알려졌다.

쪽을 향한 모험적인 여정을 다시 시작한다." 여기까지가 기요의 말이다.

이 서쪽으로의 충동이 대서양이라는 장벽과 맞부딪히면서, 현대의 상업과 기업 정신이 싹텄다. 미쇼는 1802년 앨러게니 산맥 서쪽으로 여행하며 기록했다. 새로 정착한 서부에서 흔히 오가는 인사가 "'세상의 어느 곳에서 오셨습니까?'였다"고. 마치 이 광대하고 비옥한 땅이 지구 모든 주민들의 만남의 장소이자 공동의 나라가 되리라는 듯 말이다.

옛 라틴어를 빌려 표현하자면 이렇게 말할 수 있을 것이다. 동쪽에서 빛이 오고, 서쪽에서 열매가 맺힌다.

영국의 여행가이자 캐나다 총독을 지낸 프랜시스 헤드 경은 우리에게 이렇게 말했다. "신세계의 북반구와 남반구 모두에서 자연은 작품의 윤곽을 더 거대한 규모로 그려냈을 뿐 아니라, 구세계를 묘사하고 장식할 때 사용했던 것보다 더 밝고 값비싼 색채로 전체 그림을 완성했다. 아메리카의 하늘은 끝없이 높아 보이고, 하늘빛은 더 푸르며, 공기는 더 신선하고, 추위는 더 강하고, 달은 더 커 보이며, 별빛은 더 밝고, 천둥은 더 크고, 번개는 더 선명하고, 바람은 더 거세고, 비는 더 풍성히 내리며, 산은 더 높고, 강은 더 길고, 숲은 더 울창하고, 평원은 더 광활하다." 이 진술은 적어도 뷔퐁[95]이 이 지역과 그 산물에 대해 내

---

[95] 조르주 뷔퐁(Georges-Louis Leclerc, Comte de Buffon, 1707~1788): 프랑스의 자연사학자. 『자연사』에서 아메리카의 동식물과 인간을 열등하게 평가한 것으로 유명하다.

린 평가에 대한 충분한 반론이 된다.

린네는 오래전에 이렇게 썼다. "미국 식물의 모습에는 즐겁고 매끄러운 무언가가 있다." 나 역시 이 대륙에는 로마인들이 '아프리카 짐승'이라고 불렀던 것들이 거의 없으며, 기껏해야 극소수만 존재한다고 생각한다. 이 점에서도 이곳은 특히 인간의 거주에 적합하다. 동인도의 싱가포르 시 중심에서 불과 3마일 이내에서는 해마다 주민들이 호랑이에게 잡아먹히곤 하지만, 북아메리카에서는 여행자가 거의 어디서나 숲속에서 밤을 보내도 야생 짐승을 두려워할 필요가 없다.

이 모든 것은 고무적인 증언들이다. 만약 이곳에서 달이 유럽보다 더 크게 보인다면, 태양 또한 더 크게 보일 것이다. 만약 아메리카의 하늘이 끝없이 높아 보이고 별들이 더욱 밝게 빛난다면, 나는 이 사실이 장차 이곳 주민들의 철학과 시, 종교가 솟아오를 높이를 상징한다고 믿는다. 언젠가 미국인의 마음에, 물질적인 하늘보다 더 높은 어떤 비물질적 하늘이 떠오르고, 그 하늘을 수놓는 암시들 또한 훨씬 더 밝게 빛나리라. 나는 기후가 인간에게 반작용한다고 믿는다. 맑은 공기 속에 정신을 살찌우고 영감을 불러일으키는 무언가가 있듯이 말이다. 인간은 이러한 영향 아래에서 육체적으로만이 아니라 지적으로도 더욱 완전하게 성장하지 않겠는가?

그의 삶에 안개 낀 날이 얼마나 많은지가 그리 중요하지는 않다. 우리의 하늘처럼 우리의 상상력 또한 풍요로워지고, 우리의 생각은 더 맑고 신선하며 신비롭게 될 것이다. 우리의 평원처럼 우리의 이해력도 넓어질 것이며, 우리의 천둥과 번개, 강과 산과 숲처럼 우리의 지성은 웅장한 규모를 갖출 것이다. 우리의 마음 또한 내륙의 바다처럼 그 깊이와 넓이, 장엄함에 부응하게 될 것이다. 그러니 아마도 여행자는 우리 얼굴에서 그가 알지 못하는 어떤 즐겁고 평온한 표정을 발견할지도 모른다. 그렇지 않다면, 세상이 무슨 목적으로 계속되는 것이며, 아메리카는 왜 발견되었겠는가?

미국인에게는 더 말할 필요조차 없겠다—

"제국의 별은 서쪽으로 그 길을 간다."[96]

진정한 애국자라면, 낙원의 아담이 이 나라의 개척자보다 전반적으로 더 유리한 상황에 있었다고 생각하는 것을 부끄러워해야 할 것이다.

매사추세츠의 우리의 공감은 뉴잉글랜드에만 한정되지 않는다. 설령 남부와는 멀어졌을지라도, 우리는 서부와 공감한다. 그곳은 젊은 아들들의 고향이다. 마치 옛 스칸디나비아인들이 유산으로 바다를 택했던 것처럼. 이제 히브리어를 공부하기에는 늦었고, 오늘날의 속어를 이해하는 것이 더 중요하다.

---

96 The star of empire moves westward: 조지 버클리(George Berkeley)의 시구로, 아메리카 개척과 서진(西進)의 운명을 상징한다.

몇 달 전 나는 라인강의 파노라마[97]를 보았다. 그것은 마치 중세의 꿈 같았다. 나는 상상 이상의 무언가에 실려 그 역사적인 강을 따라 흘러갔다. 로마인들이 세우고 후대 영웅들이 보수한 다리 아래를 지나며, 이름만으로도 내 귀에 음악처럼 울리던 도시와 성곽들을 스쳐갔다. 에렌브라이트슈타인, 롤란트제크, 코블렌츠—모두[98] 역사 속에서만 알던 이름이었다. 내가 가장 매혹된 것은 폐허였다. 포도 덩굴로 뒤덮인 언덕과 계곡에서 십자군들이 떠나던 성스러운 음악과 같은 고요한 울림이 들려오는 듯했다. 나는 영웅 시대에 들어선 듯, 기사도의 공기를 마시며 마법에 취한 듯 흘러갔다.

얼마 후 나는 미시시피강의 파노라마를 보았다. 오늘날의 빛 속에서 강을 거슬러 오르며 증기선들이 땔감을 싣는 것을 보고, 솟아나는 도시들을 세고, 새로운 폐허가 된 나무를 바라보았다. 그리고 강을 건너 서쪽으로 이주하는 인디언들을 보았으며, 전에는 모젤강을 올려다보던 눈길로 이제는 오하이오강과 미주리강을 올려다보았다. 듀뷰크와 위노나[99] 절벽에 얽힌 전설을 들으며, 나는 여전히 과거와 현재보다 미래를 더 많이 생각했다. 이것이야말로 다른 종류의

---

97 19세기 유럽에서 유행했던 파노라마 전시물로, 거대한 원형 그림을 통해 특정 장소나 풍경을 사실적으로 재현한 것.

98 라인강 유역의 요새와 도시들. 중세와 십자군 전쟁의 전설과 관련된 역사적 장소다.

99 미시시피강 유역의 도시와 절벽. 원주민 전설과 개척 시대의 상징적 풍경으로 자주 언급된다.

라인강이었다. 성의 기초는 아직 놓이지 않았고, 유명한 다리들도 아직 세워지지 않았다. 그러나 나는 지금이 바로 영웅 시대 자체임을 느꼈다. 비록 우리가 그것을 알아차리지 못할지라도, 영웅은 언제나 가장 단순하고 이름 없는 이들 가운데 있기 때문이다.

내가 말하는 서부는 곧 야생의 또 다른 이름이다. 그리고 내가 말하려는 것은 바로 이 야생성 속에 세상의 보존이 있다는 것이다. 모든 나무는 야생을 향해 그 섬유질을 뻗는다. 도시들은 어떤 대가를 치르더라도 그것을 들여온다. 사람들은 그것을 얻기 위해 밭을 갈고, 항해에 나선다. 숲과 황야는 인류를 북돋는 강장제와 약재를 낳는다. 우리의 조상들은 야만인이었다. 로물루스와 레무스가 늑대 젖을 먹고 자랐다는 이야기는 결코 무의미한 우화가 아니다. 위대한 나라를 세운 모든 민족은 비슷한 야생의 원천에서 영양과 활력을 얻었다. 제국의 아이들이 늑대 젖을 빨지 않았기 때문에, 늑대 젖을 먹은 북쪽 숲의 아이들에게 정복당하고 밀려난 것이다.

나는 숲을 믿고, 초원을 믿으며, 옥수수가 자라는 여름밤을 믿는다. 우리는 차에 솔송나무나 측백나무 잎을 우려내야 한다. 힘을 얻기 위해 먹고 마시는 것과 단순히 배를 채우는 폭식 사이에는 분명한 차이가 있다. 호텐토트인[100]은 쿠두[101]와 다른 영양의 골수

---

100 호텐토트인(Hottentot): 남아프리카 원주민 코이코이족을 가리키던 구명칭. 현재는 차별적 어감으로 쓰이지 않는다.

101 쿠두(Kudu): 아프리카 남부에 서식하는 대형 영양. 길고 나선형 뿔이 특징이다.

를 날로 먹었다. 우리 북부의 인디언들은 북극 순록의 골수는 물론, 부드러울 때의 뿔 꼭대기와 여러 부위를 날로 먹었다. 이 점에서 어쩌면 그들은 파리의 요리사들을 앞질렀을지도 모른다. 그들이 얻는 것은 보통 불쏘시개에 불과했으나, 그것이 외양간의 쇠고기나 도살장의 돼지고기보다 더 사람을 만드는 힘이 되었을 것이다. 나는 어떤 문명도 견딜 수 없는 눈빛, 날것의 야생성을 원한다. 마치 우리가 쿠두의 골수를 날로 삼켜가며 살아야 하는 것처럼 말이다.

개똥지빠귀의 노랫가락에는 내가 이주해 살고 싶은 어떤 공간이 있다. 정착민이 차지하지 않은 땅, 이미 내 생각은 그곳에 적응한 듯하다. 아프리카 사냥꾼 커밍[102]은 엘란드[103] 가죽과 갓 잡은 영양 가죽 대부분에서 나무와 풀의 향기를 맡을 수 있다고 했다. 나는 모든 이가 야생 영양처럼 자연의 일부가 되어, 그의 존재가 감각을 통해 달콤하게 드러나고, 그가 자주 찾는 자연의 일부를 우리에게 상기시켜 주기를 바란다. 덫 사냥꾼의 외투에서 나는 사향쥐 냄새조차 풍자로 삼고 싶지 않았다. 그것은 상인이나 학자의 옷에서 흔히 나는 냄새보다 훨씬 더 달콤했기 때문이다. 그들의 옷장에 들어가 옷을 만지면, 나는 그들이 다녔을 풀 무성한 평원이나 꽃 핀 초원이 아니라, 먼지 쌓인 거래소와 도서관만 떠올렸다.

---

102 윌리엄 커밍(William Cumming, 1817~1868): 『African Hunter』의 저자로, 남아프리카에서의 사냥 경험을 기록했다.

103 엘란드(Eland): 아프리카에 서식하는 가장 큰 영양. 가죽과 고기가 귀하게 쓰였다.

그을린 피부는 존경할 만한 것 이상이다. 어쩌면 올리브색이 창백한 백인보다 사람에게 더 어울리는 빛깔일지 모른다. 숲의 주민에게는 특히 그렇다. 아프리카인이 백인을 "창백하다"고 동정한 것이 조금도 놀랍지 않다. 다윈은 이렇게 썼다.

"타히티인 곁에서 목욕하는 백인은 정원사의 기술로 탈색된 식물 같았다. 탁 트인 들판에서 힘차게 자라는 암녹색 식물과 비교했을 때 말이다."

벤 존슨[104]은 "아름다운 것은 얼마나 선함에 가까운가!"라고 외쳤다. 그렇다면 나는 이렇게 말하겠다.

"야생적인 것은 얼마나 선함에 가까운가!"

생명은 야생성과 함께 존재한다. 가장 살아 있는 것은 가장 야생적이다. 아직 인간에게 정복되지 않은 그것의 존재가 인간을 새롭게 한다. 쉼 없이 전진하며, 노동에서 물러서지 않고, 빠르게 성장하며, 삶에 무한한 요구를 던지는 자는 언제나 새로운 땅과 황야 속에 자신을 발견하고, 삶의 원재료들에 둘러싸여 있다. 그는 원시림의 쓰러진 나무줄기를 기어오를 것이다.

내 희망과 미래는 잔디밭이나 경작지가 아니다. 도시나 마을이 아니라, 흔들려 통과조차 어려운 늪지대에 있다. 한때 구입을 고려했던 농장을 다시 떠올릴 때마다, 나는 늘 불투수성과 헤아릴 수 없음이 특징인 늪의 몇 평방 로드에 마음이 끌렸다. 그 구석에

---

104 벤 존슨(Ben Jonson, 1572~1637): 영국 르네상스기의 극작가이자 시인. 셰익스피어와 동시대 인물이다.

있던 작은 웅덩이가 나를 사로잡은 보석이었다. 나는 마을의 정돈된 정원보다, 고향을 둘러싼 늪에서 더 큰 생계를 얻는다. 내 눈에는 지구 표면의 이 연약한 곳을 덮고 있는 땅두릅나무(Cassandra calyculata)의 군락보다 풍요로운 화단은 없다.

식물학은 그곳에서 자라는 관목들의 이름―하이부시블루베리, 파니클드 안드로메다, 램킬, 진달래, 로도라―이 모두 흔들리는 물이끼 위에 서 있다는 사실 이상을 알려주지 못한다. 나는 종종 정원에 다른 화단이나 경계, 옮겨 심은 가문비나무와 다듬어진 회양목, 자갈 산책로 따위를 두는 대신, 그 칙칙한 붉은 덤불 덩어리를 향해 집의 정면을 내고 싶다고 생각했다. 지하실을 파내며 나온 모래를 덮기 위해 수레로 흙을 실어오는 대신, 이 비옥한 늪을 내 창문 아래 두고 싶었다. 왜 내 집과 내 거실을 앞마당이라는 초라한 진기품들 뒤에 두고, 이 땅을 등진 채 살겠는가? 목수와 석공이 떠난 뒤 깨끗이 다듬고 보기 좋게 꾸미려는 노력은 결국 지나가는 사람을 위한 것이지, 그 안에 사는 이를 위한 것은 아니었다. 가장 운치 있다는 앞마당의 울타리도 내겐 결코 즐거운 연구 대상이 아니었다. 가장 정교한 장식들―도토리 모양의 꼭대기나 그 무엇이든―곧 나를 지치게 하고 혐오스럽게 했다. 그러니 당신의 문턱을 늪 가장자리까지 끌어오라. 마른 지하실엔 적합하지 않을지라도. 그리하여 시민들이 그쪽으로 접근하지 못하게 하라. 앞마당은 안에서 거닐기 위해 만들어진 것이 아니라, 그저 통과하기 위해 있는 것이므로, 당신은 뒷길로 들어가면 된다.

그렇다, 당신은 나를 괴팍하다 여길지 모르겠다. 그러나 만약 누군가 내게, 인간의 예술이 고안해낸 가장 아름다운 정원 곁에서 살 것인지, 아니면 음습한 늪지대 곁에서 살 것인지 선택하라 한다면, 나는 주저 없이 늪을 택할 것이다. 시민들이여, 그렇다면 나를 위해 바친 당신들의 모든 노고는 얼마나 헛된 것인가!

내 정신은 외부의 황량함에 비례해 틀림없이 고양된다. 내게 바다를, 사막을, 황야를 주어라. 사막에서는 맑은 공기와 고독이 습기와 비옥함의 부족을 보상한다. 여행가 리처드 프랜시스 버턴[105]은 이렇게 말했다. "당신의 기운은 고양된다. 당신은 솔직하고, 진심 어린, 환대하고, 순수한 마음을 지니게 된다… 사막에서는 술이 오히려 혐오스러울 뿐이다. 순수한 동물적 존재 자체에는 예리한 기쁨이 있다." 타타르의 스텝을 오래도록 여행한 이들은 이렇게 고백한다. "경작지로 들어서자, 문명의 동요와 당혹, 혼란이 우리를 짓누르고 숨을 막았다. 공기가 모자란 듯 느껴졌고, 우리는 매 순간 질식사할 것 같았다."

나는 기분을 전환하고 싶을 때, 가장 어두운 숲, 가장 빽빽하고 끝없는, 시민들에게는 가장 음울한 늪을 찾는다. 늪은 내게 신성한 장소, 곧 지성소다. 그곳에

---

105 리처드 프랜시스 버턴(Richard Francis Burton, 1821~1890): 영국의 탐험가·지리학자·번역가. 아프리카와 아라비아 등지를 탐험하며 『천일야화』와 『카마 수트라』 번역으로도 유명하다.

는 자연의 힘, 정수가 깃들어 있다. 야생의 숲은 원시의 흙을 덮고 있으며, 그 흙은 사람과 나무 모두에게 선하다. 인간의 건강은 농장이 거름더미를 필요로 하듯, 시야에 넓은 초원을 필요로 한다. 거기에서 그는 강한 고기를 얻는다. 한 마을은 그 안에 사는 의로운 사람들만이 아니라, 그것을 둘러싼 숲과 늪에 의해 구원받는다. 위에서 원시림이 흔들리고, 아래에서 다른 원시림이 썩어가는 마을, 그런 마을은 옥수수와 감자뿐 아니라 다가올 시대의 시인과 철학자를 길러낼 수 있는 곳이다. 호메로스와 공자와 같은 인물들, 그리고 광야에서 메뚜기와 야생 꿀로 살아간 개혁자들이 바로 그런 토양에서 자랐다.

야생 동물을 보존한다는 것은 결국 그들이 드나들 숲을 지켜낸다는 뜻이다. 사람도 마찬가지다. 불과 백 년 전만 해도 사람들은 우리 거리에서 숲에서 벗겨낸 나무껍질을 팔았다. 그 거칠고 원시적인 나무껍질의 모습에는 사람들의 생각을 강하게 하고 단단히 다져주는 무두질 성분 같은 것이 있었던 듯하다. 아, 나는 이미 내 고향 마을의 이 비교적 퇴보한 시대에 몸서리친다. 이제는 두꺼운 나무껍질 한 짐을 모을 수도 없고, 타르와 테레빈유[106]를 더 이상 생산하지 못하는 시대라니!

그리스와 로마, 그리고 영국 같은 문명 국가는 고대에 그 자리에 있던 원시림, 이미 썩어버린 숲에 의

---

106 타르(tar)와 테레빈유(turpentine): 각각 소나무 등의 수지를 건류해 얻는 점성 물질과 송진에서 증류해 얻는 기름. 목재 방부·도료·의약품 등에 사용됐다.

해 지탱되어 왔다. 토양이 고갈되지 않는 한 그들은 버틸 수 있었다. 아, 인간 문화여! 한 국가가 더 이상 비옥한 부식토를 지니지 못하고, 조상들의 뼈로 비료를 만들어야 한다면, 그 국가에서 기대할 수 있는 것은 거의 없다. 그런 곳에서 시인은 단지 자기 몸의 남은 지방으로 자신을 지탱하고, 철학자는 자신의 골수에 의지해야 한다.

미국인의 과업은 "처녀지를 개간하는 것"이다. "이곳의 농업은 이미 다른 모든 지역에서는 알지 못하는 규모를 갖추었다"고들 한다. 나는 농부가 인디언을 대신하게 된 까닭이, 초원을 개간함으로써 스스로를 더 강하게 하고, 또 어떤 의미에서는 더 자연스러워졌기 때문이라고 생각한다.

얼마 전 나는 어떤 남자를 위해 늪을 가로지르는 132로드 길이의 단일 직선을 측량하고 있었다. 그 늪의 입구에는 단테가 지옥의 문 위에서 본 말, "여기 들어오는 자, 모든 희망을 버려라"—곧 다시는 빠져나갈 희망을 버리라는 말이 적혀 있었을지도 모른다. 아직 겨울이었는데, 나는 내 고용주가 자기 땅 속에서 목까지 잠긴 채 목숨을 걸고 헤엄치는 것을 본 적이 있다. 그는 또 다른 늪을 가지고 있었는데, 그곳은 완전히 물에 잠겨 측량조차 불가능했다. 하지만 내가 멀리서 측량한 세 번째 늪에 대해 그는 본능적으로, 그 안에 담긴 진흙 때문에 어떤 대가를 치르더라도 팔지 않겠다고 말했다. 그리고 그는 40개월 동안 그 늪 전체를 따라 도랑을 파서, 삽질이라는 마법으로 그것을 개간하려 했다. 나는 그를 단지 하나의 계급을 대표하는 전형으로서 언급할 뿐이다.

우리가 가장 값지게 여겨야 할 승리의 무기, 아버지에서 아들로 대대로 물려주어야 할 진정한 가보는 칼이나 창이 아니다. 그것은 덤불을 치는 도끼, 떼를 뜨는 칼, 삽, 그리고 늪지 괭이다. 이 도구들은 수많은 초원의 피로에 녹슬고, 치열한 전투의 먼지로 더러워졌다. 그 바람이 인디언의 옥수수밭을 초원으로 날려버렸고, 그가 결코 따르지 못했던 길을 가리켰다. 인디언에게는 자신을 방어할 더 나은 무기가 조개껍데기뿐이었지만, 농부는 쟁기와 삽으로 무장했다.

문학에서 우리를 사로잡는 것도 다름 아닌 '야생성'이다. 지루함은 길들여짐의 다른 이름일 뿐이다. 우리를 매혹하는 것은 햄릿과 일리아드, 모든 경전과 신화 속에 깃든, 학교에서 배우지 않은 비문명적이고 자유로운, 야생적인 사상이다. 길들여진 집오리보다 야생 오리가 더 빠르고 아름답듯, 야생의 생각―청둥오리 같은 생각―이 이슬 내린 늪 위를 날갯짓하며 나아간다. 참으로 좋은 책은 서부의 대초원이나 동부의 정글에서 불현듯 피어난 야생화와 같다. 자연스럽고, 예기치 못했으며, 헤아릴 수 없을 만큼 아름답고 완벽하다. 천재성은 어둠을 드러내는 빛이다. 마치 번개처럼, 그것은 지식의 신전 자체를 산산이 부술지 모른다. 결코 인류의 난롯가에서 켜진 양초처럼, 대낮의 태양 앞에서 희미해지는 빛이 아니다.

초서, 스펜서, 밀턴, 셰익스피어를 비롯해 음유시인들에서 호수 시인들에 이르기까지, 영문학은 결코 신선하고 야생적인 기운을 품지 못했다. 그것은 본질적으로 길들여지고 문명화된 문학이며, 그리스와 로마를 반영한다. 그들의 황야는 푸른 숲에 불과하고, 그들의 야생인은 로빈 후드[107]다. 자연에 대한 온화한 사랑은 풍부하지만, 정작 자연 그 자체는 드물다. 그 연대기는 야생 동물이 언제 사라졌는지는 기록하지만, 그 안에 살았던 야생 인간이 언제 사라졌는지는 말하지 않는다.

훔볼트[108]의 과학과 시는 서로 다른 것이었다. 오늘날의 시인은 과학의 모든 발견과 인류가 축적한 학문에도 불구하고, 호메로스보다 결코 나을 수 없다.

자연을 진정으로 표현하는 문학은 어디에 있는가? 바람과 시내를 끌어와 자기 편에서 말하게 하는 시인, 농부가 봄에 서리로 들어 올려진 말뚝을 박듯 단어들을 원초적 의미에 못 박는 시인, 단어를 사용할 때마다 그 뿌리에 붙은 흙을 함께 끌어와 페이지 위에 옮겨 심는 시인, 그의 말이 너무도 진실하고 신선하며 자연스러워서 도서관의 곰팡내 나는 책장 사이에 묻혀 있다가도 봄이 오면 새싹처럼 부풀어 오를 시인, 충실한 독자를 위해 해마다 꽃을 피우고 열매

---

107 로빈 후드(Robin Hood): 영국 전설 속의 의적. 숲속에서 활약하며 부당한 권력에 맞서 싸운 인물로, 영문학에서는 '야생인'의 상징으로 자주 언급된다.

108 알렉산더 폰 훔볼트(Alexander von Humboldt, 1769~1859): 독일의 탐험가·자연과학자. 남미 탐험과 『코스모스』 저작으로 유명하다.

를 맺는 시인, 바로 그가 진정한 시인일 것이다.

그러나 나는 이 야생에 대한 갈망을 적절히 담아낸 시를 알지 못한다. 가장 뛰어난 시조차 결국 길들여져 있다. 고대든 현대든, 내가 알고 있는 자연에 대해 진실로 만족할 설명을 내린 문학은 없다. 내가 요구하는 바는 아우구스투스 시대나 엘리자베스 시대, 요컨대 어떤 문화도 줄 수 없는 무언가다. 신화가 그 어떤 것보다 더 가깝다. 적어도 그리스 신화는 영문학보다 훨씬 더 비옥한 자연에 뿌리내려 있다. 신화는 구세계가 토양을 잃고 상상력과 공상이 병충해에 감염되기 전에 거둔 수확물이자, 원시적 활력이 사라지지 않은 곳에서 여전히 맺히는 열매다. 다른 문학은 우리 집을 가리는 느릅나무처럼 견디지만, 신화는 인류와 함께 오래 살아남는 서쪽 섬들의 거대한 용혈수[109]와 같다. 다른 문학의 쇠퇴가 오히려 그것의 번영을 돕는다.

서부는 이제 동방의 우화에 자신들의 우화를 더할 준비를 하고 있다. 갠지스강, 나일강, 라인강의 계곡들이 수확을 마쳤으니, 이제 아마존, 라플라타, 오리노코, 세인트로렌스, 미시시피의 계곡들이 무엇을 낼지 주목해야 한다. 아마 머지않아 미국의 자유가 과거처럼 허구로 남을 때—오늘날에도 이미 부분적으로 그러하듯—세계의 시인들은 미국의 신화에서 영감을 얻을 것이다.

---

109 용혈수(Dragon tree, 학명: Dracaena draco): 카나리아 제도 등 서부 섬에서 자라는 장수목. 신화적 상징성을 지니며 수천 년을 산다고 전해진다.

심지어 원시 부족의 가장 거친 꿈조차 오늘날 영국인과 미국인의 일상적 감각에는 닿지 않더라도, 결코 덜 진실하지 않다. 모든 진리가 곧 상식에 호소하는 것은 아니다. 자연에는 양배추뿐 아니라 야생 으아리[110]를 위한 자리도 있다. 진리의 표현 가운데 일부는 회상적이며, 일부는 분별 있고, 또 일부는 예언적이다. 어떤 형태의 질병조차 건강을 예언하기도 한다. 지질학자는 뱀, 그리핀, 날아다니는 용과 같은 기묘한 문양들이 사실 인간 이전에 멸종한 화석 종의 형태에 기초해 있음을 밝혀냈다. 그것은 "이전의 유기적 존재 상태에 대한 희미하고 어렴풋한 기억"을 드러내는 것이다. 힌두인들은 지구가 코끼리 위에, 코끼리는 거북 위에, 거북은 뱀 위에 놓여 있다고 꿈꾸었다. 우연처럼 보일지 모르지만, 최근 아시아에서 코끼리를 떠받칠 만한 거대한 화석 거북[111]이 발견되었다는 사실을 덧붙이는 것도 무리는 아니다. 나는 이러한 거칠고 웅장한 공상을 사랑한다고 고백한다. 그것들은 지성의 가장 숭고한 기분 전환이다. 자고새는 완두콩은 좋아하지만, 솥 속에 들어간 콩은 좋아하지 않는다.

요컨대, 모든 좋은 것은 야생적이고 자유롭다. 악기나 사람의 목소리로 울려 퍼지는 음악의 한 가락 속에도—이를테면 여름밤에 들려오는 나팔 소리를

---

110 으아리: 한국 자생의 덩굴성 야생화. 서양의 '와일드 바이올렛'이나 '클레마티스'와 유사하게 은유적으로 쓰였다.

111 화석 거북: 아시아에서 발견된 대형 거북 화석을 가리킴. 힌두 신화의 '우주를 떠받치는 거북' 모티프와 연결된다.

생각해보라—그 야생성 때문에, 조금도 비꼬는 뜻 없이 토종 숲에서 울부짖는 야생 짐승들의 울음을 떠올리게 하는 무언가가 있다. 그것은 내가 이해할 수 있는 그들의 야생성의 한 단면이다. 나는 친구이자 이웃으로 길들여진 사람보다 야생인을 더 원한다. 야만인의 야생성은 사실, 선한 사람과 연인이 마주할 때 드러나는 경외로운 흉포함의 희미한 상징일 뿐이다.

나는 심지어 가축들이 그들의 타고난 권리를 되찾는 순간을 보는 것도 즐거워한다. 그들이 여전히 원래의 야생적 습성과 활력을 완전히 잃지 않았다는 어떤 증거이기 때문이다. 이를테면 이웃집 소가 이른 봄, 눈 녹은 물로 불어난 차갑고 회색빛의 25~30로드 폭의 강을 과감히 헤엄쳐 건너는 순간이다. 그 모습은 미시시피강을 건너는 버펄로처럼 보였다. 이 위업은 이미 당당한 그 무리에 더욱 고귀한 존엄을 부여했다. 본능의 씨앗은 소와 말의 두꺼운 가죽 속에, 마치 땅속의 씨앗처럼 무기한 보존된다.

소들의 장난기 역시 뜻밖이다. 어느 날 나는 열두 마리 황소와 암소 무리가 거대한 들쥐처럼, 혹은 새끼 고양이처럼 우스꽝스러운 장난을 치며 뛰어다니는 모습을 보았다. 그들은 머리를 흔들고 꼬리를 치켜세운 채 언덕을 오르내렸고, 나는 그들의 뿔과 민첩한 움직임을 통해 그들이 사슴 족과 가까움을 느꼈다. 그러나 아! 갑작스러운 "워!" 하는 큰 외침은 즉시 그들의 열정을 식히고, 그들을 사슴 고기에서 쇠고기로 격하시키며, 기관차처럼 옆구리와 힘줄을 뻣뻣하게 만들어버렸다. 인류에게 "워!"라고 외친 존재는 악마 외에 누구였던가? 실로 많은 사람들의 삶이 그렇듯, 소들의 삶도 일종의 기관차 같은 움직임일 뿐이다. 그들은 한 번에 한쪽 다리씩 움직이며, 인간은 기계라는 매개를 통해 말과 소를 만난다. 채찍이 닿은 부위는 영영 마비된다. 우리는 쇠고기의 옆구리를 쉽게 떠올리지만, 고양잇과 동물의 유연한 옆구리를 떠올리지는 않는다.

나는 말과 황소가 인간의 노예가 되기 전에 길들여져야 한다는 사실을 기쁘게 생각한다. 그리고 사람들 역시 사회의 순종적인 구성원이 되기 전에 뿌려야 할 야생의 귀리[112]가 아직 남아 있다는 사실을. 의심할 여지 없이, 모든 인간이 똑같이 문명에 적합한 것은 아니다. 개나 양처럼 대다수가 유전적 성향으로 이미 길들여져 있다고 해서, 다른 사람들의 본성을 꺾어 모두 같은 수준으로 낮춰야 할 이유는 없다. 사람은 대체로 비슷하게 태어났지만, 다양성을 위해 각기 다른 모습으로 창조되었다. 낮은 용도로 쓰일 것이라면 한 사람이 다른 사람만큼 잘할 수 있다. 그러나 높은 용도로 쓰일 것이라면, 개인의 탁월함이 존중되어야 한다. 누구든 바람을 막기 위해 구멍을 막을 수는 있지만, 이 비유의 저자처럼 드물고 독특한 용도로 쓰일 사람은 따로 있다. 공자는 말했다. "호랑이와 표범

---

112 야생 귀리(Wild oats): "야생 귀리를 뿌린다"는 말은 젊은 시절 방탕하거나 자유분방한 생활을 한다는 비유적 표현이다.

의 가죽은 무두질하면 개와 양의 가죽과 같다."[113] 그러나 호랑이를 길들이는 것이 문화의 참된 역할이 아니듯, 양을 사납게 만드는 것도 그 역할이 아니다. 가죽을 벗겨 신발을 만드는 것이 그들의 진정한 가치는 아니다.

나는 군 장교나 학자들의 이름처럼 외국인의 이름 목록을 훑어볼 때마다, 이름 자체에는 아무 의미가 없음을 다시금 깨닫는다. 멘시코프[114]라는 이름은 내 귀에 수염만큼도 인간적인 것이 없고, 차라리 쥐에게 더 어울릴 듯하다. 폴란드와 러시아인의 이름이 우리에게 그러하듯, 우리의 이름도 그들에게 그렇다. 마치 아이들의 횡설수설—이어리-위어리 이커리 밴, 티틀-톨-탄—처럼 지어진 것처럼 들린다. 나는 마음속에 야생 생물 무리가 지구 위를 들끓는 모습을 본다. 그리고 목동은 각자에게 자기 방언으로 야만적인 소리를 붙여주었다. 사람의 이름은 물론, 개 이름인 보스와 트레이[115]만큼이나 값싸고 의미 없다.

차라리 사람들이 알려진 대로 집단적으로만 이름이 붙여진다면, 철학적으로 더 나을지도 모른다. 개인을 알기 위해서는 그의 속, 혹은 인종이나 변종만

---

113 『논어』 등에서 인용된 고사로, 호랑이와 표범의 가죽도 무두질하면 개나 양과 같아진다는 말은 본질적 차이가 사라지는 것을 뜻한다.

114 멘시코프(Menshikov, 1673~1729): 러시아의 군인·정치가. 표트르 대제의 측근으로, 이름이 언급된 것은 단순히 외국 이름의 낯섦을 예로 든 것이다.

115 보스(Boss), 트레이(Tray): 당시 흔히 쓰이던 개 이름. 흔한 개인 이름이 인간의 이름만큼이나 가벼울 수 있음을 풍자한다.

알아도 충분하지 않겠는가. 나는 로마 군단의 모든 병사가 저마다의 이름을 가졌다고는 믿지 않는다. 그들에게는 고유의 성격이 있다고 생각되지 않았기 때문이다. 오늘날 우리가 가진 유일한 진짜 이름은 사실 '별명'이다. 나는 특유의 활력 때문에 친구들에게 "버스터"라 불렸던 한 소년을 알았는데, 이 별명은 그의 세례명을 정당하게 대신했다. 어떤 여행자들은 인디언들이 처음에는 이름을 받지 않고 스스로 얻었으며, 이름이 곧 명성이었다고 말한다. 어떤 부족에서는 새로운 공적을 세울 때마다 새로운 이름을 얻었다. 이름도 명성도 얻지 못한 이가 단지 편의를 위해 이름을 지니는 것은 안타까운 일이다.

나는 이름이 나를 위해 구별을 짓도록 두지 않고, 여전히 사람들을 모두 하나의 무리로 본다. 친숙한 이름이 어떤 사람을 내게 덜 낯설게 만들지는 않는다. 그 이름은 숲에서 얻은 비밀스러운 야생의 칭호로 바뀔 수도 있다. 우리 안에는 야생의 인간이 있으며, 그 야만적인 이름이 어딘가에 우리 것으로 기록되어 있을 것이다. 나는 윌리엄이나 에드윈 같은 친숙한 이름을 가진 이웃이 그것을 재킷과 함께 벗는 것을 보았다. 그 이름은 그가 잠들었을 때, 화가 났을 때, 혹은 열정이나 영감에 자극받았을 때는 그와 함께 있지 않았다. 그런 순간마다 나는 그의 친척 중 누군가가 발음하기 어려우면서도 선율적인 언어로 그의 원래 야생의 이름을 부르는 것을 듣는 듯했다.

여기 우리의 광대하고, 야만적이며, 방랑하는 어머

니인 자연이 사방에 펼쳐져 있다. 그녀는 표범처럼 자녀들에게 아름다움과 애정을 베푼다. 그러나 우리는 너무 이른 나이에 그녀의 젖가슴에서 떨어져 나와 사회라는 품으로, 곧 인간과 인간의 상호작용에 불과한 문화라는 품으로 내던져진다. 그것은 일종의 근친교배와 같아서, 기껏해야 영국의 귀족 같은 존재를 낳을 뿐이며, 결국 빠른 한계를 맞을 운명의 문명이다.

사회 속에서, 인간의 가장 훌륭한 제도들 안에서도, 어떤 불건전한 조숙함을 감지하는 것은 어렵지 않다. 우리가 아직 아이여야 할 때 이미 작은 어른이 되어 있다. 내게는 초원에서 많은 거름을 가져와 토양을 깊게 하는 문화가 필요하다. 단지 가열된 비료와 개량된 농기구, 세련된 재배 방식에 의존하는 문화가 아니라.

나는 많은 불쌍한 학생들을 떠올린다. 눈병에 시달리는 그들은 늦게까지 불을 밝히며 공부하다가 병을 얻는다. 그러나 만약 그들이 솔직하게, 바보처럼 푹 잠들었다면, 정신적으로나 육체적으로 훨씬 빨리 성장했을 것이다.

빛조차도 과잉은 해로울 수 있다. 프랑스의 니엡스[116]는 태양 광선이 지닌 화학적 작용, 곧 "광화학 작용"을 발견했다. 그의 말에 따르면, 화강암, 석조 건축물, 금속 조각상들은 햇볕 아래서 파괴적으로 작용

---

116 조제프 니엡스(Joseph Nicéphore Niépce, 1765~1833): 프랑스의 발명가. 사진술의 선구자로 알려져 있으며, 태양 광선의 화학적 작용에 대해 연구했다.

하는 광선 때문에, 만약 자연의 놀라운 대비책이 없었다면 섬세한 작용력의 손길 아래 금세 소멸했을 것이다. 그러나 그는 또 이렇게 관찰했다. "낮 동안 이러한 변화를 겪은 물체들은, 밤에는 그러한 자극이 더 이상 영향을 미치지 않는 동안, 원래의 상태로 회복하는 힘을 가졌다." 그는 결론지었다. "어둠의 시간은, 밤과 잠이 유기체에 필요하듯, 무생물의 창조물에도 필요하다." 심지어 달조차 매일 밤을 밝히지 않고 어둠에 자리를 내어준다.

나는 모든 땅이 경작되기를 바라지 않는다. 마찬가지로 모든 사람의 모든 부분이 경작되기를 바라지 않는다. 어떤 땅은 경작지가 될 것이지만, 더 큰 부분은 초원과 숲으로 남아야 한다. 그것들은 즉각적인 용도뿐 아니라, 해마다 식물이 썩어 흙으로 돌아가는 과정을 통해 먼 미래를 위한 비옥한 토양을 준비한다.

아이가 배워야 할 문자는 카드모스[117]가 발명한 것들 외에도 있다. 스페인 사람들은 이러한 야생적이고 어스름한 지식을 표현하는 좋은 말이 있다. "그라마티카 파르다(gramática parda)"—황갈색 문법—이는 앞서 말한 표범에서 유래한 일종의 타고난 지혜를 뜻한다.

우리는 '유용한 지식 보급 협회'를 들어본 적이 있다. 지식은 힘이라는 말도 있다. 그러나 내 생각에는 '유용한 무지 보급 협회' 또한 절실히 필요하다. 더 높은 의미에서의 유용한 지식, 우리가 아름다운 지식이

---

117 카드모스(Cadmus): 그리스 신화 속 인물. 알파벳을 발명했다고 전해진다.

라 부를 만한 지식을 위해서다. 우리가 소위 지식이라 자랑하는 것의 대부분은, 사실 무언가를 안다는 자만심에 불과하다. 그것은 오히려 우리의 무지가 주는 이점을 빼앗는다. 지식이라 불리는 것은 종종 적극적인 무지이며, 무지는 소극적인 지식이다.

오랜 세월 동안의 집요한 노력과 신문 읽기를 통해—과학 도서관이 결국 신문 묶음에 지나지 않는다면 무엇인가—사람은 수많은 사실을 축적하고 기억 속에 저장한다. 그러나 인생의 어느 봄날, 사상의 대평원으로 한가로이 거닐러 나설 때, 그는 말처럼 풀을 뜯으러 나가고 마구간에 모든 안장을 남겨둔다. 나는 때때로 '유용한 지식 보급 협회'에 이렇게 말하고 싶다. 풀을 뜯으러 가시오. 당신들은 너무 오래 건초만 먹었소. 봄이 왔고 푸른 작물이 자라고 있소. 심지어 소들조차 5월 말이 되면 목초지로 내몰리는데, 나는 소를 일 년 내내 헛간에 가두고 건초만 먹인 부자연스러운 농부에 대해 들은 적이 있소. 협회는 종종 사람들을 그 소처럼 다룬다.

무지는 때로 유용할 뿐 아니라 아름답기까지 하다. 반면 소위 지식은 쓸모없을 뿐 아니라, 오히려 해롭고, 게다가 추하기까지 하다. 그렇다면 어떤 사람이 상대하기에 가장 좋은 사람일까? 한 주제에 대해 아무것도 모르지만, 드물게 자신이 아무것도 모른다는 사실을 아는 사람일까? 아니면 정말로 무언가를 알면서, 자신이 모든 것을 안다고 믿는 사람일까?

지식에 대한 나의 욕망은 간헐적이다. 그러나 내가

알지 못하는 대기 속으로 머리를 담그고 싶은 욕망은 영원하고 끊임없다. 인간이 도달할 수 있는 가장 높은 것은 지식이 아니라 지성과의 공감이다. 이 더 높은 지식이란, 우리가 지식이라고 불렀던 모든 것이 얼마나 불충분했는지를 드러내는 갑작스러운 계시, 새로운 경이로움이다. 그것은 태양 아래서 안개가 걷히는 것과 같다. 인간은 이보다 더 높은 차원에서는 알 수 없다. 태양의 얼굴을 직접, 고요히, 무사히 바라볼 수 없는 것처럼 말이다. 칼데아 신탁[118]은 이렇게 말한다. "그것을 인식하되, 특정한 것을 인식하듯 인식하지는 못할 것이다."

우리가 복종할 수 있는 법칙을 추구하는 습관에는 어떤 노예 근성이 있다. 우리는 우리의 편의를 위해 물질의 법칙을 연구할 수 있다. 그러나 성공적인 삶은 법칙을 알지 못한다. 우리가 알지 못했던 곳에서 우리를 속박하는 법칙을 발견하는 것은, 실은 불행한 발견이다. 자유롭게 살아라, 안개의 자식이여. 지식에 관해서라면 우리는 모두 안개의 자식들이다. 자유롭게 살 권리를 행사하는 자는 법률 제정자와의 관계 덕분에 모든 법 위에 있다. 『비슈누 푸라나』[119]는 이렇게 말한다. "그것이 활동적 의무이니, 우리의 속박을 위한 것이 아니요. 그것이 지식이니, 우리의 해방을 위한 것이다. 다른 모든 의무는 피로로 이끌고, 다른

---

118 칼데아 신탁(Chaldean Oracles): 고대 신플라톤주의적 신비 사상 모음. 인간이 신적 지혜를 직접적으로 파악할 수 없음에 대해 말한다.

119 『비슈누 푸라나(Vishnu Purana)』: 힌두교의 중요한 푸라나 문헌 중 하나. 세계의 기원, 신화, 종교적 교리를 담고 있다.

모든 지식은 단지 예술가의 재주에 불과하다."

우리 역사에 기록된 사건이나 위기가 얼마나 적은지, 우리의 마음이 얼마나 단련되지 않았는지, 우리가 얼마나 빈약한 경험만을 지녔는지는 주목할 만하다. 나는 나의 성장이, 비록 길고 어둡고 후텁지근한 밤이나 우울한 계절을 통한 투쟁과 함께일지라도, 이 무딘 평정을 깨뜨리기를 바란다. 우리의 모든 삶이 이 하찮은 희극이나 소극 대신 신성한 비극이 된다면 얼마나 좋을까. 단테, 버니언[120], 그리고 다른 이들은 우리보다 훨씬 더 단련된 정신을 지녔다. 그들은 우리 지역의 학교나 대학이 고려조차 하지 않는 수련을 겪었다. 심지어 마호메트조차—많은 이들이 그의 이름에 비명을 지를지 모르지만—보통의 사람들이 가진 것보다 훨씬 더 살아야 할 이유, 그리고 죽어야 할 이유를 지니고 있었다.

가끔 드문 간격으로, 어떤 깊은 생각이 사람을 찾아올 때가 있다. 이를테면 그가 철길 위를 걸을 때, 기차가 지나가도 그는 듣지 못한다. 그러나 곧, 가차 없는 법칙에 따라 삶은 지나가고 기차는 돌아온다.

"보이지 않게 떠도는 부드러운 바람아,
폭풍의 로이라[121] 주위 엉겅퀴를 흔드는구나.
바람 부는 골짜기의 나그네여,

---

120 존 버니언(John Bunyan, 1628~1688): 영국 청교도 작가. 대표작 『천로역정』은 기독교 문학의 고전이다.

121 로이라(Lora): 스코틀랜드의 강 이름으로 보이며, 전통 민요나 시에서 자주 언급된다.

어찌 이리 빨리 내 귓가를 떠났는가?"

 대부분의 사람은 사회로 이끄는 힘을 느끼지만, 자연에 강하게 끌리는 이는 드물다. 자연과 맺는 인간의 관계는, 그 모든 기술에도 불구하고, 대개 동물보다 못하다. 동물처럼 본능적으로 아름답고 단순한 관계를 맺는 경우는 극히 드물다. 우리 가운데 풍경의 아름다움을 감상할 줄 아는 이는 얼마나 적은가. 우리는 그리스인들이 세상을 코스모스―아름다움 혹은 질서―라고 불렀다는 사실을 듣지만, 그들이 왜 그렇게 했는지를 명확히 보지 못한다. 기껏해야 그것을 흥미로운 문헌학적 사실로만 여길 뿐이다.

 내 경우, 나는 자연 속에서 일종의 변경 생활을 하고 있다고 느낀다. 나는 가끔 세계의 경계에서 일시적인 습격을 감행하는 약탈자에 불과하다. 내가 후퇴하는 것처럼 보이는 국가에 대한 나의 애국심과 충성은, 국경을 넘나드는 약탈자의 그것과 다르지 않다. 내가 자연스럽다고 부르는 삶을 위해서라면, 상상할 수 없는 늪과 수렁을 통과하는 도깨비불이라도 기꺼이 따르겠다. 그러나 그 어떤 달빛도, 반딧불이도 나를 그곳으로 인도하는 둑길을 보여주지는 않았다.

 자연은 너무나 광대하고 보편적인 인격체여서, 우리는 그녀의 단 한 가지 특징조차 제대로 보지 못한다. 내 고향 마을 들판을 걷는 이조차, 때로는 그 소유자들의 증서에 기록된 것과는 전혀 다른 땅 위에 있는 자신을 발견한다. 그것은 마치 콩코드 경계의 어느 먼 들판처럼, 거기서 법적 관할은 끝나고, 콩코드라는 말이 지니는 함의는 더 이상 적용되지 않는 것과 같다.

내가 직접 측량했던 농장들, 내가 세워두었던 경계들은 안개 속에 희미하게 드러나지만, 그것들을 고정시켜 줄 화학 물질은 없다. 그것들은 유리 위에서 사라지고, 화가의 그림이 그 아래에서 어렴풋이 떠오른다. 우리가 보통 알고 지내는 세계는 흔적조차 남기지 않으며, 기념일 하나 없을 것이다.

지난 어느 오후, 나는 스폴딩[122]의 농장에서 산책을 했다. 저무는 해가 위풍당당한 소나무 숲의 반대편을 비추고 있었다. 황금빛 광선은 마치 고귀한 궁전의 홀처럼 숲의 통로 사이로 드문드문 흘러들었다. 그때 나는 마치 내가 모르는 고대의 훌륭하고 빛나는 가문이, 콩코드라 불리는 이 땅의 일부에 정착한 듯한 인상을 받았다. 태양은 그들의 하인이었고, 그들은 마을의 사교계에 나가지 않았으며, 어떤 방문도 받지 않았다.

나는 숲 너머 스폴딩의 크랜베리 초원에서 그들의 공원, 그들의 유원지를 보았다. 소나무들은 자라면서 그들에게 박공 지붕을 내주었다. 그들의 집은 눈에 잘 띄지 않았고, 나무들이 그 집을 뚫고 자라났다. 나는 억눌린 환희의 소리를 들었는지 아닌지 확신할 수 없었다. 그들은 햇살에 몸을 기대어 쉬는 듯했다. 그

---

122 스폴딩(Spalding): 콩코드 근처의 농장주로 추정되며, 소로가 실제 산책 중 언급한 인물.

들에게는 아들과 딸들이 있었고, 그들은 아무 부족함 없이 살고 있었다. 농부의 수레 길이 그들의 홀을 곧장 가로질렀지만, 그것은 그들을 전혀 방해하지 않았다. 마치 연못의 진흙 바닥이 반사된 하늘을 통해 드러나는 것처럼, 그들의 삶은 고요했다.

그들은 스폴딩에 대해 들어본 적도 없고, 그가 이웃이라는 사실조차 알지 못했다. 비록 나는 그가 자기 집을 통과해 마차를 몰며 휘파람을 부는 소리를 들었지만 말이다. 그들의 평온한 삶에 비길 것은 없었다. 그들의 문장은 단지 이끼일 뿐이었다. 나는 그것이 소나무와 떡갈나무에 새겨져 있는 것을 보았다. 그들의 다락방은 나무 꼭대기에 있었고, 그들은 어떤 정치에도 속하지 않았다. 노동의 소음도 없었다. 나는 그들이 베를 짜거나 실을 잣는 것을 감지하지 못했다. 그러나 바람이 가라앉고 모든 소리가 사라졌을 때, 나는 가장 섬세하고 달콤한 음악적 윙윙거림을 들었다. 마치 5월의 먼 벌통 소리 같았으며, 그것은 아마도 그들의 생각이 내는 소리였다.

그들에게는 게으른 생각이 없었고, 밖의 누구도 그들의 일을 들여다볼 수 없었다. 그들의 근면은 옹이나 혹처럼 눈에 띄지 않는 곳에 숨어 있었기 때문이다. 그러나 나는 그들을 기억하기가 어렵다는 것을 안다. 지금 이렇게 말하며 그들을 되새기려 애쓰는 순간에도, 그들은 돌이킬 수 없이 내 마음속에서 사라져 간다. 오직 내 최고의 생각들을 회상하려는 길고 진지한 노력 끝에야 나는 그들의 동거를 다시금

의식한다. 만약 그런 가족들이 존재하지 않았다면, 나는 아마 콩코드를 떠났을 것이다.

뉴잉글랜드에서는 해마다 우리를 찾아오는 비둘기가 점점 줄어든다고 한다. 숲이 더 이상 그들에게 도토리를 내어주지 못하기 때문이다. 마찬가지로, 해마다 자라나는 우리 각자의 내면을 찾아오는 생각들도 점점 줄어드는 듯하다. 우리의 마음속 작은 숲은 황폐해져, 불필요한 야망의 불을 지피기 위해 팔려나가거나 제재소로 보내졌고, 그들이 앉을 가지조차 남지 않았기 때문이다. 이제 그들은 우리와 함께 둥지를 틀거나 번식하지 않는다. 어떤 더 온화한 계절, 어쩌면 봄이나 가을, 이동하던 생각의 날개가 드리운 그림자가 잠시 마음의 풍경을 스쳐 지나갈 때가 있을지 모르지만, 올려다보아도 우리는 그 생각의 실체를 붙잡지 못한다. 우리의 날개 달린 생각들은 이미 가금류로 변해버렸다. 그들은 더 이상 높이 솟아오르지 못하고, 기껏해야 상하이닭[123]이나 코친차이나닭[124]의 웅장함에 이를 뿐이다.

우리는 땅에 매달려 살아간다―얼마나 드물게 우리는 날아오르는가! 나는 우리가 조금만 더 자신을 높인다면, 적어도 나무 한 그루쯤은 오를 수 있다고 생각한다. 나는 언젠가 나무에 올라 얻은 경험이 유익했음을 안다. 그것은 언덕 꼭대기에 서 있던 키 큰

---

123 상하이닭(Shanghai): 중국 원산의 대형 닭 품종. 19세기 서구에 소개되어 가금 사육에 큰 영향을 끼쳤다.

124 코친차이나닭(Cochin China): 베트남 코친차이나 지방 원산의 대형 닭 품종. 장식용과 육용으로 길러졌다.

백송[125]이었고, 온통 송진투성이가 되었지만, 그만한 보상을 받았다. 나는 그때까지 본 적 없던 새로운 산들을 지평선 너머에서 발견했기 때문이다. 그렇게 나는 더 많은 땅과 더 넓은 하늘을 얻었다. 내가 70년 동안 그 나무 아래를 걸었더라도 결코 보지 못했을 광경이었다.

그러나 무엇보다 놀라운 것은, 6월 말, 그 나무의 가장 높은 가지 끝에서만 볼 수 있었던 작은 붉은 솔방울 모양의 꽃이었다. 하늘을 향해 피어 있는 백송의 암꽃이었다. 나는 즉시 그 가장 높은 가지를 꺾어 마을로 가져와, 거리를 걷던 낯선 배심원들에게 보여주었다. 재판 주간이었기 때문이다. 또 농부와 목재상, 나무꾼과 사냥꾼들에게도 보여주었는데, 누구도 그것을 본 적이 없어 마치 별똥별이라도 본 듯 놀라워했다.

고대 건축가들이 기둥 꼭대기의 보이지 않는 부분까지 완벽하게 조각했다는 이야기를 들어보라! 자연은 태초부터 숲의 가장 높은 곳, 사람들의 시선이 닿지 않는 곳에 꽃을 피워왔다. 우리는 발밑의 초원에 핀 꽃들만 보아왔지만, 소나무들은 수 세기 동안 숲의 가장 높은 가지마다 여름마다 섬세한 꽃을 내밀어왔다. 그러나 농부도 사냥꾼도 그것을 본 적이 거의 없다.

무엇보다도, 우리는 현재에 살 여유조차 없다. 지

---

125 백송(白松, Pinus strobus): 북아메리카 동부 원산의 소나무. 목재 자원으로도 널리 이용되었다.

나가는 삶의 한순간도 과거를 기억하는 데 허비하지 않는 자야말로 모든 인간 중에 가장 복된 자다. 우리의 철학이 우리 지평선의 모든 헛간에서 들려오는 닭 울음소리를 듣지 못한다면, 그것은 시대에 뒤처진 것이다. 닭의 울음은 우리가 일과 생각의 습관 속에서 낡고 녹슬어 간다는 사실을 깨닫게 한다. 그것은 더 새로운 성경, 즉 지금 이 순간의 복음을 전한다. 그는 시대에 뒤떨어지지 않았다. 그는 일찍 일어나고 또 일찍 일어나, 제철에, 시간의 최전선에 서 있다. 그것은 자연의 건강과 건전함의 표현이자, 온 세상을 향한 자랑이다. 마치 샘물이 터져 나와 새로운 뮤즈들의 노래를 위한 샘을 열어젖히는 것처럼, 이 순간을 기념하는 건강함이다. 그가 사는 곳에서는 도망 노예법[126] 같은 법률이 통과되지 않는다. 닭이 마지막으로 울고 난 뒤, 주인을 몇 번이나 배반하지 않은 자가 과연 있는가?

이 새의 노랫가락이 지닌 진정한 미덕은 애절함으로부터의 자유다. 가수는 우리를 울리거나 웃게 만들 수 있지만, 우리 안에 순수한 아침의 기쁨을 불러일으키는 자는 드물다. 우울한 기분에 잠겨 일요일 나무 보도의 음울한 정적을 걷고 있을 때, 혹은 상가에서 밤을 지새운 어느 날, 멀리서든 가까이서든 수탉의 울음소리를 들으면 나는 혼잣말로 중얼거린다. "어쨌든 우리 중 하나는 잘 있군." 그러고는 갑작스

---

126 도망 노예법(Fugitive Slave Law): 1850년 미국 의회에서 제정된 법률로, 북부에서도 도망 노예를 체포·송환할 수 있도록 한 악법.

러운 감정의 분출과 함께 제정신으로 돌아온다.

지난 11월 어느 날, 우리는 놀라운 일몰을 목격했다. 나는 작은 시냇물의 발원지인 초원을 걷고 있었는데, 잿빛으로 추운 하루가 끝나가던 때였다. 해는 마침내 지평선의 맑은 층에 이르렀고, 가장 부드럽고 밝은 아침 햇살 같은 빛이 마른 풀과 반대편 지평선의 나무줄기, 언덕 비탈의 관목 떡갈잎에 내려앉았다. 한편 우리의 그림자는 초원 위로 동쪽에 길게 드리워져, 마치 우리가 그 빛 속의 유일한 티끌인 듯 보였다. 그것은 단 한순간 전까지는 상상조차 못했던 빛이었고, 공기 또한 따뜻하고 고요해 그 초원을 낙원으로 만드는 데 부족함이 없었다. 더욱이, 그것이 한 번의 특별한 기적이 아니라, 영원히 반복될 저녁의 현상이며, 마지막 아이가 그곳을 걷는 순간까지 위로와 격려를 줄 것이라 생각했을 때, 그 광경은 더욱 영광스러워 보였다.

해는 집 한 채 보이지 않는 고요한 초원 위로 저물었다. 그러나 그 빛은 마치 도시에 쏟아붓는 모든 영광과 장엄함을 이곳에도 아낌없이 내리는 듯했으며, 이전에는 결코 저물어본 적 없는 태양처럼 보였다. 그 황혼 속에는 금빛 날개를 번쩍이며 홀로 나는 습지 매[127] 한 마리뿐이었고, 혹은 오두막 창가에 앉아 세상을 엿보는 사향쥐 한 마리뿐이었다. 습지 한가운데에는 썩어가는 그루터기를 천천히 감돌며 이제 막

---

127 습지 매(marsh hawk): 북미의 습지에 서식하는 매류, 현재는 주로 북부 해리어(Northern Harrier, Circus hudsonius)로 알려져 있다.

구불구불 흐르기 시작한 가느다란 검은 실 같은 시냇물이 있었다.

  우리는 시든 풀과 낙엽을 금빛으로 물들이는, 너무도 부드럽고 평온하며 맑은 빛 속을 걸었다. 나는 이전에 그토록 순결하고 밝은 빛의 홍수에 잠겨본 적이 없다고 생각했다. 잔물결 하나, 속삭임 하나 없이 고요한 황금의 파도였다. 모든 숲과 솟아오른 대지의 서쪽 면은 엘리시움[128]의 경계처럼 빛나고 있었으며, 저녁의 태양은 우리 등 뒤에서 마치 온화한 목동처럼 우리를 집으로 몰아주고 있었다.

  그리하여 우리는 성지를 향하듯 거닐었다. 언젠가 태양이 그 어느 때보다 더욱 찬란하게 빛나, 우리의 마음과 가슴 깊은 곳까지 파고들어, 가을날 강둑처럼 따뜻하고 평온하며 황금빛인 위대한 깨달음의 빛으로 우리 삶 전체를 환히 비추어줄 그날까지.

---

128 엘리시움(Elysium): 고대 그리스 신화에서, 의로운 자나 영웅이 죽은 후 머문다고 전해지는 낙원.

1862

가을빛

유럽인들은 미국에 와서 우리의 가을 단풍이 지닌 눈부신 빛깔에 놀라곤 한다. 영국의 시문학에는 이러한 현상을 묘사한 대목을 거의 찾아볼 수 없는데, 이는 그곳의 나무들이 선명한 색을 드러내지 않기 때문이다. 톰슨[129]이 「가을」에서 이 주제를 다룬 것도 고작 몇 구절에 불과하다.

> **"보라, 빛바래 가는 형형색색의 숲을,**
> **그늘 위로 그늘이 깊어지고,**
> **온 들판은 갈색으로 물드네.**
> **빽빽한 그늘, 어둡고 칙칙하며,**
> **스러져 가는 희미한 녹색부터**
> **검붉은 어둠까지 온갖 빛깔이 뒤섞였네."**

그가 덧붙인 것은 다음 한 구절뿐이다.

> **"노란 숲 위로 가을이 빛나네."**

그러나 우리 숲의 가을빛 변화는 아직 문학 속에 깊은 자취를 남기지 못했다. 10월은 여전히 우리 시에 물들지 못한 계절인 것이다.

평생을 도시에서 보내며 이 계절에 시골을 찾을 기회를 갖지 못한 수많은 사람들은, 한 해의 꽃―아니, 더 정확히 말하면 잘 익은 열매와도 같은 이 광경을

---

129 제임스 톰슨(James Thomson, 1700~1748): 스코틀랜드 출신 시인. 대표작 『사계(The Seasons)』에서 자연과 계절의 변화를 시적으로 묘사했다.

한 번도 본 적이 없다. 나는 그런 시민 한 명과 말을 함께 탄 적이 있다. 이미 가장 찬란한 빛이 지난 지 2주가 지나 있었음에도 그는 눈앞의 풍경에 놀라며, 이보다 더 밝은 색이 있었으리라고는 차마 믿지 못했다. 그는 이 현상에 대해 들어본 적조차 없었던 것이다. 우리 마을의 많은 이들이 가을 단풍을 실제로 보지 못했을 뿐 아니라, 대부분은 해마다 그것을 거의 기억하지 못한다.

사람들은 흔히 빛바랜 잎사귀를 시든 잎사귀와 혼동한다. 이는 마치 잘 익은 사과를 썩은 사과와 혼동하는 것과 같다. 나는 잎사귀가 더 고운 빛으로 물드는 것은 과일이 성숙에 이르듯, 만추의 완전한 성숙에 도달했다는 증거라고 생각한다. 보통 가장 낮고 오래된 잎부터 먼저 색이 변한다. 그러나 완벽한 날개를 지닌, 대개 화려한 빛깔의 곤충이 단명하듯, 잎사귀도 다만 익어 떨어질 뿐이다.

일반적으로 모든 열매는 무르익어 갈 무렵, 그리고 떨어지기 직전에 가장 빛을 발한다. 이때 열매는 더 독립적이고 개별적인 존재가 되며, 어느 한 근원으로부터도 영양을 덜 필요로 한다. 줄기를 통해 흙에서 얻기보다는 태양과 공기로부터 더 많은 것을 취한다. 잎사귀도 마찬가지다. 생리학자는 이를 "산소 흡수의 증가 때문"이라고 설명한다. 그러나 그것은 과학적인 설명, 곧 단순한 사실의 확인에 지나지 않는다. 내게는 오히려 한 처녀가 어떤 음식을 먹었는지보다 그녀의 뺨에 핀 장밋빛이 더 흥미롭다.

숲과 초목, 곧 지구의 얇은 표피 또한 그 무르익음을 증명하는 밝은 빛을 띠어야 한다. 마치 지구 자체가 줄기에 매달린 거대한 과일처럼 언제나 태양을 향해 한쪽 뺨을 내미는 것과 같다. 꽃은 다만 색을 띤 잎사귀일 뿐이며, 열매는 다만 잘 익은 잎사귀일 뿐이다. 대부분의 과일에서 우리가 먹는 부분은, 생리학자의 말대로 그것을 형성하는 "잎의 유조직 혹은 다육 조직"인 것이다.

우리의 식욕은 대체로 익어가는 과정과 그 현상, 즉 색과 감미로움, 완벽함에 대한 시각을 오직 우리가 먹는 과일에만 한정해왔다. 그래서 우리는 우리가 먹지 않고, 거의 이용하지도 않는 엄청난 수확물이 해마다 자연에 의해 성숙해 간다는 사실을 종종 잊는다. 매년 열리는 가축 박람회와 원예 전시회에서 우리는 나름 훌륭하다고 여기는 과일들을 선보이지만, 그것들은 대체로 다소 비천한 최후를 맞이할 운명이어서, 그 아름다움 자체로 가치를 인정받는 일은 드물다. 그러나 우리 마을의 주변과 들에는 해마다 훨씬 더 웅장한 규모의 또 다른 과일 전시회가 열린다. 그것은 오직 우리의 미적 취향에만 호소하는 과일들의 축제다.

10월은 채색된 잎들의 달이다. 그 풍부한 빛이 이제 온 세상을 물들인다. 과일과 잎사귀, 그리고 하루 자체가 저물기 직전에 가장 밝은 빛을 띠듯, 한 해도 저물어가는 시점에 그러하다. 10월은 한 해의 저녁노을이고, 11월은 그 뒤를 잇는 황혼이다.

나는 예전에 이런 생각을 한 적이 있다. 변해가는 모든 나무와 관목, 초본 식물이 가장 특징적인 빛깔을 드러낼 때—즉 녹색에서 갈색으로 넘어가는 과도기에—각각의 표본 잎을 구해 그 윤곽을 그리고, 색을 물감으로 정밀하게 복사하여 책으로 엮는다면 참으로 가치 있는 일이 되리라는 것이다. 그 책의 제목은 "10월, 혹은 가을빛"이 될 것이다.

가장 먼저 붉게 물드는 담쟁이덩굴과 호숫가의 근생엽에서 시작해, 단풍나무, 히코리, 옻나무를 거쳐, 덜 알려졌지만 무수히 아름다운 주근깨 같은 무늬를 지닌 잎들로 이어지고, 마침내 가장 늦게 물드는 참나무와 사시나무에 이르기까지 기록하는 것이다. 그런 책은 얼마나 훌륭한 기념품이 될 것인가! 원할 때마다 그저 책장을 넘기는 것만으로 가을 숲을 산책할 수 있을 것이다. 혹은 잎사귀 자체를 빛바래지 않게 보존할 수 있다면 더욱 값질 것이다. 나는 실제로 그런 책을 만드는 데 거의 진척을 보지 못했지만, 대신 이 모든 찬란한 빛깔들이 드러나는 순서대로 기록하려고 애썼다. 아래는 내 기록에서 발췌한 일부이다.

보랏빛 풀

 8월 20일경이 되면 숲과 늪 곳곳에서 가을의 기운이 감돌기 시작한다. 사르사나무 잎의 짙은 반점과 고사리, 시들어 검게 변한 스컹크 양배추와 헬레보루스, 그리고 강가에서 이미 빛을 잃어가는 부레옥잠이 그것을 알린다.

 보랏빛 풀[130]은 이 시기에 가장 아름답다. 나는 이 풀을 처음 특별히 주목했던 때를 아직도 기억한다. 강 가까운 언덕에서 서 있었는데, 30~40로드 떨어진 곳, 초원으로 경사진 숲 가장자리에 길게 드리운 보랏빛 띠가 눈에 들어왔다. 그것은 물이끼 군락만큼이나 색이 짙고 매혹적이었지만, 물이끼만큼 밝지는 않았다. 오히려 베리 열매의 얼룩을 촘촘하고 두껍게 칠해놓은 듯, 더 진하고 어두운 보라였다. 가까이 다가가 보니 그것은 꽃이 핀 풀의 일종으로, 키는 1피트 남짓에 불과했고 녹색 잎은 거의 보이지 않았으며, 보랏빛 꽃들이 섬세하게 흩날리며 원추꽃차례를 이루고 있었다. 주위에는 얇은 자줏빛 안개가 아른거렸다. 가까이서는 희미한 보라색에 불과해 눈에 잘 띄지 않았고, 심지어 구별조차 쉽지 않았다. 그러나 한 포기를 뽑아보면 그것이 얼마나 가늘고 색이 옅은지 놀라게 된다. 하지만 좋은 빛 아래 멀리서 바라보면, 그것은 꽃 못지않게 아름답고 생기 있는 보랏빛으로

---

130 보랏빛 풀(Eragrostis pectinacea): 한국명 가는비노리. 여름에서 초가을에 자주색을 띠는 원추꽃차례를 피우는 풀로, 북미 원산의 흔한 화본과 식물이다.

197

대지를 물들였다. 이렇게 미미한 원인들이 모여 이토록 뚜렷한 효과를 만들어내는 것이다. 풀들이 대체로 수수한 색을 띠기에, 이 보랏빛 풀의 아름다움은 더욱 놀랍고 매혹적이다.

그 빼어난 보랏빛 홍조는 이제 막 시들어가는 물이끼를 대신하며, 8월의 가장 흥미로운 현상 가운데 하나가 된다. 가장 아름다운 군락은 메마른 언덕 기슭이나 초원 가장자리 위, 버려진 땅의 변두리에서 발견된다. 탐욕스러운 농부는 낫을 휘두르지 않는다. 이 풀이 너무 가늘고 보잘것없어 그의 눈에는 가치가 없어 보이기 때문이다. 아니면 너무 아름다워서 그 존재조차 눈치채지 못하는 것일지도 모른다. 같은 눈으로 이 풀과 티모시풀을 동시에 볼 수는 없기 때문이다. 그는 목초와 그 옆에서 자라는 영양가 있는 풀들을 거두지만, 이 고운 보랏빛 안개는 산책자의 수확으로 남는다. 그의 상상 속 가축들을 위한 꼴로 말이다.

언덕의 더 높은 곳에는 아마도 블랙베리와 세인트존스워트, 그리고 버려져 시들고 뻣뻣해진 6월 잔디가 자라고 있을 것이다. 이 풀이 해마다 베어지는 무성한 풀밭이 아니라, 이런 곳에서 자란다는 것은 얼마나 다행인가! 자연은 언제나 쓸모와 아름다움을 구별해 놓는다. 나는 이 풀이 해마다 어김없이 모습을 드러내어, 그 홍조로 대지를 물들이는 장소들을 여러 곳 알고 있다. 그것들은 완만한 경사면에 군락을 이루거나, 직경 1피트 정도의 둥근 덤불 형태로 흩어져 자라며, 첫 된서리에 시들어갈 때까지 계속된다.

대부분의 식물에서 가장 짙은 색과 매력을 지닌 부분은 화관이나 꽃받침이다. 많은 식물에서는 씨방이나 열매가 그러하고, 붉은단풍나무에서는 잎이 그러하며, 또 다른 식물에서는 줄기 자체가 꽃이 되거나 개화하는 부분이 된다.

마지막 경우가 특히 두드러지는 것이 자리공[131]이다. 우리 절벽 아래 서 있는 자리공 몇 그루는 지금, 그리고 9월 초에 그 보랏빛 줄기로 나를 완전히 사로잡는다. 그것들은 다른 어떤 꽃만큼이나 매혹적이고, 우리 가을의 가장 중요한 열매 가운데 하나다. 이 식물은 모든 부분이 꽃(혹은 열매)이다. 줄기, 가지, 꽃자루, 작은 꽃자루, 잎자루, 그리고 마침내 노란빛을 띤 보라색 잎맥이 새겨진 잎까지, 색의 풍요로움은 넘칠 정도다. 녹색에서 짙은 보라색까지 다양한 색조로 익어가는 열매가 달린 6~7인치 길이의 총상꽃차례는 사방으로 우아하게 늘어져 새들의 먹이가 된다. 새들이 열매를 쪼아먹고 남은 꽃받침조차도 선명한 연지벌레색 붉은빛을 띠며, 진홍빛 불꽃 같은 반사를 뿜어내어 어느 것과도 견줄 수 없다. 모든 것이 익어감으로 불타고 있다. 그래서 '라카(lacca)'라는 이름은 연지벌레를 뜻하는 '락(lac)'에서 유래한 것이다. 같은 식물에 꽃봉오리, 꽃, 녹색 열매, 짙은 보라의 익은 열매, 그리고 꽃 같은 꽃받침이 동시에 달려 있는 모

---

131 자리공(Phytolacca decandra): 북아메리카 원산의 다년생 식물. 여름에서 가을에 이르기까지 보랏빛 줄기와 진한 자주색 열매로 장관을 이루며, 그 염료 성분은 '락(lac)'이라는 이름으로도 알려져 있다.

습을 볼 수 있다.

우리는 온대 지방의 초목에서 나타나는 붉은빛을 유난히 사랑한다. 그것은 색 중의 색이며, 우리의 피와 직접적으로 호응하는 듯하다. 이 빛은 가장 선명히 드러나기 위해 밝은 태양을 요구하며, 해마다 이맘때에만 제대로 감상할 수 있다. 따뜻한 언덕 비탈에서는 8월 23일쯤이면 자리공의 줄기가 이미 물들기 시작한다. 그날 나는 절벽의 한쪽 비탈에서, 높이 6~7피트로 자라난 울창한 자리공 숲을 거닐었다. 땅에 닿는 아랫부분까지 짙고 선명한 보라색이 번져 있었고, 여전히 푸른 잎과 뚜렷한 대비를 이루었다. 마치 자연이 한여름의 정수를 모아 완벽한 식물을 빚어낸 듯, 보기 드문 승리처럼 보였다. 그 얼마나 완벽한 성숙인가! 그것은 때 이른 죽음이 아니라, 자연의 장식으로서 마무리되는 성공적인 삶의 상징이었다.

우리도 자리공처럼 뿌리와 가지가 모두 성숙하여, 쇠락의 시기 한가운데서조차 빛날 수 있다면 어떨까. 나는 그들을 바라볼 때마다 흥분을 느낀다. 실제로 나는 지팡이로 쓰기 위해 한 줄기를 잘랐고, 그것을 손에 쥐고 기대고 싶었다. 손가락으로 열매를 눌러 붉은 즙이 손을 물들이는 것도 즐겼다. 가지를 뻗어 서 있는 보랏빛 와인 통들 사이를 거닐며, 저녁노을을 머금은 빛을 눈으로 하나하나 맛보는 것은 런던 부두에서 파이프를 세는 대신 누릴 수 있는 얼마나 큰 특권인가!

자연의 포도 수확은 포도나무에만 국한되지 않는

다. 우리 시인들은 대개 본 적도 없는 외래 포도로 빚은 와인을 노래해왔다. 마치 토종 식물에는 노래할 즙이 전혀 없는 것처럼 말이다. 그러나 자리공은 실제로 어떤 이들에게 '미국 포도'라 불렸고, 그 즙은 외국에서 와인의 색을 개선하는 데 쓰이기도 했다. 그러니 삼류 시인들은 자신도 모르게 이미 자리공의 미덕을 찬양하고 있는 셈이다. 이곳에는 서쪽 하늘을 다시 칠하고, 원한다면 주신제[132]를 열 수 있을 만큼 충분한 열매가 있다. 그리고 그 핏빛으로 물든 줄기는 그런 제전에서 훌륭한 피리가 될 것이다. 참으로 왕다운 식물이다. 나는 한 해의 저녁을 자리공 숲 속에서 사색하며 보내고 싶다. 어쩌면 이 숲에서 새로운 철학이나 시의 학파가 태어날지도 모른다. 자리공은 9월 내내 빛난다.

이 무렵, 혹은 8월 말이면, 또 다른 흥미로운 풀의 무리—수수새속(Andropogon)—이 절정을 맞는다. 이른바 '수염풀'이다. 큰기름새(Andropogon furcatus), 갈래수염풀, 혹은 보랏빛 손가락풀이라 부를 수 있는 종. 좀새(Andropogon scoparius), 곧 보랏빛 산림풀. 그리고 개솔새(Andropogon nutans, 현재는 Sorghum으로 분류), 곧 인디언풀이다.

큰기름새는 키가 3~7피트에 이르며 매우 가늘고 곧은 줄기 위에 네다섯 개의 보랏빛 손가락 모양 이삭을 뻗고 있다. 좀새는 비교적 작아 높이 2피트, 폭 1피트 남짓의 덤불을 이루며, 줄기는 종종 약간 휘고,

---

132 주신제(Bacchanalia): 고대 로마에서 바쿠스(Bacchus, 그리스의 디오니소스에 해당)를 기리는 축제. 포도주와 환희, 음악과 춤으로 가득 찬 제전이었다.

이삭이 시들면 희끄무레한 솜털을 띤다. 이 두 풀은 이 계절에 건조하고 모래가 많은 들판과 언덕 비탈에서 지배적인 풀들이다. 줄기와 꽃 모두 보랏빛을 반사하며 한 해가 무르익었음을 알린다.

내가 이 풀들에 더 마음이 끌리는 것은, 아마도 농부에게는 쓸모없어 멸시당하는 척박한 땅을 차지하고 있기 때문일 것이다. 그들은 잘 익은 포도처럼 짙은 색을 품고, 봄이 암시하지 않았던 성숙을 표현한다. 오직 8월의 태양만이 이 줄기와 잎을 이토록 빛나게 할 수 있다. 농부는 이미 고지대 건초를 거둬들였고, 이 가느다란 야생풀들이 드문드문 꽃을 피운 자리까지는 낫을 들고 가지 않는다. 그 사이사이에 맨 모래밭이 드러난다. 그러나 나는 모래 들판 위, 관목 참나무 숲 가장자리의 보랏빛 산림풀 덤불 사이를 걷는 것을 즐긴다. 그 소박한 동시대인들을 알아보고 반기는 것은 큰 기쁨이다. 넓은 두둑을 베는 상상으로 그들을 '거두고', 말 갈퀴질하는 심정으로 그들을 건초 더미에 모은다. 귀 밝은 시인이라면 내 낫 가는 소리를 들을지도 모른다.

이 두 풀은 내가 처음으로 구별하는 법을 배운 풀들이었다. 나는 얼마나 많은 친구들에게 둘러싸여 있었는지, 그러나 그들을 그저 풀로만 여기고 지나쳤는지를 그때 알았다. 그 줄기의 보라색은 자리공의 그것처럼 나를 흥분시킨다.

8월이 끝나기 전에, 대학 졸업식과 그 뒤를 잇는 고립적인 사회로부터 벗어나 피난처를 찾을 수 있다는 것을 떠올려 보라. 나는 '넓은 들판' 가장자리, 보랏빛 산림풀 덤불 사이에 몸을 숨길 수 있다. 요즘 오후마다 내가 걷는 곳곳에는 보랏빛 손가락풀이 이정표처럼 서서, 내가 지나온 길보다 더 시적인 길로 이끌어 준다.

어떤 이는 머리 높이까지 자란 식물들을 무심히 짓밟고 서둘러 지나가면서도, 그들을 수년간 톤 단위로 베어내 가축에게 먹였을지라도, 그 존재를 진정 아는 것은 아닐 것이다. 그러나 만약 잠시라도 호의적으로 바라본다면, 그는 그 아름다움에 압도될지도 모른다. 우리가 잡초라 부르는 가장 미천한 식물 하나하나도 사실은 우리의 생각과 기분을 표현하기 위해 거기에 서 있다. 그러나 얼마나 오랫동안 그것들이 헛되이 서 있는가! 나 역시 수많은 8월 동안 그 넓은 들판을 걸었지만, 그 보랏빛 동반자들을 뚜렷이 의식한 적은 없었다. 나는 그저 스쳐 지나가고 짓밟았을 뿐이다. 그리고 이제서야, 그들은 말하자면 일어나 나를 축복한 것이다. 아름다움과 진정한 부는 언제나 이처럼 값싸고, 멸시받는다. 천국은 사람들이 피하는 곳으로 정의될 수 있을 것이다. 농부가 아무 쓸모없다고 여기는 이 풀들이, 사실은 우리가 그들을 인정해 주는 것에서 보상을 찾는다고 누가 의심할 수 있겠는가. 나는 예전에 본 적이 없다고 말할 수 있다. 그러나 그 얼굴을 마주한 순간, 지난 세월 동안 내 안에 스쳐갔던 보랏빛 섬광이 되살아났다. 그리고 지금은, 내가 어디를 가든 거의 다른 것은 보지 못한다. 지금은 수

수새속의 지배와 군림의 시대다.

이제는 모래조차 8월 태양의 무르익음을 고백하는 듯하다. 모래 위에 흔들리는 가느다란 풀들과 함께 보랏빛을 반사한다. 자줏빛으로 물든 모래라니! 이것은 식물과 대지의 구멍 속으로 스며든 햇빛이 만들어 낸 결과다. 모든 수액과 피는 이제 포도주빛을 띤다. 마침내 우리는 보랏빛 바다뿐 아니라 보랏빛 대지까지 갖게 된 것이다.

밤나무수염풀, 인디언풀, 또는 산림풀은 버려진 땅 곳곳에서 자라지만 앞선 두 종보다 드물다. 키는 2~5피트에 이르며, 동족보다 훨씬 더 선명한 색을 띠어 인디언들의 눈길을 사로잡았을 것이다. 그것은 길고 좁으며, 한쪽으로 기울고 약간 고개를 숙인 원추꽃차례를 지니고 있는데, 밝은 보라와 노란 꽃이 갈대 같은 잎 위로 치켜든 깃발처럼 피어난다. 그 밝은 깃발들은 지금 먼 언덕 비탈에서 붉은 피부의 전사들이 흩어져 줄지어 전진하는 듯하다. 그들은 자신들의 이름이 유래한 종족을 대표하듯 서 있지만, 대부분은 그들처럼 주목받지 못한다.

이 풀의 표정은 내가 처음 지나가며 발견한 뒤, 눈빛처럼 일주일 동안 내 마음을 떠나지 않았다. 그것은 마치 인디언 추장이 마지막으로 사랑하던 사냥터를 둘러보듯 서 있었다.

붉은단풍나무

 9월 25일 무렵이면 붉은단풍나무는 대체로 익어가기 시작한다. 몇몇 큰 나무들은 일주일 전부터 이미 눈에 띄게 변해 있었고, 지금은 몇 그루의 외따로 선 나무들이 눈부시게 찬란하다. 나는 초원 건너편, 반 마일쯤 떨어진 숲가에 서 있는 작은 나무 하나를 주목했다. 그것은 여름철 어느 나무의 꽃보다도 더 선명한 붉은빛으로 빛났으며, 단연 눈에 띄었다. 나는 이 나무가 여러 해 동안 늘 동료들보다 먼저 붉게 변하는 것을 지켜보았다. 마치 어떤 나무가 다른 나무보다 일찍 열매를 맺듯, 이른 시기에 계절을 알리는 나무였다. 만약 이 나무가 베어진다면 나는 깊이 슬퍼할 것이다. 우리 마을 곳곳에도 이런 나무가 두세 그루 있는데, 아마도 '9월의 나무'로 번식시킬 수 있을 것이다. 만약 우리가 무[133]에 신경 쓰는 만큼 이 나무에도 관심을 기울인다면, 그 씨앗은 시장에 광고될 만하다.

 지금 이 불타는 떨기나무 같은 붉은단풍나무들은 대개 초원 가장자리에 서 있거나 언덕 비탈 이곳저곳에서 멀리서도 눈에 띈다. 늪지대에서는 주변의 모든 나무들이 여전히 푸른빛을 유지하고 있을 때, 벌써 완전히 진홍빛으로 물든 작은 나무들을 자주 볼 수 있다. 그로 인해 주위의 푸름은 오히려 더 빛나 보인

---

133 당시 미국에서 흔히 재배되던 뿌리채소로, 시장성과 생계 작물로서 중요하게 다루어졌다. 소로는 사람들이 무 재배에 쏟는 정성과 비교해, 단풍나무 같은 숲의 아름다움에는 무심한 현실을 비판적으로 언급한다.

다. 계절이 이렇게 이른 시기에 들판을 가로질러 지나갈 때, 그것들은 우리를 놀라게 한다. 마치 도착 소식조차 듣지 못한 붉은 피부의 사람들, 혹은 다른 숲 속 사람들의 화려한 야영지에 불쑥 들어선 듯하다.

온통 밝은 주홍빛으로 물든 몇 그루의 나무들은, 여전히 신선한 녹색을 띠는 같은 종의 나무들이나 상록수들을 배경으로 할 때, 이후에 마주하게 될 숲 전체보다 더 강렬한 인상을 남긴다. 나무 전체가 잘 익은 즙으로 가득 찬 하나의 거대한 주홍빛 과일처럼, 가장 낮은 가지에서 가장 높은 꼭대기까지 모든 잎이 불타오를 때, 특히 태양을 향해 서 있을 때, 그 광경이 얼마나 눈부신가! 풍경 속에 이보다 더 주목할 만한 대상이 또 있을까? 수 마일 떨어진 곳에서도 볼 수 있으며, 너무나 찬란해 믿기 어려울 정도다. 만약 이 현상이 단 한 번만 일어났다면, 그것은 전설이 되어 후대에 전해지고 마침내 신화 속에 편입되었을 것이다.

동료들보다 앞서 익어가는 이런 나무들은 독특한 탁월함을 얻으며, 때로는 일주일, 혹은 이주일 동안 그 아름다움을 유지한다. 나는 숲의 초록 군단을 위해 주홍빛 깃발을 높이 치켜든 그 나무의 모습을 보고 전율을 느끼며, 그것을 다시 보기 위해 반 마일을 돌아가기도 한다. 이렇게 단 한 그루의 나무가 어떤 초원 골짜기의 가장 큰 아름다움이 되고, 주변 숲 전체의 표정 또한 그로 인해 즉시 활기를 얻는다.

작은 붉은단풍나무 한 그루가, 어쩌면 길에서 1마

일쯤 떨어진 외딴 골짜기의 꼭대기, 눈에 잘 띄지 않는 곳에서 자라났을 것이다. 그것은 겨울과 여름 내내 단풍나무로서의 의무를 성실히 다했고, 어떤 절약도 소홀히 하지 않았으며, 몇 달 동안 꾸준히 자라 단풍나무의 미덕을 따라 키를 더 높였다. 봄보다 더 하늘에 가까워진 것이다. 충실히 수액을 관리하며, 떠도는 새들에게 쉼터를 제공했고, 오래전에 씨앗을 익혀 바람에 맡겼으며, 아마도 이미 수천 그루의 어린 단풍나무들이 어딘가에 뿌리를 내렸으리라는 만족을 품었을 것이다. 그것은 단풍나무 세계에서 마땅히 존경받아야 할 나무였다.

그 잎들은 종종 바람 속에서 속삭이며 물었을 것이다. "우리는 언제 붉어지나요?" 그리고 마침내, 이 9월—여행의 달에—사람들이 해변이나 산, 호수로 서둘러 떠날 때, 이 겸손한 단풍나무는 한 치도 움직이지 않고 그 자리에서 명성을 얻게 된다. 저 언덕 비탈 위에서 주홍빛 깃발을 내걸어, 다른 모든 나무보다 먼저 여름의 일을 끝냈음을 알리고 경쟁에서 물러난다.

한 해의 열한 번째 시간, 그토록 부지런했을 때조차도 어떤 세밀한 관찰로도 알아차릴 수 없었던 그 나무는, 이제 성숙의 빛깔—그 붉은 홍조—로 마침내 부주의한 여행자에게조차 드러난다. 먼지 나는 길 위에서 그의 시선을 끌어, 그 나무가 서 있는 용감한 고독 속으로 이끈다. 그곳에서 단풍나무의 모든 미덕과 아름다움이 빛나고 있다. *Acer rubrum*[134]. 이제 우리는 그 이름, 붉은 표제를 분명히 읽을 수 있다. 그 미덕이 죄가 아니라, 진홍빛처럼 빛나는 것이다.

붉은단풍나무가 우리 나무들 가운데 가장 강렬한 주홍빛을 내지만, 가장 이름난 것은 여전히 설탕단풍나무였다. 미쇼[135]는 그의 저서 『실바』에서조차 붉은단풍나무의 가을빛에 대해서는 언급하지 않았다. 10월 2일 무렵이면, 크고 작은 나무들이 대부분 찬란하게 빛나지만, 여전히 녹색을 지닌 나무들도 많다. 이른바 '새싹이 돋는 땅'에서는 나무들이 서로 경쟁이라도 하듯 물들고, 군중 속에서도 어떤 나무는 유독 순수한 주홍빛을 띠며, 그 강렬한 빛으로 멀리서도 눈길을 사로잡아 월계관을 차지한다.

붉은단풍나무 늪은 그 변화가 절정에 이르렀을 때, 내가 사는 곳에서 만질 수 있는 모든 것들 가운데 가장 찬란하다. 붉은단풍나무가 그만큼 풍부하기 때문이다. 그것은 형태와 색에서 놀라울 만큼 다양하다. 많은 나무는 단순히 노랗게 변하고, 더 많은 나무는 주홍빛을 띠며, 또 다른 나무들은 주홍에서 진홍으로 짙어지며 보통보다 훨씬 붉어진다.

소나무가 무성한 언덕 기슭, 사분의 일 마일 떨어

---

134 Acer rubrum(붉은단풍나무): 단풍나무 속(Acer)에 속하는 낙엽 활엽수. rubrum은 라틴어로 "빨간"을 뜻하며, 북미 전역에서 흔히 볼 수 있는 단풍나무로 가을에 선명한 붉은빛으로 물든다.

135 미쇼(François-André Michaux, 1770-1855): 프랑스의 식물학자. 저서 『실바(Sylva)』에서 북미의 나무들을 체계적으로 기록했다. 소로는 그가 붉은단풍나무의 가을빛을 언급하지 않았음을 지적한다.

진 곳에 소나무와 뒤섞여 있는 단풍나무 늪을 보라. 그곳에서는 잎의 불완전함을 전혀 느끼지 못한 채, 밝은 색이 주는 전체적인 효과만을 얻을 수 있다. 노란빛, 주홍빛, 진홍빛의 불꽃들이 녹색과 뒤섞이고 대조를 이루는 장관이 펼쳐진다. 어떤 단풍나무는 아직 녹색이고, 어떤 것은 개암나무 송이처럼 잎 가장자리만 노랗거나 진홍색으로 물들어 있다. 또 어떤 나무는 온통 찬란한 주홍빛으로, 잎맥을 따라 사방으로 규칙적이고 섬세하게 색이 뻗어 있다.

불규칙한 모양의 다른 나무들은, 내가 고개를 살짝 돌려 흙빛을 덜어내고 줄기 부분을 가리면, 노란빛과 주홍빛의 구름처럼, 화환 위에 화환을 얹은 듯, 혹은 바람에 흩날리며 층층이 쌓인 눈 더미처럼, 겹겹이 공중에 떠 있는 것처럼 보인다. 이 계절에 늪의 아름다움을 크게 더하는 것은, 다른 나무가 섞이지 않았다 하더라도, 그것들이 단순한 색의 덩어리로 보이지 않는다는 점이다. 나무마다 다른 색과 음영을 지니고 있어, 초승달 모양의 나무 꼭대기 윤곽이 또렷하게 드러나며, 하나가 다른 것 위에 겹쳐지는 부분이 분명히 구분된다. 그러나 화가라 하더라도 사분의 일 마일 거리에서 이토록 뚜렷하게 그리려 하지는 않을 것이다.

밝은 어느 오후, 내가 초원을 가로질러 낮은 언덕으로 향할 때였다. 태양을 정면에 두고 50로드쯤 떨어진 곳에서, 적갈빛으로 반짝이는 언덕 가장자리를 넘어 막 떠오른 단풍나무 늪의 꼭대기를 보았다. 폭은 약 20로드, 깊이는 10피트쯤 되어 보이는 띠 모양의 숲이, 어떤 꽃이나 열매, 혹은 지금까지 그려진 그 어떤 색조와도 견줄 수 없을 만큼 강렬하게 찬란한 주홍색, 주황색, 노란색으로 타오르고 있었다.

내가 앞으로 걸음을 옮기자, 풍경의 단단한 전경이자 하부 틀을 이루던 언덕 가장자리가 낮아지면서, 찬란한 숲의 깊이가 점차 드러났다. 그리고 둘러싸인 계곡 전체가 그러한 빛으로 가득 차 있다는 암시가 이어졌다.

마을의 십일조 징수원과 가장들이 이런 숲을 보러 나오지 않는 것이 오히려 이상하게 느껴졌다. 나무들이 저토록 강렬한 빛과 넘치는 활기로 무언가를 알리고 있는 것을 보고, 무슨 재앙이라도 다가오는 것은 아닌지 두려워했을지도 모른다. 나는 청교도들이 단풍나무가 주홍빛으로 타오르던 이 계절에 무엇을 했는지 알 수 없다. 분명 숲에서 예배를 드릴 수는 없었을 것이다. 아마도 그것이 그들이 집회소를 세우고, 그 주위를 마구간으로 에워싼 까닭일지도 모른다.

느릅나무

 10월 1일, 혹은 그 이후가 되면 느릅나무도 가을의 아름다움에서 절정을 맞는다. 9월의 가마에서 막 꺼낸 듯 따뜻하고 거대한 갈색빛 노란 덩어리들이 길 위로 드리워져 있다. 잎들은 완벽히 익었다. 나는 그 아래 사는 사람들의 삶에도 그에 상응하는 익음이 있는지 궁금해진다.

 느릅나무가 줄지어 선 거리를 내려다보면, 그 형태와 색채가 노랗게 익은 곡식 단을 떠올리게 한다. 마치 수확이 마을 자체에 도달한 듯하고, 마침내 사람들의 생각 속에서도 어떤 성숙과 풍미를 기대할 수 있을 것만 같다. 걷는 이들의 머리 위로 당장이라도 떨어질 듯 매달린 저 밝고 바삭한 노란 더미 아래에서, 어떻게 생각이나 행동이 미숙하거나 풋내가 날 수 있겠는가?

 대여섯 그루의 커다란 느릅나무가 한 집 위로 드리워져 있는 곳에 서면, 나는 마치 잘 익은 호박 껍질 속에 들어선 듯한 기분이 든다. 비록 다소 질기고 씨가 많을지라도, 속살처럼 부드럽고 충만한 느낌이다. 영국 느릅나무의 늦게까지 이어지는 푸르름은, 철없이 늦게 나온 오이 같아, 미국 느릅나무[136]의 이른 황금빛 성숙에 견줄 바가 못 된다.

---

136 미국 느릅나무(American Elm, Ulmus americana): 북아메리카 동부 원산의 활엽수. 도시 가로수로 흔히 심겼으며, 가을에 황금빛으로 물든다. 소로는 이를 영국 느릅나무와 대조하며 미국 자연의 성숙한 아름다움을 강조한다.

거리는 마치 거대한 추수감사제의 현장과 같다. 오직 가을의 이 가치만으로도 이 나무들을 심을 충분한 이유가 된다. 수 마일에 걸쳐 사람들의 머리와 집 위로 펼쳐진 거대한 노란 닫집 혹은 양산을 떠올려 보라. 마을 전체를 하나로 묶어주고, 동시에 사람을 길러내는 양육소 같은 느릅나무 숲을 말이다!

또한 필요할 때면, 느릅나무는 얼마나 부드럽고 눈에 띄지 않게 그 짐을 내려놓아 햇빛을 들여보내는가. 잎들은 지붕과 거리에 떨어지면서도 아무 소리 나지 않는다. 마침내 마을의 거대한 양산은 접혀 치워진다.

나는 시장 상인이 농작물을 가득 싣고 와서 느릅나무 꼭대기의 닫집 아래로—마치 거대한 곡창이나 헛간 마당으로 들어가는 것처럼—사라지는 모습을 보았다. 그때 나는 그곳이 이제 마르고 익어 껍질에서 분리될 준비가 된 생각들의 탈곡장처럼 느껴져, 그 안으로 들어가고 싶은 유혹을 받았다. 그러나 아아! 나는 그것이 주로 껍질뿐이고, 정작 알맹이인 생각은 거의 없는, 돼지 사료로나 쓰일 쭉정이 옥수수에 불과할 것임을 예견한다. 뿌린 대로 거두리라.

낙엽

 10월 6일쯤 되면, 서리나 비가 내린 뒤 잎들이 연이어 소나기처럼 쏟아져 내리기 시작한다. 그러나 가을의 절정, 곧 본격적인 낙엽의 수확은 보통 16일경이다. 그날 아침에는 우리가 지금껏 본 것보다 더 심한 서리가 내리고, 우물 펌프 밑에는 얼음이 얼어 있을 것이다. 이제 아침 바람이 불면, 잎들은 그 어느 때보다 빽빽한 소나기처럼 떨어져 내린다. 이 부드러운 공기 속에서, 심지어 바람조차 없이, 잎들은 갑자기 땅 위에 두껍게 깔려 침대나 양탄자가 된다. 그 크기와 모양은 바로 위의 나무를 꼭 빼닮았다. 작은 히코리 몇 그루는 마치 군인들이 신호에 맞춰 총을 내려놓듯, 순식간에 잎을 다 떨어뜨린 듯 보인다. 히코리 잎은 시들었으나 여전히 밝은 노란빛이라, 누운 채로도 땅 위에서 불꽃처럼 반짝인다. 가을의 지팡이가 진지하게 처음 땅을 두드리자, 사방에서 비처럼 우수수 잎들이 떨어져 내린 것이다.

 혹은, 습하고 비 오는 날이 지난 뒤에야 우리는 밤사이 얼마나 많은 잎이 떨어졌는지를 깨닫는다. 비록 그 손길이 아직 단풍나무 잎을 완전히 놓아주지는 않았을지라도 말이다. 거리는 낙엽의 전리품으로 두껍게 덮이고, 떨어진 느릅나무 잎은 우리 발밑에 짙은 갈색 포장도로를 만든다. 따뜻했던 인디언 서머의 하루나 며칠이 지난 뒤, 나는 서리도 비도 없었음에도 불구하고, 바로 그 비정상적인 더위 때문에 잎들이 떨어졌음을 깨닫는다. 강렬한 열기가 복숭아나 다른 과일을 부드럽게 익혀 떨어뜨리듯, 잎을 성숙시켜 시들게 하고 갑자기 낙하하게 한 것이다.

늦가을의 붉은단풍나무 잎은 여전히 선명하여, 종종 야생 사과처럼 노란 바탕에 진홍색 반점이 박힌 채 땅을 덮는다. 이 밝은 색채는 비가 오면 하루이틀 노 재 가지 못하지만, 여전히 눈부시다. 둑길을 따라 걷다 보면, 찬란한 옷을 벗어버리고 연기처럼 앙상해진 나무들을 만난다. 그러나 그 옷은 여전히 땅 위에 거의 본래와 같은 밝은 모습으로, 나무 위에 있을 때와 다름없이 규칙적인 형태를 이루고 있다. 나는 차라리, 영구적인 그림자처럼 땅 위에 평평히 누운 나무들을 먼저 발견한다고 말하고 싶다. 그들은 나로 하여금, 여전히 가지 위에 있는 듯한 착각 속에서 가지들을 더듬어 찾게 만든다. 여왕이라도 이 용감한 나무들이 진흙 위에 밝은 망토를 펼쳐놓은 길을 걷는 것을 자랑스러워할 만하다. 마차는 그림자나 반사 위를 달리듯 그 위를 굴러가고, 마부들은 그것을 그림자처럼 여겨 거의 신경 쓰지 않는다.

월귤나무와 다른 관목, 나무 위의 새 둥지들은 이미 시든 잎으로 채워지고 있다. 숲에는 너무 많은 잎이 쌓여, 다람쥐가 떨어지는 견과류를 쫓아 달려도 소리를 내지 못할 정도다. 아이들은 그저 깨끗하고 바삭한 낙엽을 만지는 즐거움 때문에 거리를 쓸어 모은다. 어떤 이들은 길을 정성껏 쓸어내고는, 다음 바람이 새로운 전리품으로 길을 다시 덮을 때까지 서서 지켜본다. 늪 바닥은 두껍게 덮여, 그 사이에서 석송은 더욱 푸르게 빛난다. 빽빽한 숲에서는 길이 서너 로드 되는 연못이 낙엽으로 반쯤 덮인다. 며칠 전, 나는 익히 알던 샘을 거의 찾을 수 없어 말라버렸다고 의심했는데, 그것이 낙엽으로 완전히 가려져 있었기 때문이다. 잎들을 쓸어내어 물줄기를 드러내자, 마치 아론의 지팡이가 땅을 쳐 새로운 샘을 솟게 한 것 같았다. 늪 가장자리의 젖은 땅은 낙엽으로 덮여 마른 듯 보였다. 그러나 내가 한 늪을 측량하던 중, 난간에서 낙엽으로 덮인 기슭을 밟으려다 1피트 이상 깊이의 물에 빠진 적이 있다.

주된 낙엽이 떨어진 다음 날인 16일, 강가에 가면, 내 배가 정박해 있는 황금버드나무 아래 좌석과 바닥이 잎으로 가득 덮여 있는 것을 발견한다. 나는 바삭거리는 잎들을 밟으며 항해를 시작한다. 내일이면 다시 가득할 것을 알기에, 그것들을 쓰레기라 여기지 않고 내 마차 바닥에 깔 매트나 짚으로 받아들인다. 아사벳강 어귀로 들어서면, 넓은 잎사귀 함대가 수면 위를 떠다닌다. 마치 바다로 나아가며 방향을 바꿀 여유를 가진 것처럼. 그러나 조금 상류의 강가에서는 오리나무, 단추나무, 단풍나무 아래와 사이에서 폭 1로드에 걸쳐 거품보다 두껍게 물을 완전히 가리고 있다. 이 낙엽들은 여전히 가볍고 마르며, 섬유질도 풀리지 않았다. 아침 바람에 막혀 굽이진 바위 물굽이에서는 강을 가로질러 넓고 빽빽한 초승달 모양을 만들기도 한다. 내가 뱃머리를 그쪽으로 돌려 물결로 잎들을 밀어낼 때, 이 마른 물질들이 서로 스치는 유쾌한 바삭거림을 들어보라! 종종 그 움직임이 아래의 물을 드러낸다. 강가의 숲거북도 그 바삭거림으로 움직임이 드러난다. 심지어 강 한가운데에서도, 바람이 불면 잎들이 바삭거리며 날린다. 더 상류로 올라가면, 잎들은 소용돌이 속에서 천천히 빙빙 돈다. 깊고 급류가 강둑을 깎아 들어가는 곳, '기운 측백나무' 근처에서처럼 말이다.

이런 날 오후, 물이 완벽히 고요하고 반사로 가득 찼을 때, 나는 본류를 따라 노를 저어 내려가다가 아사벳강의 고요한 후미로 접어들었다. 그곳에서 나는 예기치 않게 수많은 잎들에 둘러싸인 나 자신을 발견했다. 그것들은 마치 동료 항해자들처럼, 나와 같은 목적, 혹은 아무 목적도 없는 듯 떠다니고 있었다. 이 잔잔한 강어귀에서, 흩어진 잎사귀 배들의 거대한 함대를 보라! 각각의 잎은 태양의 손길로 사방이 말려 올라가, 잎맥은 단단한 가문비나무 뿌리처럼 굳어져 있었다. 그것들은 작은 가죽배 같고, 온갖 모양을 하고 있었으며, 아마 카론의 배도 그 사이에 있을 것이다. 어떤 것은 고대의 위풍당당한 배처럼 높은 뱃머리와 선미를 지녔고, 느린 물살 속에서 거의 움직이지 않았다. 그것은 마치 우리가 모두 함께 어떤 거대한 시장, 뉴욕이나 광저우와 같은 곳으로 들어서며 뒤섞이는 거대한 함대 같았다. 각각의 잎은 얼마나 부드럽게 물 위에 놓여 있는가! 그 진수식에는 두근거림이 있었을지 모르지만, 아직 어떤 폭력도 그들에게 닿지 않았다. 화려한 원앙 같은 오리들은 종종 이 다채로운 잎들 사이를 오가며 항해한다. 훨씬 더 고귀한 배들이다.

이제 늪에서는 얼마나 건강한 약초차가 끓어날 수 있는가! 썩어가는 잎들은 강한 약효를 지닌 향기를 풍긴다. 갓 마른 약초와 잎 위에 비가 내려, 깨끗하고 뻣뻣하게 떨어진 웅덩이와 도랑을 채우면, 곧 차로 바뀌는 것이다. 온갖 농도의 녹차, 홍차, 갈색차, 노란차가 우러나와, 자연 전체가 수다를 떠는 듯하다. 우리가 그것을 마시든 마시지 않든, 그 효능이 스며 나기 전에, 위대한 자연의 구리 솥에서 말린 이 잎들은 이미 동양차의 명성을 빚어낼 만큼 다양하고 순수하며 섬세한 빛깔을 품고 있다.

참나무, 단풍나무, 밤나무, 자작나무, 그 외의 모든 나무가 뒤섞여도 자연은 전혀 혼란스럽지 않다. 그녀는 완벽한 농부다. 그녀는 이 모든 것을 저장한다. 해마다 얼마나 방대한 수확이 땅 위에 뿌려지는가! 이것은 단순한 곡물이나 씨앗보다 더 위대한 수확이다. 나무들은 자신들이 땅에서 얻어간 것을 이자 붙여 돌려준다. 그들은 토양에 잎 한 겹 두께를 더하려 한다. 이것이 자연이 거름을 마련하는 아름다운 방식이다. 우리가 유황 값과 운송비에 대해 흥정하는 동안, 자연은 이미 그 일을 해낸다. 우리는 모두 그들의 쇠락으로 더 풍요로워진다. 나는 영국 잔디나 옥수수보다 이 작물에 더 관심이 있다. 그것은 미래의 옥수수밭과 숲을 위한 처녀지를 준비하며, 그 위에서 대지는 살찐다. 이것이야말로 우리의 농가를 선한 마음으로 지탱하는 힘이다.

아름다운 다양성에 있어 이 수확과 견줄 만한 작물은 없다. 단순한 노란빛 곡식만이 아니라, 우리가 아는 거의 모든 색이 모여 있다. 일찍 붉어지는 단풍나무, 죄를 주홍빛으로 불태우는 독옻나무, 뽕나무 같은 물푸레, 포플러의 황금빛, 언덕을 붉게 칠하는 월귤나무. 서리가 그것들을 스치면, 돌아오는 날의 희미한 숨결이나 지축의 미세한 흔들림에도, 보라! 어떤 소나기로 그것들이 떠내려오는가! 땅은 그들로 알록달록하다. 그러나 그것들은 여전히 토양 속에서 살아, 땅을 비옥하게 하고 부피를 늘리며, 다시 솟아나는 숲 속에서 산다. 그들은 더 높이 오르기 위해 몸을 굽힌다. 세월이 흘러 화학적 변화를 거쳐 나무 수액을 타고 오르고, 그렇게 뿌려진 어린나무의 첫 열매는 훗날 숲의 군주가 되었을 때 왕관을 장식할지도 모른다.

신선하고 바삭거리는 잎들의 침대를 걷는 것은 즐겁다. 얼마나 아름답게 그들은 무덤으로 향하는가! 얼마나 부드럽게 스스로를 눕히고 흙으로 스미는가! 천 가지 빛깔로 채색되어, 살아 있는 우리들의 침대가 되기에 알맞다. 그렇게 그들은 가볍고 활기차게 마지막 안식처로 향한다. 그들은 상복을 입지 않고, 즐겁게 땅 위를 뛰어다니며, 자리를 고르고 구획을 정하며, 숲 전체에 그것을 속삭인다. 어떤 것들은 사람의 시체가 썩어가는 곳을 골라 그들과 중간에서 만난다. 무덤에서 조용히 눕기 전, 얼마나 많은 설렘이 있는가! 한때 저 높이 치솟았던 존재들이, 이제는 만족스럽게 흙으로 돌아가, 나무 발치에 겸손히 누워 썩음을 감수하고, 새로운 세대의 동족을 기르는 양분이 된다. 그들은 우리에게 어떻게 죽어야 하는지를 가르쳐준다. 과연 불멸에 대한 자랑스러운 믿음을 가진 인간이, 그들처럼 우아하게, 무르익어, 인디언 서머의 평온 속에서 머리칼과 손톱을 버리듯 몸을 버리는 날이 올 수 있을까?

잎이 떨어지면, 온 땅은 걷기에 즐거운 거대한 묘지가 된다. 나는 이 무덤 위를 거닐며 사색하는 것을 사랑한다. 여기에는 거짓되거나 허황된 묘비명은 없다. 마운트 오번 묘지[137]에 당신의 묘가 없더라도 무슨 상관인가? 당신의 몫은 이미 오래전부터 신성하게 여겨져 온 이 광대한 묘지 어딘가에 정해져 있다. 경매에 참석해 자리를 확보할 필요가 없다. 이곳에는 충분한 공간이 있다. 당신의 뼈 위에는 좁쌀풀이 피고, 월귤나무새가 노래할 것이다. 나무꾼과 사냥꾼이 묘지기가 되고, 아이들은 마음껏 그 경계를 밟고 다닐 것이다. 낙엽의 묘지를 걸어보라. 이것이 바로 당신의 진정한 그린우드 묘지다.

---

137 마운트 오번 묘지(Mount Auburn Cemetery): 매사추세츠주 케임브리지 인근에 있는 미국 최초의 정원식 공동묘지(1831년 설립). 당시 가장 유명한 묘지로, 자연과 조화를 이룬 안식처의 상징이었다.

설탕단풍나무

 그러나 한 해의 화려함이 이미 끝났다고 생각하지 말라. 잎 하나가 여름을 만들지 않듯, 떨어지는 잎 하나가 가을을 끝내는 것도 아니기 때문이다. 우리 거리의 가장 작은 설탕단풍나무들은 10월 5일경이면 다른 어떤 나무보다도 더 눈부신 모습을 드러낸다. 메인 스트리트를 올려다보면, 그것들은 집 앞에 서 있는 화려한 병풍처럼 보인다. 그러나 많은 나무는 아직 녹색이다. 하지만 지금, 혹은 보통 10월 17일쯤 되면, 거의 모든 붉은단풍나무와 일부 흰단풍나무가 앙상해질 때, 큰 설탕단풍나무들은 노란색과 붉은색으로 불타며 절정의 영광을 맞는다. 그들은 예상치 못할 만큼 밝고 섬세한 빛깔을 드러낸다. 종종 한쪽은 짙은 붉은빛, 다른 쪽은 녹색으로 남아 뚜렷한 대조를 이루기도 한다. 마침내 그 나무들은 노출된 표면이 짙은 주홍빛 홍조로 물들고, 풍부한 노란색의 빽빽한 덩어리로 변한다. 지금 거리에서 가장 눈부신 나무들이다.

 우리 공유지에 서 있는 큰 나무들은 특히 아름답다. 섬세하지만 황금빛보다 따뜻한 노란색이 주조를 이루며, 주홍빛 뺨을 하고 있다. 그러나 해가 지기 직전 공유지 동쪽에 서서 서쪽 빛이 나무들을 비추는 순간, 나는 그 노란색조차도 바로 옆 느릅나무의 창백한 레몬빛과 비교하면, 밝은 주홍 부분을 제외하고도 오히려 주홍색에 가깝다는 것을 본다. 대체로 그들은 노란색과 주홍색이 거대하고 규칙적인 타원형 덩어리를 이룬다. 계절의 모든 햇살과 인디언 서머의 따스함이 그 잎 속에 고스란히 흡수된 듯하다. 줄기 가까이, 가장 낮고 안쪽에 자리한 잎들은 집안에 머문 젊은이들의 얼굴빛처럼 섬세한 노란색과 연녹색을 띤다. 오늘 공유지에서 열리는 경매장의 붉은 깃발은, 이 불꽃 같은 색채 속에서는 쉽게 눈에 띄지 않는다.

마을의 원로들이 저 멀리 시골에서 곧게 뻗은 장대들을 가져다 심고 그것을 설탕단풍나무라 불렀을 때, 이토록 찬란한 성공을 예견하지는 못했을 것이다. 내 기억에, 그것들이 처음 심어졌을 무렵 이웃 가게 점원이 장난삼아 그 주위에 콩을 심었다. 당시에는 그저 '콩 지지대'라 불리던 이 나무들이, 오늘날 우리 거리에서 가장 눈에 띄는 아름다운 대상이 되었다. 그것들의 가치는 비용을 훨씬 초과한다. 비록 한 행정위원이 나무를 심다 감기에 걸려 목숨을 잃는 일도 있었지만, 이 나무들은 수많은 10월 동안 아이들의 눈을 풍요롭게 채워주었다. 우리는 가을에 이토록 장관을 선사하는 나무들에게, 봄에 설탕까지 달라고 요구하지 않을 것이다. 집안의 재산은 소수가 독점할지 몰라도, 공유지의 설탕단풍나무는 마을 아이들 모두에게 똑같이 황금빛 수확을 나누어준다.

분명히, 나무는 10월의 화려함을 고려해 거리에 심어져야 한다. '나무 협회'가 이를 충분히 고려하는지는 의문이지만 말이다. 아이들이 단풍나무 아래에서 자라난다는 사실이 그들의 삶에 어떤 차이를 만들지 않겠는가? 수백 쌍의 눈이 이 색채를 끊임없이 들이마시며, 무단결석생조차 나무 아래 발을 내딛는 순간 교육을 받는다. 실제로 학교에서 아이들은 색을 배우지 않는다. 그러나 거리의 단풍나무가 약국과 상점 진열장의 자리를 대신해 더 풍요로운 색을 가르친다.

우리 거리에 붉은단풍나무와 히코리가 더 많지 않은 것은 안타깝다. 우리의 물감 상자는 충분히 채워져 있지 않다. 그러나 우리는 젊은이들에게, 그들이 어디에서도 얻을 수 없는, 자연의 색을 제공할 수 있다. 어떤 디자인 학교가 이런 교육과 경쟁할 수 있겠는가? 화가, 직물과 종이 제조업자, 염색가들 모두가 이 가을 색채에서 배워야 할 것이다. 문구점의 봉투가 아무리 다양한 색조를 갖더라도, 한 그루 나무의 잎이 지닌 다양성에는 미치지 못한다. 잎들은 무한히 다양한 강도의 빛 속에서 물들어 굳고 말라, 하나의 완전한 팔레트가 된다.

그런데 왜 우리의 색 이름이 여전히 나폴리 옐로, 프러시안 블루, 로 시에나, 번트 엄버, 갬부지처럼 잘 알려지지 않은 외국 지명에서 유래해야 하는가? 티리언 퍼플은 이미 빛이 바랬다. 왜 초콜릿, 레몬, 커피, 시나몬, 클라렛 같은 사소한 상품에서 이름을 가져와야 하는가? 왜 거의 본 적도 없는 광석이나 산화물에서 색 이름을 찾아야 하는가? 우리는 발밑에 흙이 있고 머리 위에 하늘이 있다. 그런데도, 사파이어, 자수정, 에메랄드, 루비, 호박 같은 보석의 이름을 색으로 부르면서 정작 그 본질에 대해서는 아무것도 모른다. 그런 이름들은 수집가나 귀족, 이국의 왕후侯들에게 맡겨두라. 아메리카 대륙과 그 가을 숲이 발견된 이래, 왜 우리의 잎들이 색 이름을 부여하는 데 보석과 경쟁하지 못하겠는가? 나는 시간이 흐르면, 꽃뿐 아니라 나무와 관목의 이름들도 우리 대중적인 색채 명명법에 들어가리라 믿는다.

그러나 색 이름이나 구별보다 더 중요한 것은 이 채색된 잎들이 불러일으키는 기쁨이다. 이미 거리 곳곳의 찬란한 나무들은, 더 이상의 다양성이 없어도, 연례 축제나 휴일 못지않은 환희를 준다. 이 축제는 비용도, 도박도, 술꾼도 필요 없고, 경찰이 평화를 지킬 필요도 없다. 모두가 함께 기념할 수 있는 값싸고 순수한 축제다. 단풍나무가 없는 마을의 10월은 가난하기 그지없다. 이 10월의 축제는 화약도 종소리도 필요 없지만, 나무들은 수천 개의 깃발을 휘날리며 살아 있는 자유의 기둥이 된다.

우리는 매년 가축 박람회, 가을 훈련, 9월 법정까지도 연다. 그러나 자연은 그보다 더 위대한 박람회를 매해 10월마다 모든 거리, 모든 골짜기, 모든 언덕 비탈에서 열고 있다. 불타는 붉은단풍나무 늪을 바라볼 때, 나는 그 아래에서 전설 속의 파우누스나 사티로스, 나무 요정들이 돌아와 축제를 벌이고 있는 듯한 환영을 본다. 혹은 지친 나무꾼들이 모여 있는 것처럼 보이기도 한다. 그러나 분명한 것은, 인간의 정신 또한 자연만큼이나 고양되어야 하고, 그 깃발을 내걸어야 한다는 사실이다. 그의 일상은 이런 기쁨과 환희로 중단될 필요가 있다.

어떤 군사 훈련이나 축제도 10월의 화려함과는 비교할 수 없다. 우리는 단지 나무를 심고 내버려 두면 된다. 자연은 그 위에 채색된 휘장을 입힌다. 그 깃발은 식물학자조차 읽기 어려운 언어로 쓰여 있다. 우리는 느릅나무의 개선 아치 아래를 걷는다. 이웃 주와 같은 날이든 아니든, 축제의 날짜는 자연이 정한다. 성직자들은 그 선언문을 읽을 수 있다면 읽으면 될 것이다. 덩굴이 드리운 휘장의 찬란함을 보라. 이 것은 어떤 상인의 기여가 아니라, 자연의 선물이다. 런던에 널리 퍼진 담쟁이덩굴조차 이와 견줄 수 없다. 그러니 나는 말한다. 단풍나무와 히코리, 주홍참나무를 더 심자. 마음껏 불타게 하자. 총기 보관소의 낡은 깃발 뭉치가 마을이 전시할 수 있는 전부란 말인가?

마을은 계절을 알리는 나무들이 없으면 불완전하다. 그 나무들은 마을 시계처럼 중요하다. 그 나무들이 없으면 마을은 나사가 풀린 듯, 필수 부품이 빠진 듯 작동하지 않는다. 봄에는 버드나무, 여름에는 느릅나무, 가을에는 단풍나무와 호두나무, 투펠로, 겨울에는 상록수, 그리고 모든 계절에는 참나무를 갖자. 집 안의 화랑이, 모든 이가 오가는 거리의 화랑에 비할 수 있겠는가? 우리나라에서 가장 값진 그림 화랑은, 메인 스트리트 느릅나무 사이로 바라보는 일몰의 서쪽 풍경이다. 가장 큰 나무들만큼 크고, 3마일이나 이어진 느릅나무 가로수는, 그 끝이 어디든, 어떤 훌륭한 곳으로 이어지는 듯 보일 것이다.

마을은 우울과 미신을 막기 위해 이 밝고 활기찬 전망을 필요로 한다. 나에게 두 마을을 보여주라. 하나는 나무들로 둘러싸여 10월의 영광으로 불타는 곳, 다른 하나는 황량하고 나무조차 드문 곳. 나는 후자에서 굶주린 종교인들과 절망적인 술꾼들을 발견할 것이다. 그들의 집과 무덤은 황폐하고, 그들의 교리는 음울하다. 그러나 나무들이 있는 마을은 다르다. 그곳은 생명이 넘치고 기쁨이 깃든다.

그러나 단풍나무로 돌아가자. 만약 우리가 그것들을 심는 데 들이는 노력의 절반만이라도 보호에 쓴다면 어떨까? 아이들의 말을 어리석게 달리아 줄기에 묶지 않는다면 말이다. 교회 앞에 세워진 이 살아 있는 기관은 수리도, 재도색도 필요 없다. 스스로 자라며 확장하고 스스로 수리된다. 아버지들이 이 기관을 세웠을 때, 그들은 의도보다 더 잘 행한 것이다.

"슬픈 진실성 속에서 일했네.
신으로부터 스스로를 자유롭게 할 수 없었네.
그들은 아는 것보다 더 잘 심었네.
의식 있는 나무들은 아름답게 자랐네."

진실로, 단풍나무는 값싼 설교자들이다. 그들은 반세기, 한 세기, 아니 한 세기 반 동안 설교를 멈추지 않는다. 해가 갈수록 그 영향력은 커지고, 여러 세대의 사람들을 섬긴다. 우리가 할 수 있는 최소한의 일은, 그들이 늙어갈 때 적절한 동료들을 더해주는 것이다.

주홍참나무

 주홍참나무는 아름다운 잎 모양으로 유명한 참나무 속에 속하는데, 나는 그 잎 가운데 몇몇이 지닌 풍부하고 야성적인 윤곽의 아름다움이 다른 모든 참나무 잎을 능가한다고 생각한다. 이는 내가 열두 종의 참나무와 직접 교유한 경험, 그리고 여러 다른 종의 그림을 본 기억을 통해 내린 판단이다.

 이 나무 아래 서서, 잎들이 하늘을 배경으로 얼마나 섬세하게 잘려 있는지 보라. 마치 중심맥에서 몇 개의 날카로운 끝이 뻗어 나온 것 같다. 그것들은 이중, 삼중, 혹은 사중의 십자가처럼 보인다. 덜 깊이 갈라진 참나무 잎들보다 훨씬 더 신비롭다. 잎의 살은 너무 얇아 빛 속에서 녹아 사라지는 듯하고, 우리의 시야를 거의 가리지 않는다. 아주 어린 나무의 잎은 다른 종의 다 자란 잎처럼 윤곽이 온전하고 단순하며 뭉툭하다. 그러나 오래된 큰 나무에 달린 잎들은 마침내 '잎의 문제'를 풀어냈다. 해마다 조금씩 흙의 기운을 벗고 점점 더 높이 들어 올려지며, 빛과 친밀해져 최소한의 물질로 최대한의 하늘의 영향을 받아 펼쳐진다. 거기서 잎들은 빛과 팔짱을 끼고 춤을 춘다. 환상적인 끝을 가볍게 흔들며, 공중의 무도회에서 어울리는 파트너가 된다. 빛과 너무도 친밀하게 섞여, 그 가느다란 선과 윤기 나는 표면 속에서 춤추다 보면 무엇이 잎이고 무엇이 빛인지 거의 구별할 수 없게 된다. 바람조차 없는 순간, 그것들은 숲의 창문에 수놓인 정교한 장식무늬처럼 보일 뿐이다.

한 달 뒤, 그것들이 숲 바닥에 두껍게 내려앉아 내 발밑에 겹겹이 쌓였을 때, 나는 다시 그 아름다움에 놀란다. 위쪽은 갈색이지만 뒤집히면 보랏빛이다. 좁은 잎살과 중앙까지 깊숙이 들어간 대담한 물결 모양은 창조가 값싼 재료로 이루어진 것인지, 아니면 사치스럽게 많은 공을 들인 것인지 묘하게 이중적인 인상을 준다. 너무 많은 부분이 잘려 나간 듯 보이기도 하고, 거푸집에서 찍어내고 남은 잔재 같기도 하다. 실제로 그렇게 겹쳐진 모습은 양철 조각 더미를 떠올리게 한다.

잎 하나를 집으로 가져와 난롯가에서 자세히 살펴보라. 그것은 어떤 옥스퍼드 활자체도, 바스크어[138]나 설형 문자[139]도, 로제타석[140]의 비문도 아니지만, 돌에 새겨 후세에 남길 하나의 전형 같은 모양새다. 얼마나 야성적이고 즐거운 윤곽인가. 우아한 곡선과 각도가 어우러진 조화다. 눈은 잎이 없는 빈 공간과 잎살이 남은 부분, 넓고 자유롭게 열린 만입부와 길고 날카로운 엽편 양쪽 모두에 똑같이 머문다. 잎 끝들을 연결하면 단순한 타원형 윤곽이 될 터이지만, 여섯 겹의 깊은 물결 덕에 눈과 생각이 잠길 만큼 한결

---

138 바스크어(Basque language) : 스페인과 프랑스 접경지 바스크 지방에서 쓰이는 고립 언어. 인도유럽어족과 관련이 없다.

139 설형 문자(Cuneiform) : 메소포타미아 지역에서 점토판에 새겨 쓰던 쐐기 모양의 고대 문자.

140 로제타석(Rosetta Stone) : 1799년 이집트에서 발견된 석비. 상형 문자 해독의 열쇠가 된 고대 기록물.

풍요롭다. 내가 그림을 가르치는 선생이라면, 제자들에게 이 잎을 베끼게 하여 견고하면서도 우아한 선을 그리는 법을 배우게 했을 것이다.

물을 닮았다고 한다면, 그것은 여섯 개의 넓고 둥근 곳이 거의 중앙까지 뻗어 있는 하나의 연못과도 같다. 양쪽에서 절반씩 나뉘어 있고, 그 물의 만은 날카로운 해협처럼 내륙 깊숙이 파고든다. 각 만의 머리마다 여러 개의 가느다란 시내가 흘러들어, 마치 잎사귀로 된 작은 군도를 이루는 듯하다.

그러나 이 잎은 더 자주 땅을 떠올리게 한다. 디오니시우스[141]와 플리니우스[142]가 모레아[143] 반도의 형태를 동양 플라타너스[144] 잎의 모양에 비유했듯, 나에게 이 잎은 바다 위에 떠 있는 야생의 아름다운 섬을 떠올리게 한다. 광활한 해안, 매끄럽게 이어지는 둥근 만, 그 사이사이로 솟은 날카로운 바위 곶들이 번갈아 나타난다. 그것은 인간의 거주에 알맞고, 언젠가 문명의 중심지가 될 운명을 지닌 듯하다. 선원의 눈으로 본다면, 이 잎은 굴곡이 심한 해안을 닮았다. 아니, 실은 바람 몰아치는 파도가 끊임없이 부딪히는

---

141 디오니시우스(Dionysius) : 고대 그리스의 지리학자 혹은 역사가. 지형을 묘사할 때 종종 자연물의 비유를 사용했다.

142 플리니우스(Pliny) : 로마의 박물학자 플리니우스 대(大). 『박물지』에서 자연과 지리에 대해 방대한 기록을 남겼다.

143 모레아(Morea) : 그리스 펠로폰네소스 반도의 옛 명칭. 고대와 중세 문헌에서 사용되었다.

144 동양 플라타너스(Platanus orientalis) : 남동 유럽과 서아시아 원산의 큰 활엽수. 넓게 갈라진 잎으로 유명하다.

공중의 바다에 대한 해안이 아닌가. 이 잎을 바라보는 순간 우리는 모두 선원이 된다. 바이킹이든, 해적이든, 아니면 필리버스터[145]가 아니더라도, 우리의 쉼을 향한 사랑과 모험의 열정을 동시에 자극한다. 무심히 보는 이조차도 생각할 것이다. 저 날카로운 곶들만 무사히 돌아 나가면, 저 너른 만 속에 깊고 잔잔하며 안전한 항구가 있으리라고.

둥근 곶을 지닌 흰참나무 잎과는 얼마나 다른가! 그곳에는 등대가 필요 없다. 이미 오래도록 이어져 온 시민의 역사를 지닌 영국과 같다. 그러나 주홍참나무 잎은 정착되지 않은 뉴펀들랜드[146]의 섬이나 셀레베스[147]의 땅 같다. 어쩌면 우리가 찾아가 그곳의 라자[148]가 될 수도 있지 않겠는가?

10월 26일이 되면 큰 주홍참나무들이 절정에 이른다. 다른 참나무들은 이미 시들어가는 때다. 지난 일주일 동안 은은히 불씨를 지펴오던 그들은, 이제는 불꽃처럼 터져 오른다. 토종 낙엽수 가운데, 이 시기에 영광의 빛을 온전히 드러내는 것은 이 나무뿐이다. (내가 아는 한, 대여섯 그루밖에 없는 층층나무를

---

145 필리버스터(Filibuster) : 원래 '해적, 약탈자'를 뜻하는 말. 19세기에는 중남미에 불법 군사 활동을 벌이던 모험가들을 지칭하기도 했다.

146 뉴펀들랜드(Newfoundland) : 캐나다 동부의 대서양 섬. 개척 초기의 미개지와 새로이 정착할 땅의 은유로 쓰임.

147 셀레베스(Celebes) : 오늘날 인도네시아의 술라웨시 섬 옛 이름. 당시 서구에선 미지의 이국적 섬으로 인식됨.

148 라자(Raja) : 인도 및 동남아 지역의 군주나 지배자를 뜻하는 말. 여기서는 '새로운 땅의 지배자'라는 비유적 표현.

제외하면 그것들도 겨우 큰 관목일 뿐이다.) 날짜상으로는 두 사시나무[149]와 설탕단풍나무[150]가 가장 가까우나, 그들은 이미 잎의 대부분을 잃었다. 상록수 가운데서는 리기다소나무[151]만이 여전히 보통 이상의 빛을 간직하고 있다.

그러나 주홍참나무의 영광을 온전히 느끼기 위해서는, 비록 헌신까지는 아니더라도, 특별한 민첩함이 필요하다. 늦고도 뜻밖의 이 찬란함은 숲 곳곳에 널리 퍼져 있지만, 아무렇게나 눈에 들어오지는 않는다. 내가 여기서 말하는 것은 흔히 눈길을 끌지만 이미 시든 작은 나무나 관목이 아니라, 커다란 나무들이다. 그러나 사람들은 대부분 집 안으로 들어가 문을 닫고, 황량하고 무채색의 11월이 이미 시작되었다고 여긴다. 정작 가장 찬란하고 오래 기억될 빛은 아직 불붙지도 않았는데 말이다.

12일만 해도 완전히 윤기 나는 녹색이던, 열린 목초지에 홀로 서 있던 높이 40피트에 달하는 이 활기찬 나무가, 26일에는 전혀 다른 존재로 변한다. 이제는 모든 잎이 태양과 당신 사이에서 주홍빛 염료에 담갔다가 막 꺼낸 듯 밝은 붉은색으로 물들었다. 나무 전체가 색깔뿐 아니라 형태까지 심장을 닮았다.

---

149 사시나무(Populus tremula 등) : 떨기 쉬운 잎으로 유명한 포플러류 낙엽수.

150 설탕단풍나무(Sugar Maple, 학명: Acer saccharum) : 단풍당을 채취할 수 있는 북미 원산의 단풍나무.

151 리기다소나무(Pinus rigida) : 동부 북아메리카 원산의 소나무. 척박한 땅에서도 잘 자라는 상록 침엽수.

기다림은 헛되지 않았다. 열흘 전만 해도 차갑게 푸르른 그 나무가 이런 빛으로 변하리라고는 감히 생각하지 못했을 것이다. 다른 나무들의 잎은 떨어져 땅을 덮었는데, 이 잎들은 여전히 단단히 붙어 있다. 그것은 마치 이렇게 말하는 듯하다.

"나는 마지막으로 붉어지지만, 누구보다 깊이 붉어진다. 나는 붉은 코트를 걸치고 후미를 지킨다. 우리 주홍참나무들만이 아직 싸움을 포기하지 않았다."

수액은 지금도, 그리고 11월 깊숙한 시기까지, 봄의 단풍나무처럼 이 나무들에서 종종 빠르게 흐른다. 대부분의 다른 참나무들이 이미 시든 지금, 주홍참나무의 밝은 빛깔은 이 현상과 맞닿아 있는 듯하다. 그들은 여전히 생명으로 충만하다. 내 칼끝으로 줄기를 두드려보니, 이 강한 참나무의 와인은 기분 좋게 떫으면서도 도토리 같은 맛을 띠고 있었다.

너비 4분의 1마일쯤 되는 삼림 계곡을 가로질러 바라보면, 소나무 숲 사이에 솟은 주홍참나무들이 얼마나 풍요로운가! 그들의 붉은 가지들이 소나무와 친밀하게 얽혀 있어, 마치 소나무 가지들이 붉은 꽃잎을 떠받치는 녹색 꽃받침이라도 되는 듯 완전한 효과를 이룬다. 혹은 숲 속 길을 걸어갈 때, 길 끝으로 스며드는 햇빛이 양옆의 소나무 녹색과 참나무 붉은빛 텐트를 함께 비추면, 눈앞에 화려한 장면이 펼쳐진다. 대조를 이루는 상록수가 없다면 가을의 색은 제 빛을 잃고 말 것이다.

주홍참나무는 맑은 하늘과 늦가을의 밝은 햇살을

요구한다. 그 빛이야말로 색을 불러낸다. 태양이 구름 속으로 숨어버리면, 그들은 비교적 희미해진다. 내가 마을 남서쪽 절벽에 앉아 있을 때, 낮아진 태양이 남쪽과 동쪽의 링컨 숲[152]을 수평으로 비추자, 숲 곳곳에 흩어진 주홍참나무들이 내가 믿었던 것보다 훨씬 찬란한 붉은빛을 드러냈다. 그 방향에서 보이는 이 종의 나무들은, 지평선 끝에 이르기까지 모두 뚜렷하게 붉게 타올랐다.

몇몇 거대한 나무들은 마을 너머 숲 위로 붉은 등을 높이 들어 올려, 수많은 꽃잎을 겹겹이 지닌 거대한 장미처럼 보였다. 동쪽 소나무 언덕의 작은 흰소나무 숲 사이에서도, 더 가늘고 긴 참나무들이 숲 가장자리의 소나무들과 번갈아 서서 붉은 코트[153]로 어깨를 밀치듯 서 있었다. 마치 녹색 옷을 입은 사냥꾼들 틈에 붉은 옷의 군인들이 줄지어 선 것 같았다. 이번에는 숲 전체가 링컨 그린[154]이 된 셈이었다.

해가 더 낮아지기 전까지, 나는 숲의 군대에 이렇게 많은 붉은 코트가 있다는 사실을 믿지 못했다. 그들의 빛은 강렬하게 불타올라, 한 걸음 다가설 때마다 그 강도가 줄어드는 듯 보였다. 잎사귀 사이의 그늘이 이 거리에서는 드러나지 않기에, 모두가 만장일

---

152 링컨 숲(Lincoln Woods) : 매사추세츠주 콩코드 인근 링컨 지역의 숲.

153 붉은 코트(Redcoats) : 영국군의 상징적 군복. 여기서는 붉게 물든 참나무를 군인에 비유한 표현.

154 링컨 그린(Lincoln Green) : 잉글랜드 링컨 지방에서 유래한 녹색 염색 옷감. 로빈 후드 전설에서 녹색 사냥꾼 복장으로 유명.

치로 붉었기 때문이다. 그들의 반사된 빛은 멀리 대기 속 어딘가에서 초점을 이루고 있었다.

이런 나무들은 말하자면 붉은빛의 핵이었다. 저무는 해와 함께 그 색이 자라고, 더욱 찬란히 빛났다. 그것은 스스로의 힘만이 아니라 태양으로부터 빌려 온 불이었고, 보는 이의 눈으로 오는 길에 힘을 모았다. 처음엔 불쏘시개 같은 흐릿한 붉은 잎 몇 장에 불과했지만, 그것은 점점 강렬한 주홍빛 안개로, 마침내는 활활 타오르는 불길로 변해, 대기 속에서 스스로 연료를 끌어모았다. 붉은빛은 이토록 생기 넘쳤다. 심지어 평범한 난간조차 이 시간과 계절에는 장밋빛을 반사하고 있었다. 당신은 존재하지도 않는 것보다 더 붉은 나무를 보게 되는 것이다.

만약 주홍참나무를 세고 싶다면, 지금 하라. 맑은 날, 태양이 하늘에 한 시간쯤 떠 있을 때 숲 속 언덕 꼭대기에 서면, 서쪽을 제외한 시야 안의 모든 나무가 뚜렷하게 드러날 것이다. 그렇지 않다면, 설령 므두셀라[155]의 나이만큼 산다 해도 그 십분의 일도 보지 못할 것이다. 그러나 때로는 어두운 날에도, 나는 그것들이 내가 본 것 중 가장 밝다고 생각했다. 서쪽을 바라볼 때, 그들의 색은 빛의 불꽃 속에서 사라진다. 그러나 다른 방향으로 눈을 돌리면 숲 전체가 꽃밭이 되어, 늦은 장미들이 녹색과 번갈아 불타오른다. 반

---

[155] 므두셀라(Methuselah) : 구약성경에 등장하는 인물로, 969세까지 살았다고 전해지는 가장 장수한 인물.

면, 이른바 '정원사들[156]'은 여전히 땅 위에서 삽과 물 뿌리개를 들고 시든 잎 사이의 작은 과꽃 몇 송이만 어루만질 뿐이다.

이것들이야말로 나의 중국 과꽃[157], 나의 늦은 정원의 꽃이다. 이 정원에는 정원사를 두는 데 비용이 들지 않는다. 숲 전체에 떨어진 낙엽이 스스로 내 식물의 뿌리를 보호해주고 있기 때문이다. 단지 눈을 들어 바라보기만 하면, 마당 흙을 깊게 파지 않고도 충분히 넓은 정원을 얻을 수 있다. 시야를 조금만 높이면, 숲 전체가 하나의 정원으로 드러난다. 주홍참나무의 개화, 곧 숲의 꽃은 화려함에서 모든 것을 능가한다. 적어도 단풍나무 이후로는 말이다. 나는 심지어 그것들이 단풍나무보다도 더 흥미롭다고 생각한다. 그들은 숲 전체에 넓고 고르게 흩어져 있으며, 매우 강건하고, 전체적으로 더욱 고귀한 나무다.

그들은 11월의 주된 꽃으로, 겨울의 접근을 함께 견디며 초겨울 풍경에 따스함을 불어넣는다. 계절의 마지막 밝은 색이 이 깊고 어두운 주홍빛과 붉은빛, 곧 가장 강렬한 색이라는 것은 주목할 만하다. 그것은 한 해의 가장 잘 익은 열매와 같다. 차가운 오를레앙 섬[158]에서 온 단단하고 윤기 나는 붉은 사과의 뺨처

---

156   정원사(Gardeners) : 실제 원예가가 아니라, 자연의 웅장한 장관 대신 작은 꽃밭만 돌보는 사람들을 풍자적으로 지칭.

157   중국 과꽃(China Aster) : 중국 원산의 가을꽃. 서양에서는 흔히 화단에 심어 늦가을까지 피는 대표적인 관상용 꽃.

158   오를레앙 섬(Île d'Orléans) : 캐나다 퀘벡 시 인근의 섬으로, 사과 재배지로 유명하다. 차갑고 단단한 사과로 비유된 곳.

럼, 내년 봄까지는 맛있게 무르익지 않을 것이다.

    내가 언덕 꼭대기에 오르면, 수천의 거대한 참나무 장미들이 사방으로, 지평선까지 끝없이 펼쳐져 있다. 나는 4~5마일 떨어진 곳에서도 그것들을 감탄하며 바라본다. 지난 2주 동안 이것이 나의 변함없는 풍경이었다. 이 늦은 숲의 꽃은 봄이나 여름의 어떤 꽃도 능가한다. 봄과 여름의 색채가 그토록 드물고 섬세한 점에 불과해, 가까운 약초와 덤불 사이를 걷는 근시안의 눈에나 드러났던 반면, 멀리서 바라보면 그다지 인상적이지 않았다. 그러나 이제는 우리가 매일 오르내리는 광활한 숲과 산비탈 전체가 꽃으로 타오른다.

    이에 비하면 우리의 정원 가꾸기는 참으로 소규모다. 정원사는 여전히 시든 잡초 사이에서 몇 송이 과꽃을 가꾸고 있지만, 그의 보살핌을 전혀 요구하지 않는 거대한 과꽃과 장미, 숲의 장엄한 꽃을 알지 못한다. 그것은 마치 작은 접시에 갈아 놓은 붉은 물감을 석양 하늘에 비추는 것과 같다. 왜 더 높고 넓은 시야를 얻지 않는가? 왜 작은 '타락한'[159] 구석에 숨어 지내며, 이 위대한 정원을 걷지 않는가? 왜 단지 몇몇 가둬진 약초의 아름다움에만 머무르고, 숲 전체가 지닌 아름다움에는 눈 돌리지 않는가?

    이제 산책을 조금 더 모험적으로 해보라. 언덕을 올라가라. 10월 말쯤, 우리 마을이나 혹은 당신 마을 외곽의 어느 언덕에 올라 숲을 내려다보면, 당신은

---

159 타락한(corrupt corner) : 원문에서 퇴폐적이거나 한정된 생활의 구석을 은유하는 표현으로, 넓은 자연을 외면하는 태도를 비판.

분명히 볼 수 있을 것이다. 바로 내가 지금껏 묘사하려 애쓴 그것을. 만약 볼 준비가 되어 있고, 또 그것을 찾고자 한다면, 당신은 이 모든 것을 분명히 보게 될 것이며, 그 이상을 보게 될 것이다. 그러나 그렇지 않다면, 이 현상이 아무리 규칙적이고 보편적이라 하더라도, 당신은 칠십 년 동안 언덕 위든 골짜기 아래든 모든 숲이 이 계절에는 단지 시들고 갈색으로 변한다고만 생각할 것이다. 그것들이 시야에서 가려지는 것은 단지 멀리 있기 때문이 아니라, 우리가 눈과 마음을 그쪽으로 모으지 않기 때문이다. 눈 자체만으로는 젤리[160] 한 덩어리 이상 보는 힘을 가지지 못하기 때문이다.

우리는 얼마나 멀리, 얼마나 넓게 보아야 하는지, 또 얼마나 가까이, 얼마나 좁게 보아야 하는지조차 제대로 깨닫지 못한다. 바로 이런 까닭에, 자연 현상의 대부분은 우리의 평생 동안 우리 눈앞에 있으면서도 가려져 있다. 정원사는 정원의 정원만 본다. 여기에서도 정치 경제학과 마찬가지로, 공급은 수요에 맞추어 이루어진다. 자연은 돼지 앞에 진주를 던지지 않는다. 풍경 속에서 우리가 보는 아름다움은 우리가 감상할 준비가 된 만큼만 드러난다. 한 톨도 더 보이지 않는다.

어떤 언덕에서든, 한 사람이 실제로 보는 대상은 다른 이가 보는 대상과 다르다. 주홍참나무 역시 그

---

160 젤리(jelly) : 여기서는 '눈 자체는 젤리 같은 덩어리에 불과하다'는 비유로, 시각이 마음과 의도의 도움 없이는 아무것도 보지 못한다는 뜻.

렇다. 그것은 말하자면, 우리가 나서기 전에 이미 우리 눈 안에 들어 있어야 한다. 어떤 것에 대한 관념에 사로잡히기 전까지는 우리는 그것을 볼 수 없다. 그러나 일단 마음속에 담기면, 우리는 거의 다른 것을 볼 수 없게 된다.

나의 식물 산책에서, 나는 종종 한 식물의 관념이나 이미지가 내 생각을 차지한다는 사실을 깨달았다. 그것이 이 지역과는 아주 이질적으로 보일지라도, 허드슨만[161]보다 가까워 보이지 않더라도 말이다. 그러면 나는 몇 주 혹은 몇 달 동안 그것을 생각하며, 무의식적으로 기대하고, 마침내 반드시 그것을 발견하게 된다. 이것이 내가 스무 종이 넘는 희귀 식물을 찾아낸 역사다.

사람은 자신과 관련된 것만 본다. 풀 연구에 몰두한 식물학자는 가장 웅장한 목초지 참나무조차 알아보지 못한다. 그는 걷는 동안 무심코 참나무를 짓밟거나, 고작해야 그 그림자를 지나칠 뿐이다. 같은 장소에서 다른 식물을 보려면, 설령 그것들이 골풀과(Juncaceae)와 벼과(Poaceae)처럼 가까이 관련된 종이라 하더라도, 전혀 다른 눈의 의도가 필요하다. 나는 한 종을 찾고 있을 때, 그 곁에 있는 다른 종을 보지 못했다. 하물며, 지식의 다른 영역에 눈을 돌리려면 얼마나 더 다른 시선과 마음의 의도가 필요하겠는가! 시인과 박물학자가 같은 대상을 두고 얼마나 다르게 보

---

161 허드슨만(Hudson Bay) : 캐나다 북동부에 위치한 거대한 만. 유럽 탐험사와 북미 교역 역사에서 중요한 지역.

는가!

뉴잉글랜드의 행정위원[162]을 데려다가 우리 마을의 가장 높은 언덕에 세우고, 보라고 해보라. 그의 시력을 최대한 날카롭게 하고, 그에게 가장 알맞은 안경을 씌워주어라. (원한다면 망원경도 주어도 좋다.) 그리고 그에게 완전한 보고서를 작성하게 하라. 그는 과연 무엇을 보겠는가? 그는 무엇을 보려고 선택하겠는가? 그는 결국 자기만의 브로켄 유령[163]을 보게 될 것이다. 여러 개의 집회소를 헤아릴 것이며, 아마도 저렇게 멋진 삼림을 소유했으니 그 주인에게 더 무거운 세금을 매겨야 한다고 생각할 것이다.

이제 그 자리에 율리우스 카이사르를 세워보라. 아니면 임마누엘 스베덴보리[164]나 피지 섬의 사람[165]을 세워보라. 혹은 셋을 모두 함께 세우고, 나중에 서로 메모를 비교하게 해보라. 그들이 같은 전망을 즐겼다고 말할 수 있겠는가? 그들이 보는 것은 로마와 천국이나 지옥이 달랐던 만큼, 또 그것들과 피지 섬이 달랐던 만큼이나 서로 다를 것이다. 우리가 아는 한, 이들 못지않게 낯선 사람이 언제나 우리 곁에 있다.

162　뉴잉글랜드의 행정위원 : 미국 매사추세츠 등 식민지 시대부터 이어진 지역 행정 책임자를 지칭.

163　브로켄 유령(Brocken spectre) : 독일 하르츠 산맥 브로켄 봉우리에서 자주 목격된 자연 현상. 산에서 안개를 배경으로 사람 그림자가 크게 비춰 보이는 현상.

164　임마누엘 스베덴보리(Emanuel Swedenborg) : 18세기 스웨덴의 신비주의자, 신학자이자 과학자. 천국과 지옥에 대한 저술로 유명.

165　피지 섬 사람(Fijian) : 남태평양의 피지 제도 원주민. 여기서는 '전혀 다른 세계관과 시각을 가진 이'의 비유로 쓰임.

왜 도요새[166]나 멧도요[167] 같은 사소한 사냥감을 잡는 데조차 명사수가 필요한가. 그는 반드시 특별한 조준을 해야 하며, 무엇을 겨누는지 정확히 알아야 한다. 단지 도요새가 날고 있다는 소리를 듣고 무턱대고 하늘에 총을 쏜다면, 맞출 가능성은 거의 없다. 아름다움을 포착하는 일도 마찬가지다. 하늘이 무너질 때까지 기다린다 해도, 이미 그 계절과 서식지, 그리고 날개의 색을 알지 못하고, 꿈꾸듯 미리 예상하지 못한다면, 그는 결국 아무것도 붙잡지 못할 것이다. 그래서 그는 걸음을 옮길 때마다 그것을 날려 보내고, 옥수수밭에서조차 양쪽 총신을 사용해 날아가는 것을 두 번 헛되이 쏘아대는 것이다.

진정한 사냥꾼은 자신을 훈련시키고, 옷을 차려입고, 끊임없이 경계하며, 목표한 사냥감을 위해 철저히 준비한다. 그는 그것을 위해 기도하고 제물을 바치며, 마침내 원하는 것을 얻는다. 오랜 시간 눈과 손을 단련하고, 깨어 있을 때나 꿈속에서조차도 그것을 기대하며, 총과 노와 배를 갖추고 나아간다. 그래서 마을 사람들이 한 번도 본 적 없고, 꿈에도 상상하지 못한 들판의 암탉[168]을 찾아 길을 나서는 것이다. 그는 역풍을 거슬러 수 마일을 노 저으며, 무릎까지 차

---

166 도요새(snipe) : 습지에 서식하는 작은 새. 사냥하기 어려워 '스나이퍼'(저격수)라는 단어의 어원이 됨.

167 멧도요(woodcock) : 숲속에 사는 도요과의 새. 빠른 비행과 은폐 습성으로 사냥이 어려운 종.

168 들판의 암탉 (prairie hen) : 북미 초원지대에 서식하는 큰 새. 현재는 희귀하지만 당시에는 사냥 대상으로 흔히 언급됨.

는 물에 들어서고, 저녁을 굶으며 하루 종일 사냥에 매달린다. 그러니 그가 결국 그것들을 얻는 것은 당연하다. 출발할 때 이미 가방에 반쯤 넣은 것이나 다름없었고, 단지 마지막으로 밀어 넣기만 하면 되는 것이다.

진짜 사냥꾼은 거의 모든 사냥감을 창문에서 쏠 수 있다. 그에게 창문이나 눈이 달린 이유가 무엇이겠는가. 그것들은 결국 그의 총신에 앉게 마련이다. 그러나 세상의 다른 이들은 결코 그 깃털 달린 것을 보지 못한다. 거위(goose) 떼가 정확히 그의 집 지붕 위를 지나가고, 그곳에서 울음소리를 내면 그는 굴뚝 위로 총을 쏘아 그것을 식탁에 올릴 것이다. 스무 마리의 머스크랫(muskrat)은 그의 덫이 비기 전에 스스로 잡히기를 거절하지 못한다. 만약 그가 오래 살며 사냥 정신을 더욱 키운다면, 사냥감이 사라지기보다 먼저 하늘과 땅이 그를 실망시킬 것이다. 그가 죽는 날에는 아마도 더 광활하고, 더 행복한 사냥터로 들어갈 것이다.

어부 역시 물고기를 꿈꾸며, 꿈속에서 춤추는 찌를 본다. 그리고 마침내는 싱크대 배수구에서조차 물고기를 거의 건져낼 수 있을 정도가 된다. 나는 한 소녀를 알았다. 그녀는 월귤[169]을 따라 나갔다가, 아무도 그곳에 있을 것이라 생각지 못했던 곳에서 야생 구즈베리(gooseberry)를 쿼트 단위로 가득 따왔다. 고향에서 그것들을 따던 경험 덕분이었다. 천문학자는 별을 모

---

169 월귤(ligonberry) : 북반구 냉대 지역에서 자라는 작은 붉은 열매.

으러 어디로 가야 할지 이미 알고 있으며, 아무도 망원경을 들여다보기 전에 마음속으로 별 하나를 선명히 본다. 암탉은 발톱으로 바로 서 있는 땅을 긁어 먹이를 찾는다. 그러나 매는 그렇게 하지 않는다.

내가 언급한 이 밝은 잎들은 예외가 아니라 오히려 규칙이다. 나는 모든 잎, 심지어 풀과 이끼조차도 떨어지기 직전에는 더욱 밝은 빛을 띤다고 믿는다. 만약 당신이 이 미미한 식물들의 변화를 충실히 관찰한다면, 각각이 반드시 고유한 가을빛을 품고 있음을 알게 될 것이다. 그리고 그 모든 빛깔을 기록하려 한다면, 그 목록은 당신 주변의 식물 목록만큼이나 길어질 것이다.

1862
야생의 사과

사과나무의 역사

사과나무의 역사는 인간의 역사와 놀라울 만큼 밀접하게 연결되어 있다. 지질학자는 우리에게 사과나무가 속한 장미과, 그리고 진정한 벼과, 꿀풀과 또는 박하과가 지구상에 인간이 나타나기 직전에 도입되었다고 말한다.

사과는 로마 건국보다 오래된 것으로 추정된다. 최근 스위스 호수의 바닥에서 그 흔적이 발견되었는데, 금속 도구가 없던 미지의 원시 민족이 식량으로 삼았던 듯하다. 그들의 저장고에서는 작고 검게 오그라든 야생 사과가 온전히 발견되었다.

타키투스[170]는 고대 게르만인들이 다른 음식들 사이에서 야생 사과로 굶주림을 달랬다고 기록한다.

역사가 니부어[171]는 이렇게 관찰했다. "집, 밭, 쟁기, 쟁기질, 포도주, 기름, 우유, 양, 사과, 그리고 농업이나 온화한 생활 방식과 관련된 다른 단어들은 라틴어와 그리스어에서 일치한다. 그러나 전쟁이나 사냥과 관련된 모든 단어들은 라틴어와 그리스어에서 전혀 다르다." 따라서 사과나무는 올리브만큼이나 평화의 상징으로 여겨질 수 있다.

사과는 아주 이른 시기부터 중요하고 널리 퍼져 있

---

170 타키투스(Tacitus): 1~2세기 로마의 역사가. 게르만인의 풍습을 기록한 『게르마니아』 저자.

171 니부어(Niebuhr): 19세기 독일의 역사가 바르트홀트 게오르크 니부어(Barthold Georg Niebuhr)를 지칭.

었기에, 여러 언어에서 그 이름이 곧 과일 전체를 의미하게 되었다. 그리스어 '멜론'은 본래 사과를 뜻했으나, 다른 나무의 열매, 양이나 가축 전체, 나아가 일반적으로 부(富)까지 의미하게 되었다.

사과나무는 히브리인, 그리스인, 로마인, 스칸디나비아인 모두에게 찬미의 대상이었다. 어떤 이들은 최초의 인간 부부가 바로 이 열매에 유혹되었다고 여겼다. 여신들이 그것을 두고 다투었고, 용들이 그것을 지키도록 배치되었으며, 영웅들은 그것을 따내기 위해 고용되었다.

사과나무는 구약성경에도 적어도 세 차례 언급되며, 그 열매는 두세 차례 더 언급된다. 솔로몬은 이렇게 노래한다. "숲의 나무들 가운데 사과나무처럼, 아들들 가운데 나의 사랑하는 이가 그러하도다." 또 이렇게 말한다. "술병으로 나를 붙드시고, 사과로 나를 위로하소서." 인간의 가장 고귀한 용모의 가장 고귀한 부분은 이 과일의 이름을 빌려 '눈의 사과', 곧 눈동자라 불리게 되었다.

사과나무는 호메로스와 헤로도토스에 의해서도 언급된다. 율리시스는 알키노오스의 영광스러운 정원에서 "배와 석류, 그리고 아름다운 열매를 맺는 사과나무들"을 보았다. 또 호메로스에 따르면, 사과는 탄탈로스가 결코 손에 넣지 못한 과일 가운데 하나였는데, 바람이 늘 그 가지를 그의 손에서 멀리 날려 보냈기 때문이다. 테오프라스토스는 식물학자로서 사과나무를 인식하고 묘사한 바 있다.

산문 『에다』[172]에 따르면, "이두나[173]는 신들이 노쇠가 다가옴을 느낄 때마다 맛보기만 하면 다시 젊음을 되찾을 수 있는 사과를 상자에 보관했다. 이런 방식으로 그들은 라그나로크[174]까지 젊음을 유지할 수 있었다."

나는 라우던[175]으로부터 "고대 웨일스의 음유시인들은 노래의 기예에서 뛰어난 자로 인정받으면 사과나무 가지를 보상으로 받았다"는 사실을 알게 되었고, 또한 "스코틀랜드 고지대에서 사과나무는 라몬트(Lamont) 씨족의 상징이다"라는 것도 알았다.

사과나무[176]는 주로 북부 온대 지방에 속한다. 라우던은 이렇게 말한다. "사과나무는 한대 지방을 제외한 유럽 전역, 서아시아, 중국, 일본 전역에 자생한다." 북아메리카에도 두세 종의 토종 사과가 있다. 재배되는 사과나무는 최초의 유럽인 정착민들에 의해 이 대륙에 처음 들여왔으며, 다른 어떤 곳보다도 이 땅에서 더 잘 자라거나 더 잘 적응했다고 여겨진다. 오늘날 재배되는 일부 품종은 아마도 로마인들이 영

---

[172] 『에다』: 북유럽 신화를 전하는 고대 문헌.

[173] 이두나(Idunn): 북유럽 신화의 여신, 신들에게 영원한 젊음을 주는 황금 사과를 관리했다.

[174] 라그나로크(Ragnarök): 북유럽 신화에서 신들의 최후, 곧 세계의 종말을 뜻한다.

[175] 라우던(Loudon): 존 클로드 라우던(John Claudius Loudon, 1783-1843), 영국의 원예가이자 조경가.

[176] Pyrus malus: 오늘날 분류학에서는 Malus domestica로 불리는 사과나무의 옛 학명.

국에 처음 도입한 것일 수도 있다.

플리니우스는 테오프라스토스의 구분을 이어받아 이렇게 기록한다. "나무 가운데는 전적으로 야생인 것(sylvestres)도 있고, 더 문명화된 것(urbaniores)도 있다." 테오프라스토스는 사과나무를 후자에 포함시켰다. 실제로 이런 의미에서 사과나무는 모든 나무 중에서 가장 '문명화된' 것이다. 그것은 비둘기처럼 무해하고, 장미처럼 아름답고, 양 떼와 소 떼만큼 가치 있다. 다른 어떤 나무보다 더 오래 재배되어 인간과 긴밀히 동화되었다. 어쩌면 언젠가는 개처럼 원래의 야생 조상을 추적할 수 없게 될지도 모른다.

사과나무는 개, 말, 소와 마찬가지로 인간과 함께 이주한다. 아마도 처음에는 그리스에서 이탈리아로, 이어 영국으로, 그리고 다시 아메리카로 옮겨갔을 것이다. 지금도 서부로 향하는 개척민들은 주머니에 사과 씨앗을 넣거나, 짐에 어린 묘목 몇 그루를 싣고 저녁노을을 따라 행진한다. 최소한 백만 그루의 사과나무가 올해, 작년에 심긴 것보다 더 서쪽에 뿌리를 내릴 것이다. 마치 안식일이 주마다 찾아오듯, 매년 꽃 피는 시기가 대초원 위로 점점 더 서쪽으로 확산되는 모습을 떠올려보라. 인간이 이주할 때, 그는 새와 짐승, 곤충, 채소, 잔디뿐만 아니라, 그의 과수원 또한 함께 데려가기 때문이다.

사과나무의 잎과 연한 가지는 소, 말, 양, 염소 같은 가축들에게 훌륭한 먹이가 된다. 열매는 돼지뿐만 아니라 위에 언급한 가축들에게도 인기가 있었다. 따라서 처음부터 이 동물들과 사과나무 사이에는 자연스러운 동맹이 존재했던 셈이다. "프랑스 숲의 야생 사과 열매는 멧돼지에게 큰 자원이다"라는 말도 있다.

사과나무는 인디언들뿐 아니라, 이 땅의 토종 곤충, 새, 짐승들에게도 환영받았다. 텐트나방(Tent-caterpillar)은 세싹이 막 돋아난 어린 가지에 알을 낳았고, 그 뒤로는 야생 벚나무와 그 애정을 나누었다. 미국 쐐기나방 또한 어느 정도 느릅나무 대신 사과나무를 갉아먹기 시작했다. 사과나무가 무성하게 자라자 파랑새, 울새, 벚새, 왕새 등 많은 새들이 서둘러 날아와 그 가지에 둥지를 틀고 지저귀었으며, 과수원 새가 되어 예전보다 더 번식했다. 그것은 그들 종족 역사에서 새로운 시대였다.

솜털딱따구리(Downy Woodpecker)는 사과나무 껍질 아래에서 특별히 맛있는 먹이를 발견하고, 떠나기 전 나무 둘레를 완전히 돌며 구멍을 뚫었다. 내가 아는 한, 그는 이전에 그런 짓을 한 적이 없었다. 자고새(Grouse)는 봉오리가 맺히자 곧 그것을 따먹기 시작했고, 매 겨울 저녁 숲에서 날아와 사과 봉오리를 쪼아댔으며 지금도 그러고 있다. 농부들의 근심은 크다. 토끼도 일찍이 그 가지와 껍질 맛을 알아차렸다. 사과가 무르익자 다람쥐는 반쯤은 굴리고, 반쯤은 굴속으로 가져갔다. 심지어 사향쥐도 저녁이 되면 시냇가 둑을 기어올라와 풀밭에 길이 날 때까지 탐욕스럽게 그것을 먹어치웠다. 사과가 얼었다 녹으면 까마귀와 어치가 그것을 기꺼이 맛보았다. 올빼미는 속이 빈 첫 번째 사과나무로 들어가, 그것이 자신에게 알맞은 보금자리임을 깨닫고 기쁨에 차 울부짖었다. 그리하여 자리를 잡고, 이후로 그곳을 떠나지 않았다.

이제 내 주제는 '야생 사과'이므로, 나는 재배 사과의 일 년 성장 과정에서 몇 계절만 간단히 살펴본 후 본론으로 넘어가려 한다.

사과꽃은 아마도 어떤 나무의 꽃보다 가장 아름다울 것이다. 그 풍성함은 눈과 코를 동시에 매혹한다. 산책자는 종종 평소보다 특별히 아름다워 보이는 사과나무 앞에서 발길을 멈추고 오래 머무르고 싶은 유혹을 받는다. 꽃이 3분의 2쯤 피어 있을 때 특히 그러하다. 이런 점에서 사과꽃은 배꽃보다 월등히 우월하다. 배꽃은 빛깔도 향기도 없기 때문이다.

7월 중순이면 풋사과는 제법 커져, 우리에게 설탕 조림과 가을을 연상시킨다. 잔디밭은 보통 떨어져 죽은 어린 사과들로 가득하다. 자연이 미리 솎아낸 것이다. 로마의 작가 팔라디우스[177]는 이렇게 말했다. "만약 사과가 제철 전에 떨어지는 경향이 있다면, 갈라진 뿌리에 돌을 놓아 그것들을 붙잡아 두라." 아마도 오늘날 사과나무 뿌리 사이에서 돌이 자라는 듯 놓여 있는 까닭은, 이러한 개념이 오래도록 전해진 흔적일지도 모른다. 영국 서퍽 지방에는 이런 속담도 있다.

---

177 팔라디우스(Palladius): 4~5세기 로마의 농업 저술가, 『농업서』(Opus Agriculturae) 저자.

"마이클마스[178] 때, 혹은 그 조금 전에, 사과 반쪽이 속까지 익는다."

이른 사과는 8월 초순이면 익기 시작한다. 그러나 나는 그것들 가운데 어느 것도 냄새만큼 맛이 뛰어나다고 생각하지 않는다. 어떤 사과는 가게에서 파는 향수보다도 훨씬 값지게, 당신의 손수건에 향기를 스며들게 한다. 과일의 향기는 꽃의 향기와 함께 반드시 기억되어야 한다. 길에서 주운 한 알의 울퉁불퉁한 사과가 뿜어내는 향기는 나로 하여금 포모나[179]의 모든 부(富)를 떠올리게 했다. 그것은 나를 과수원으로, 그리고 사과즙을 짜는 기계 곁에 황금빛과 붉은빛의 더미가 쌓이는 계절로 이끌었다.

일주일 혹은 이주일 뒤, 당신이 과수원이나 정원을 거닐 때, 특히 저녁 무렵이면 잘 익은 사과 향기가 공기 속에 그윽이 감돈다. 당신은 그 향기로운 공간을 통과하면서 값없이, 그리고 누구의 눈치도 보지 않고 그 향기를 누린다.

모든 자연의 산물에는 이런 휘발성이고 영묘한 특성이 깃들어 있다. 그것은 그들의 가장 높은 가치를 드러내며, 비속해지거나 사고팔 수 없는 것이다. 어떤 필멸자도 과일의 완전한 풍미를 맛본 적이 없으

---

178 마이클마스(Michaelmas): 9월 29일. 기독교에서 대천사 미카엘을 기념하는 날. 유럽에서 추수 시기와 관련된 전통적 기준일로 여겨졌다.

179 포모나(Pomona): 로마 신화에서 과일나무와 과수원의 여신.

며, 오직 신과 같은 인간만이 신들의 음식과도 같은 그 특성을 겨우 맛보기 시작할 뿐이다. 넥타르와 암브로시아는 사실 우리 거친 미각이 알아채지 못하는, 모든 지상 과일에 깃든 미세한 풍미일 뿐이다. 우리는 그것을 자각하지 못한 채 이미 신들의 천국을 차지하고 있는지도 모른다.

나는 가끔 유난히 속물적인 사람이 향기롭고 아름다운 이른 사과 한 짐을 시장에 내다 파는 것을 본다. 그럴 때면 마치 그의 말 한쪽과 사과 더미가 서로 다투고 있는 듯하다. 내 눈에는 언제나 사과 쪽이 승리하는 것처럼 보인다. 플리니우스는 사과가 모든 것 가운데 가장 무거운 과일이라 했고, 소들은 그것 한 짐만 보아도 땀을 흘리기 시작한다고 말했다. 우리 마부가 그 사과들을 가장 아름다운 곳이 아닌 다른 장소로 옮기려 하는 순간, 그는 이미 짐의 본질을 잃기 시작한다. 비록 그가 중간에 내려 그것들을 세어 보고 모두 그대로 있다고 생각할지라도, 나는 그 사라지기 쉽고 천상적인 성질이 수레에서 흘러나와 하늘로 오르는 것을 본다. 결국 시장으로 가는 것은 과육과 껍질과 씨앗뿐이다. 그것들은 사과가 아니라, 단지 찌꺼기일 뿐이다.

그러나 이 사과들이야말로 여전히 이두나의 사과, 신들이 그것을 먹고 영원한 젊음을 유지하는 바로 그 과일이 아닌가? 당신은 그 사과들이 주름지고 백발

이 되는 동안, 로키[180]나 티아시[181]가 그것들을 요툰헤임[182]으로 빼돌리도록 내버려둘 것이라고 생각하는가? 아니다. 라그나로크, 곧 신들의 파멸은 아직 오지 않았기 때문이다.

8월 말이나 9월이면 보통 과일이 또 한 번 솎아지는데, 그때 땅은 바람에 떨어진 사과로 뒤덮인다. 특히 비가 내린 뒤 강풍이 몰아칠 때 더욱 그러하다. 어떤 과수원에서는 전체 수확량의 4분의 3이 나무 아래 원형을 이루며 떨어져 있는 것을 볼 수 있는데, 그것들은 여전히 단단하고 푸른빛을 띤다. 언덕 비탈에 선 나무들은 열매가 굴러 멀리 아래까지 내려가기도 한다. 그러나 누구에게도 이득이 되지 않는 바람은 나쁜 바람이다. 온 나라 사람들이 바람에 떨어진 사과를 줍느라 분주해지고, 이 덕에 이른 사과 파이를 저렴하게 만들 수 있게 된다.

10월이 되면 잎이 떨어져, 나무에 달린 사과가 한층 선명하게 드러난다. 어느 해 이웃 마을에서, 내가 전에는 본 적 없는 풍성한 열매를 매단 사과나무들을 본 적이 있다. 작은 노란 사과들이 길가에 주렁주렁 매달려 있었고, 가지들은 그 무게에 눌려 매발톱나무 덤불처럼 우아하게 늘어져, 나무 전체가 전혀 다른 성격을 띠고 있었다. 심지어 가장 높은 가지들마저도

---

180 로키(Loki): 북유럽 신화의 장난과 혼란의 신.

181 티아시(Thjazi): 북유럽 신화의 거인으로, 이두나를 납치해 신들에게 큰 시련을 안겼다.

182 요툰헤임(Jotunheim): 북유럽 신화에서 거인족이 사는 세계.

똑바로 솟아 있지 않고 사방으로 퍼져 흘러내렸다. 낮은 가지들을 받치고 선 수많은 지주 기둥 덕에, 그 모습은 마치 반얀나무 그림처럼 보였다. 오래된 영국 필사본의 말처럼, "나무가 사과를 더 많이 맺을수록 사람들에게 더 많이 고개를 숙인다."

사과는 분명 가장 고귀한 과일이다. 그러니 가장 아름답거나 가장 재빠른 이가 그것을 차지하게 하라. 그것이야말로 사과의 참된 "시세"다.

10월 5일부터 20일 사이, 나는 나무 아래에 놓인 사과 통들을 보곤 한다. 때로는 주문을 맞추기 위해 좋은 통을 고르고 있는 사람과 마주치기도 한다. 그는 흠집 난 것을 골라내려 여러 번 뒤집어 본다. 하지만 내 생각에, 그가 손을 댄 모든 것은 이미 흠이 난 것이다. 그의 손길이 닿는 순간, 사과의 광택은 사라지고, 그 덧없고 신비로운 특성이 함께 흩어져버리기 때문이다. 서늘한 저녁 공기는 농부들을 재촉하고, 마침내 나는 여기저기 나무에 기대어 놓인 사다리들만을 남겨둔 풍경을 보게 된다.

우리가 이 선물들을 더 큰 기쁨과 감사로 받아들이기를, 단지 나무 주위에 거름 한 짐만 부어두는 것으로 충분하다 여기지 않기를 바란다. 몇몇 오래된 영국의 풍습은 우리에게 시사하는 바가 크다. 나는 그것들이 주로 브랜디(Brand)의 『대중 고대 유물(Popular Antiquities)』에 묘사되어 있는 것을 보았다. 예컨대, "크리스마스 이브가 되면 데번셔(Devonshire)의 농부들과 일꾼들이 토스트를 띄운 사과주 잔을 들고 과수원으로 향한다. 그들은 다음 해 풍년을 기원하며 온갖 의식을 치르며 나무들에게 경의를 표한다." 그 의식은 이렇게 이어진다. 사과나무 뿌리에 사과주를 붓고, 가지에 토스트 조각을 걸친다. 그리고 과수원에서 가장 열매를 잘 맺는 나무를 둘러싸고, 잔을 세 번 돌려 마신다.

> "여기 너에게, 늙은 사과나무여,
> 네가 싹트고 꽃피울 그 자리에서,
> 그리고 너의 가지마다 사과가
> 가득 열릴 그곳에서!
> 모자 가득! 갓 가득!
> 부셸[183] 가득, 부셸 가득, 자루 가득!
> 그리고 내 주머니도 가득 차기를! 만세!"

또한 "사과 울부짖기[184]"라 불린 풍습은 새해 전날, 영국의 여러 지방에서 행해졌다. 소년들이 무리를 지어 과수원을 찾아가, 사과나무를 둘러싸고 이런 노래를 불렀다.

> "굳건히 서라, 뿌리여!
> 잘 맺어라, 꼭대기여!
> 신이시여, 우리에게 울부짖는

---

183 부셸(Bushel): 곡물이나 과일을 재는 단위, 약 35리터에 해당.

184 사과 울부짖기(Apple-wassailing): 영국 전통 의식으로, 새해 전날 사과나무의 풍년을 기원하며 행하는 의식.

수확을 내려주소서.
모든 잔가지마다 큰 사과를,
모든 가지마다 풍성한 사과를!"

그들은 합창으로 외쳤고, 소년 중 한 명이 소뿔로 반주를 했다. 의식이 진행되는 동안, 나무는 막대기로 두드려졌다. 사람들은 이를 "나무를 축복하는 것"이라 불렀고, 어떤 이들은 "포모나에게 바치던 이교도 제물의 흔적"이라 여겼다.

시인 헤릭(Robert Herrick)은 이렇게 노래했다.

"나무들을 축복하라, 그들이 맺도록
너희에게 많은 자두와 배를.
열매를 더 주든 덜 주든,
그것은 너희가 내린 축복에 달려 있다."

사실 우리 시인들은 와인보다도 사과주에 대해 노래할 더 큰 권리를 갖고 있다. 그러나 그들이 영국의 필립스(John Phillips)보다 더 잘 노래하지 못한다면, 그들의 뮤즈에게 어떤 영예도 가져다주지 못할 것이다.

야생의 사과

플리니우스가 말한 대로, 더 문명화된 사과나무(urbaniores)[185]에 대해서는 이제 충분히 다루었다고 생각한다. 나는 어떤 계절이든 접붙이지 않은 야생 사과나무가 늘어선 오래된 과수원을 거니는 것을 더 좋아한다. 그곳은 너무 불규칙하게 심겨 있어서, 때로는 두 나무가 바싹 붙어 서 있고, 줄은 심하게 구불구불하다. 그래서 그것들은 주인이 깨어 있을 때가 아니라 몽유병 상태에서 심은 듯 보인다. 접붙인 과수원의 반듯한 줄은 결코 나를 이처럼 자유롭게 그 사이를 헤매도록 유혹하지 못한다. 그러나 지금은, 안타깝게도 최근 경험보다도 오히려 기억 속에서 말할 수밖에 없다. 그토록 큰 파괴가 이루어져 버렸으니 말이다.

내 이웃의 이스터브룩스 컨트리(Easterbrooks Country)라 불리는 바위투성이 지역 같은 일부 토양은 사과 재배에 너무나 적합해서, 전혀 관리하지 않거나 1년에 단 한 번만 땅을 갈아주어도, 다른 곳에서 세심히 가꾼 것보다 더 왕성하게 자란다. 이 지역 소유자들도 토양이 과일 재배에 훌륭하다는 점을 인정하지만, 바위가 너무 많아 쟁기질할 인내심이 없어 경작되지 않는다고 말한다. 그곳에는, 혹은 최근까지만 해도, 순서 없이 서 있는 거대한 과수원들이 있었다. 아니, 그것

---

185 urbaniores: 라틴어로 "보다 문명화된, 세련된"이라는 뜻. 플리니우스는 사과나무를 이 범주에 넣었다.

들은 소나무와 자작나무, 단풍나무, 떡갈나무 한가운데에서 야생으로 돋아나면서도 풍성하게 열매를 맺는다. 나는 종종 숲 사이로 붉거나 노란 빛깔의 열매로 빛나는 사과나무 둥근 수관이 솟아 있는 것을 보고 놀라곤 한다. 그것은 숲의 가을빛과도 완벽한 조화를 이룬다.

11월 초, 나는 절벽 비탈을 오르다 활기찬 어린 사과나무 한 그루를 발견했다. 그것은 아마 새나 소에 의해 그곳에 뿌리내린 듯, 바위와 트인 숲 사이로 솟아 있었다. 그 위에는 이미 서리를 피해 남은 열매가 다닥다닥 매달려 있었는데, 다른 모든 재배 사과들은 이미 수확이 끝난 때였다. 그 나무는 아직 많은 푸른 잎을 단 무성한 야생의 성장을 보여주었고, 가시가 돋친 듯 거칠고 억센 인상을 풍겼다. 열매는 단단하고 푸르렀지만, 겨울에는 충분히 먹을 만해 보였다. 일부는 잔가지에 달려 있었지만, 더 많은 것은 나무 아래 젖은 낙엽 속에 반쯤 묻혀 있거나, 언덕 아래 바위 틈 사이로 굴러 내려가 있었다. 주인은 그것이 있는 줄도 몰랐을 것이다. 처음 꽃을 피운 날도, 처음 열매를 맺은 날도, 박새 한 마리가 아니었으면 아무도 알아차리지 못했을 것이다. 그 영예를 위해 그 나무 아래 푸른 잔디에서 춤을 춘 사람도 없고, 이제 그 열매를 따줄 손도 없다. 내 눈에는, 단지 다람쥐의 이빨 자국만 남아 있을 뿐이다.

그러나 그 나무는 이중의 의무를 다했다. 풍성한 수확을 내었을 뿐 아니라, 매 잔가지마다 공중으로 1

피트씩 자라났다. 그리고 그 열매라니! 많은 베리보다 크고, 집으로 가져가면 다음 봄까지도 온전히 보관해 먹을 수 있을 것이다. 내가 이 사과들을 얻을 수 있다면, 굳이 신화 속 이두나의 사과가 무슨 소용이 있겠는가?

내가 이처럼 늦게까지 열매를 달고 강인하게 자라는 관목을 지나며 그 매달린 사과들을 바라볼 때, 나는 그 나무에 경의를 표하게 된다. 비록 내가 그것을 직접 맛볼 수 없다 해도, 자연이 베푸는 풍요로움에 감사하지 않을 수 없다. 여기, 거칠고 나무가 빽빽하게 우거진 언덕 비탈에서, 인간이 심지도 않았고, 예전 과수원의 흔적도 아닌, 소나무와 떡갈나무처럼 자연스레 돋아난 사과나무가 자라나고 있었다.

우리가 소중히 여기고 사용하는 대부분의 과일들은 전적으로 우리의 보살핌에 의존한다. 옥수수, 곡물, 감자, 복숭아, 멜론 같은 것들은 모두 인간의 손길이 없다면 결코 존재하지 못한다. 그러나 사과는 다르다. 그것은 인간의 독립심과 개척 정신을 닮아 있다. 내가 앞서 말했듯이, 사과는 단지 옮겨 심겨진 것이 아니라 스스로 이 신세계로 이주해온 셈이다. 심지어는 곳곳에서 토착 수목들 사이로 스스로 길을 내며 자리 잡았다. 마치 소나 개, 말이 가끔 야생으로 달아나 스스로를 유지하는 것과도 같은 모습이다.

가장 시고 까다로운 사과라 할지라도, 가장 불리한 땅에서 자라면서 우리에게 이런 생각을 불러일으킨다. 그것은 실로 고귀한 과일이다.

야생 사과나무 (Crab apple)

 그럼에도 불구하고, 우리의 야생 사과는 사실상 나처럼 단지 '야생적'일 뿐이다. 나는 이 땅의 원주민이 아니라, 재배종에서 길을 잃고 숲으로 들어온 이방인이다. 내가 이미 말했듯, 더 진정한 의미에서의 야생 사과는 따로 있다. 이 나라의 다른 지역에는 말루스 코로나리아(Malus coronaria)[186]라는 토종의 원시적인 야생 사과가 자라는데, "그 본성은 아직 재배에 의해 변형되지 않았다"고 한다.

 이 종은 서부 뉴욕에서 미네소타까지, 그리고 더 남쪽에서도 발견된다. 미쇼(Michaux)는 그 높이가 보통 15~18피트이며, 때로는 25~30피트에 이른다고 기록한다. 그는 큰 개체들은 "일반적인 사과나무와 정확히 닮아 있다"고 하였고, "꽃은 흰색에 장밋빛이 섞여 있으며 산방꽃차례로 모여 있다"고 묘사하였다. 그 꽃은 맛있는 향기로 유명하다. 그의 기록에 따르면 열매는 지름이 약 1.5인치이고, 맛은 매우 시다. 그러나 그것으로 훌륭한 설탕 절임이나 사과주를 만들 수 있다고 한다. 그는 결론짓기를, "만약 재배했을 때 새로운 맛있는 품종을 낳지 못한다면, 적어도 꽃의 아름다움과 향기의 달콤함으로 명성을 얻을 것이다"라고 했다.

 나는 1861년 5월이 되기 전까지 실제 야생 사과를

---

186 말루스 코로나리아(Malus coronaria): 북미 동부 원산의 토종 야생 사과나무. 흔히 Crab apple로 불린다.

본 적이 없었다. 미쇼의 글을 통해 그 존재를 알았지만, 내가 아는 한, 더 현대적인 식물학자들은 그것을 특별한 의미를 가진 나무로 다루지 않았다. 그래서 내게 그것은 반쯤 전설 속의 나무였다. 나는 그것이 완전히 자라나는 곳으로 알려진 펜실베이니아의 한 지역, 이른바 "글레이즈(Glades)[187]"로 순례를 떠날 계획까지 세웠다. 묘목원에 주문을 보내볼까도 했지만, 그들이 그것을 보유하고 있을지, 혹은 유럽 품종과 구분할 수 있을지 의문이었다.

그러다 마침내 미네소타에 갈 기회가 주어졌다. 미 시간에 들어서자, 나는 차창 밖으로 아름다운 장밋빛 꽃을 피운 나무들을 눈여겨보기 시작했다. 처음에는 그것들이 어떤 종류의 산사나무라고 생각했다. 그러나 곧 머릿속에 번쩍 깨달음이 스쳤다. 이것이 바로 내가 오랫동안 찾아 헤매던 야생 사과였던 것이다. 그해 5월 중순, 바로 그 계절에, 차창 밖 풍경을 압도하던 것은 이 꽃 피는 관목 혹은 나무였다.

그러나 기차는 결코 그 앞에 멈추지 않았다. 나는 단 한 번도 그것을 손에 만져보지 못한 채, 마치 탄탈로스[188]처럼 미시시피 강 한복판으로 내던져진 기분을 맛보았다. 세인트 앤서니 폭포에 도착했을 때, 사람들은 내가 야생 사과를 보기에 이미 너무 북쪽에 도달했다고 말했다. 나는 몹시 낙담했다. 그럼에

---

187 펜실베이니아 지역의 고유 명칭으로, 야생 사과나무가 특히 잘 자라는 곳으로 알려져 있다.

188 탄탈로스(Tantalus): 그리스 신화 속 인물. 물과 과일에 닿을 수 없는 벌을 받아, 영원히 굶주림과 갈증 속에 놓였다.

도 불구하고, 폭포에서 서쪽으로 약 8마일 떨어진 곳에서 마침내 그것을 발견했다. 나는 그 나무를 만지고, 그 향기를 맡았으며, 식물 표본집을 위해 오래도록 남는 산방꽃차례 하나를 확보할 수 있었다. 그것은 분명 이 종의 북방 한계선 근처였음이 틀림없다.

야생 사과가 자라는 법

 그러나 비록 이 나무들이 인디언들처럼 토착종일지라도, 나는 그것들이 재배종에서 기원했음에도 불구하고, 먼 들판과 숲에서 스스로 뿌리를 내려 자라는 개척자 사과나무들보다 더 강인한지는 의심스럽다. 나는 더 많은 어려움과 맞서 싸우고, 더 많은 적에게 꿋꿋하게 저항하는 나무들을 알지 못한다. 우리가 말해야 할 이야기는 바로 그들의 이야기다. 그리고 그 이야기는 종종 이렇게 시작된다.

 5월 초순, 우리는 소들이 풀을 뜯던 목초지에서 막 싹을 틔운 작은 사과나무 덤불들을 발견한다. 예컨대 우리 이웃의 이스터브룩스 컨트리(Easterbrooks Country)의 바위투성이 목초지나, 서드베리의 놉스콧 힐(Knobscot Hill) 꼭대기 같은 곳에서다. 이들 어린 사과나무 가운데 한두 그루는 아마 가뭄이나 다른 우연한 사고 속에서도 살아남을 것이다. 그들의 태생지가, 처음에는 침입해 오는 풀과 몇 가지 위험으로부터 그들을 지켜 주기 때문이다.

> "2년 만에 그것은 바위 높이에 이르렀네,
> 펼쳐진 세상을 감탄하며,
> 떠도는 양 떼를 두려워하지 않았네.
> 그러나 이 어린 나이에 고통이 시작되었네.
> 풀을 뜯는 소 한 마리가 와서 한 뼘 잘라냈네."

처음 해에는, 소가 풀 사이에서 그것을 눈치채지 못할 수도 있다. 그러나 다음 해, 나무가 더 튼튼하게 자라면, 소는 그것이 구세계에서 온 자신과 같은 이주민임을 알아보고, 그 잎과 잔가지의 맛을 익히 알기에 주저하지 않고 다가온다. 그는 잠시 멈추어 놀라움과 환영의 뜻을 보이며, 마치 이렇게 말하는 듯하다. "너를 이곳에 데려온 원인이 나 또한 이곳에 오게 했구나." 하지만 이내 다시 잎을 뜯어 먹으면서, 스스로 그것에 대한 어떤 권리가 있다고 믿는 듯하다.

그렇게 매년 잘려나가도, 어린 사과나무는 결코 절망하지 않는다. 오히려 잘려나간 가지마다 두 개의 짧은 새 가지를 뻗어내며, 움푹 팬 땅이나 바위 틈을 따라 낮게 퍼져 나간다. 그리하여 점점 더 튼튼해지고, 덤불처럼 뭉쳐져, 아직은 나무라기보다는 거의 바위처럼 단단하고 뚫을 수 없는 작은 가시 덤불 덩어리를 이룬다. 내가 본 가장 빽빽하고 뚫을 수 없는 덤불 가운데 일부는 바로 이 야생 사과나무 덤불들이었다. 그들은 가지의 빽빽함과 완고함뿐 아니라 가시 때문에도 접근이 힘들었다.

그 모습은 다른 어떤 것보다도, 산 정상에서 자라는 전나무나 검은 가문비 덤불을 닮아 있다. 그곳에서는 추위가 이들이 싸우는 주된 적이다. 그리고 이런 적들로부터 자신을 방어하기 위해, 마침내 가시를 키우도록 자극받는 것은 당연하다. 그러나 그 가시는 결코 악의에 찬 무기가 아니다. 그 속에는 단지 약간의 사과산(malic acid)이 스며 있을 뿐이다.

내가 언급한 바위투성이 목초지는—그곳에서는 바위밭이 오히려 나무가 자리를 지키는 데 유리하기 때문에—작은 사과나무 뭉치들이 빽빽하게 퍼져 있어, 멀리서 보면 마치 단단한 회색의 이끼나 지의류를 연상시킨다. 그 사이를 자세히 들여다보면, 씨앗을 아직 달고 있는 수천 개의 어린 나무들이 막 돋아나는 것을 볼 수 있다.

소들이 해마다 그 주변을 가위로 자른 울타리처럼 규칙적으로 뜯어내기 때문에, 이 어린 사과나무들은 종종 높이 1~4피트 정도의 완벽한 원뿔 혹은 피라미드 모양으로 자란다. 그 뾰족한 형태는 정원사의 손길로 다듬은 듯 보인다. 놉스콧 힐과 그 지맥의 목초지에서, 이들은 해가 낮게 걸린 저녁 무렵 멋진 어두운 그림자를 드리운다. 또한 이 덤불들은 그 속에 둥지를 틀고 잠자는 작은 새들에게 매의 공격을 피할 수 있는 훌륭한 은신처가 된다. 나는 지름 6피트쯤 되는 한 덤불 안에서 울새 둥지 세 개를 본 적이 있다.

분명 이들 가운데 많은 나무는 이미 늙었다고도 할 수 있다. 만약 그들이 땅에 뿌리내린 순간부터 나이를 센다면 말이다. 그러나 발달 단계와 앞으로의 긴 수명을 고려할 때, 그들은 여전히 어린아이에 불과하다. 나는 높이가 고작 1피트이고, 폭도 그와 비슷한 작은 사과나무 몇 그루를 잘라 나이테를 세어본 적이 있는데, 그것들이 약 12살쯤 되었다는 사실을 알게 되었다. 그러나 그럼에도 불구하고 얼마나 건강하고 무성했던지! 낮게 퍼져 있어 산책객의 눈에는 잘 띄지 않았지만, 같은 시기에 묘목원에서 기른 다른 나무들은 이미 제법 많은 수확을 내고 있었다. 하지만 이 경우에도, 시간이 주는 것은 키가 아니라, 나무의 내적 활력일 것이다. 이것이 이들의 '피라미드 상태'다.

소들은 20년 넘게 이 어린 사과나무들을 뜯어 먹으며, 억지로 그들을 낮게 붙잡아두고 옆으로 퍼지게 만든다. 그러나 마침내 나무가 너무 넓게 퍼져 스스로 울타리처럼 변하면, 어느 순간 내부에서 새싹 하나가 솟아오른다. 그 새싹은 더 이상 소들이 닿을 수 없는 높이까지 치솟아, 본래의 소명을 잊지 않고 기쁨에 차서 위로 뻗는다. 그리고 마침내 자신만의 독특한 열매를 맺는다. 이것이야말로 나무가 적인 소들을 이겨내는 전략이다.

만약 당신이 특정 사과나무의 이런 과정을 지켜본다면, 더 이상 단순한 피라미드나 원뿔이 아니라, 그 꼭대기에서 한두 개의 가지가 힘차게 솟아올라 자라는 것을 볼 수 있을 것이다. 억눌린 모든 에너지가 그 수직의 부분에 쏟아지기 때문이다. 짧은 시간 안에 그것은 작은 나무, 즉 다른 피라미드 위에 역으로 놓인 피라미드가 되어, 전체가 거대한 모래시계 모양을 이룬다. 결국 그 목적을 다한 넓은 아랫부분은 사라지고, 너그러운 나무는 이제 더 이상 해롭지 않은 소들이 다가와 그 그늘에 서도록 허락한다. 소들은 그

줄기에 몸을 비비며 붉게 물들이고, 심지어 열매의 일부를 맛보며, 그 씨앗을 널리 퍼뜨린다.

이처럼 소들은 자신들의 먹이와 그늘을 동시에 만들어낸다. 그리고 나무는, 마치 모래시계가 뒤집힌 듯, 두 번째 생을 살아간다.

오늘날 어떤 이들에게는 어린 사과나무를 코 높이까지 다듬을지, 아니면 눈 높이까지 다듬을지가 중요한 논쟁거리다. 그러나 소들은 닿을 수 있는 한 높이까지 먹어치우니, 그것이야말로 대체로 적당한 높이라고 나는 생각한다.

떠도는 소들과 수많은 역경에도 불구하고, 한때는 작은 새들이 매로부터 피신하는 은신처로만 가치가 있던 그 하찮고 멸시받던 관목이, 마침내 꽃 피는 계절을 맞이하고, 시간이 흐르면 작지만 진실한 수확을 내놓는다.

10월 말, 잎이 모두 떨어졌을 때 나는 종종, 그 운명을 까맣게 잊고 있다가, 문득 오래 지켜보던 중앙의 가지 하나가 소들이 닿을 수 없는 가시 울타리와 덤불 너머에서 푸르거나 노랗거나 장밋빛을 띤 첫 수확물을 매달고 있는 것을 발견하곤 한다. 그때 나는 서둘러 새로운, 아직 기록되지 않은 품종의 맛을 보기 위해 다가간다. 우리는 모두 반 몬스[189]와 나이트[190]가 개발한 수많은 재배 사과 품종에 대해 들어왔다. 그

---

189 반 몬스(Van Mons): 18세기 벨기에의 원예학자, 사과·배 등 과수 품종 개량에 큰 업적을 남김.

190 나이트(Knight): 영국의 원예학자 토머스 앤드루 나이트(1759-1838). 사과와 배 품종 개량으로 유명하다.

러나 이 경우는 '반 카우'[191]의 방식이다. 그녀는 두 사람보다 훨씬 많고 오래 기억될 품종을 만들어냈다.

그 열매가 얼마나 많은 고난을 거쳐 달콤함에 이르렀을까! 크기는 다소 작지만, 정원에서 자란 사과와 맛이 같거나 오히려 더 나을 수 있다. 아마도 그것이 싸워야 했던 온갖 역경 때문에 더욱 달콤해졌을 것이다. 어쩌면 이렇게 우연히, 소나 새가 씨앗을 옮겨다 심은 외지고 바위 많은 언덕 비탈에서 아직 발견되지 않은 한 과일이, 그 종류 중 가장 뛰어난 것으로 밝혀져, 외국의 군주들이 그 이름을 듣고, 왕립 학회들이 앞다투어 번식시키려 애쓸지도 모른다. 비록 그것을 길러낸 고단한 토지 소유자의 미덕은 그의 마을 경계를 넘어 알려지지 않을지라도 말이다. 사실 포터[192]와 볼드윈[193] 같은 품종도 그렇게 태어난 것이다.

모든 야생 사과 덤불은 모든 야생의 아이처럼 우리의 기대를 불러일으킨다. 그것은 아마도 변장한 왕자일지 모른다. 인간에게도 크나큰 교훈이다. 인간 또한 가장 높은 기준, 곧 그들이 암시하고 맺기를 열망하는 천상의 열매에 비추어 보면, 운명이라는 손에 뜯겨 나간다. 그리고 오직 가장 끈기 있고 강한 천재만이 자신을 지켜내어 결국 승리하며, 마침내 부드러

---

191 반 카우(Van Cow): 원예학자의 이름을 패러디한 표현으로, '소(Van Cow)'가 새로운 사과 품종을 만든다는 비유적 농담.

192 포터(Porter): 미국에서 탄생한 사과 품종의 이름. 지역 농부들에 의해 발견되어 재배된 것으로 알려짐.

193 볼드윈(Baldwin): 미국 매사추세츠에서 우연히 발견된 유명한 사과 품종. 강한 향과 저장성이 특징.

운 접순을 위로 밀어올려, 감사할 줄 모르는 땅에 그 완전한 열매를 떨어뜨린다. 시인과 철학자, 정치가들이란 바로 이처럼 시골 목초지에서 돋아나, 창의성 없는 무리보다 오래 살아남는 존재들이다.

지식을 추구하는 일 역시 다르지 않다. 천상의 과일, 곧 헤스페리데스의 황금 사과[194]는 늘 잠들지 않는 백 개의 머리를 가진 용이 지키고 있으며, 그것을 따는 일은 곧 헤라클레스의 노고와 같다.

이것이 야생 사과가 번식하는 한 가지, 그리고 가장 주목할 만한 방식이다. 그러나 대체로 야생 사과는 숲과 늪, 혹은 길가에서 토양이 알맞은 곳을 찾아 제각기 널찍이 돋아나, 비교적 빠르게 성장한다. 빽빽한 숲 속에서 자라는 것들은 키가 유난히 크고 가늘어진다. 나는 종종 그런 나무에서 완전히 순해지고 길들여진 듯한 열매를 따곤 했다. 팔라디우스가 말했듯이, "초대받지 않은 사과나무의 열매로 땅은 언제나 가득하다."

이 야생 나무들이 비록 스스로는 값진 열매를 맺지 못한다 해도, 오랫동안 사람들은 그것들이 다른 품종의 가장 귀하게 여겨지는 특성을 후세에 전하는 최고의 대목[195]이라는 사실을 알고 있었다. 그러나 내가 찾는 것은 대목이 아니다. 나는 그 어떤 "연화(軟化)"도 거치지 않은, 날것 그대로의 야생 과일, 곧 그 맹렬한

---

194 헤스페리데스의 황금 사과: 그리스 신화 속 불멸의 열매로, 헤스페리데스의 정원에서 백 개 머리를 지닌 용 라돈이 지킨다고 전해짐.

195 대목: 접목 재배에서 뿌리와 줄기를 제공하는 나무. 접목된 다른 품종의 가지(접수)가 붙어 자랄 수 있도록 기초가 된다.

풍미 자체를 찾는다. 그것은 나의—

**"가장 높은 계획이 아니니,
베르가못을 심는 것은."**

열매, 그리고 그 풍미

 야생 사과의 계절은 10월 말에서 11월 초에 이른다. 이 무렵 그것들은 비로소 먹을 만해지며, 동시에 아마도 그 어느 때보다도 아름답다. 나는 농부들이 따낼 가치가 없다고 치부하는 이 과일들을—뮤즈의 야생적 풍미, 생기를 북돋우고 기운을 일깨우는 맛—매우 소중하게 여긴다. 농부는 자신의 통 속에 더 나은 것이 있다고 생각하지만, 그것은 착각이다. 왜냐하면 그는 산책자가 가진 식욕과 상상력을 갖지 못하기 때문이다. 그것은 그가 아무리 원해도 얻을 수 없는 것이다.

 완전히 야생으로 자라 11월 초까지 남겨진 사과들을 보면, 나는 그 주인이 거둘 뜻이 전혀 없다고 판단한다. 그런 사과는 그들만큼이나 야생적인 아이들—내가 아는, 아무것도 마다하지 않고 세상 끝까지 쫓아다니는 활달한 소년들—의 몫이다. 또한 들판에서 야생의 눈빛을 지닌 여인의 몫이기도 하다. 그리고 무엇보다도 그것들은 우리 산책자들의 것이다. 우리가 그것들을 만났으니, 곧 우리 것이 된다. 이 권리는 충분히 오래 주장되어 왔고, 삶의 방식을 배운 오래된 나라에서는 실제 제도로 굳어졌다. 나는 "그리플링(Grippling)"[196]이라는 관습, 곧 사과 이삭줍기가 영국 헤리퍼드셔에서 지금도, 혹은 예전에는 행해졌다

---

196 영국 헤리퍼드셔 지방에서 행해지던 사과 이삭줍기 풍습. 일반적인 수확 후 일부 사과(gripples)를 나무에 남겨두면, 아이들이 장대와 자루를 들고 그것들을 따 모으던 전통.

고 들었다. 이는 수확이 끝난 뒤에도 모든 나무에 몇 개의 사과를 남겨두고, 소년들이 장대와 자루를 들고 그것을 따러 다니는 풍습이다.

내가 지금 말하는 사과는 바로 이런 것들이다. 나는 그것들을 이 땅, 이 지역에서 자생하는 야생 과일로 딴다. 내가 소년일 적부터 죽어가고, 그러나 여전히 죽지 않은 늙은 나무들의 열매, 딱따구리와 다람쥐만이 자주 찾던, 이제는 그 가지 아래를 기웃거릴 만큼의 믿음조차 주지 못한 주인에게 버려진 열매다. 조금 떨어진 곳에서 나무 꼭대기를 바라보면, 거기서 떨어질 것은 이끼뿐일 거라 짐작할지도 모른다. 그러나 믿음을 갖고 발밑을 살펴보면, 땅 위가 여전히 활력 넘치는 열매들로 덮여 있음을 발견한다. 어떤 것은 다람쥐 굴 속에 모여 있고, 그가 물어 옮긴 이빨 자국이 선명히 남아 있다. 또 어떤 것은 그 속에서 귀뚜라미 한두 마리가 조용히 먹고 있는 보금자리가 된다. 습한 날에는 껍질 없는 달팽이가 기어 들어가기도 한다. 나무 꼭대기에 달려 있던 그 가지와 돌들이, 수십 년 동안 그토록 갈망했던 과일의 참된 풍미가 여기에 있다는 것을 나에게 납득시켜 준다.

나는 『미국의 과일과 과일나무(Fruits and Fruit Trees of America)』에서 이런 것들에 대한 묘사를 본 적이 없다. 하지만 내 입맛에는 그것들이 오히려 접붙여 기른 사과보다 더 오래 기억된다. 10월과 11월, 더 나아가 12월과 1월, 심지어 2월과 3월까지도, 비록 다소 시들고 누그러졌을지라도, 그들은 여전히 짜릿하고, 그 어떤 재배종보다도 야생적인 미국의 풍미를 지니고 있다. 내 이웃의 한 늙은 농부—언제나 꼭 맞는 말을 고르는 이—는 이렇게 말했다. "그 사과들은 마치 활시위를 튕기는 듯 톡 쏘는 맛이 있지."

접붙이기용 사과는 대개 그 활기찬 풍미보다는 크기와 결실력, 그리고 순한 성질 때문에 선택된 듯하다. 그 아름다움보다는 외형의 깨끗함과 온전함 때문에 사랑받는 것이다. 그러나 나는 과수학 신사들이 선정한 품종 목록을 신뢰하지 않는다. 그들의 "애호품"이나 "비할 데 없는 것", "더 이상 찾을 필요 없는 것"이라는 칭호를 단 사과들도 실제로 열매를 맺어보면, 대체로 매우 시시하고 쉽게 잊히는 경우가 많았다. 그 과일들은 먹을 때 흥미가 적고, 진짜로 톡 쏘는 맛이나 생생한 풍미가 부족하다.

야생 사과 가운데 일부는 맵고 떫으며, 진짜 신 포도즙 같은 맛을 낸다 해서 무슨 문제가 되겠는가. 그것들은 여전히 언제나 인간에게 무해하고 친절한 사과과(科)에 속한다. 나는 여전히 그런 것들을 사과즙 짜는 기계에 넣기엔 아깝다고 생각한다. 아마도 그들은 아직 제대로 익지 않았을 뿐일 것이다.

작고 색이 짙은 사과들이 최고의 사과주를 만든다고 여겨지는 것은 당연하다. 라우던은 『헤리퍼드셔 보고서(Report of Herefordshire)』[197]를 인용해 이렇게 말한다. "작은 크기의 사과는, 품질이 같다면, 큰 사과

---

197 영국 헤리퍼드셔 지방의 농업과 과수 재배에 관한 보고서. 사과주 제조 전통으로 유명하다.

보다 항상 더 선호된다. 껍질과 씨가 과육에 비해 더 큰 비율을 차지하기 때문인데, 과육은 가장 약하고 물기 많은 즙을 내기 때문이다." 그리고 그는 덧붙인다. "이를 증명하기 위해, 헤리퍼드의 시먼즈 박사(Dr. Symonds)는 1800년경 사과의 껍질과 속만으로 사과주 한 통을 만들고, 과육만으로 다른 한 통을 만들었는데, 첫 번째 것은 놀라울 만큼 강하고 풍미가 뛰어났으며, 두 번째 것은 달고 싱거웠다."

또한 에벌린(Evelyn)은 "레드스트레이크(Redstreak)"[198]가 그의 시대에 가장 인기 있는 사과주용 사과였다고 말한다. 그리고 그는 뉴버그 박사(Dr. Newburg)의 말을 인용한다. "저지(Jersey)에서는, 내가 듣기로는, 어떤 사과든 껍질에 붉은 기가 많을수록 사과주 용도로 더 적합하다는 것이 일반적인 관찰이다. 창백한 얼굴의 사과는 가능한 한 사과주 통에서 배제된다." 이 견해는 지금까지도 여전히 널리 받아들여지고 있다.

11월이 되면 모든 사과가 맛있어진다. 농부가 시장에서 값이 나지 않는다며 내버려 두는 것들조차, 산책자에게는 최상의 과일이다. 그러나 들판이나 숲에서 먹을 때 그렇게 활기차고 풍미가 좋다고 칭송한 야생 사과가, 막상 집에 가져오면 거칠고 까다로운 맛으로 변하는 것은 주목할 만하다. 산책자의 사과는, 심지어 산책자 자신도 집 안에서는 먹지 못한다. 미각이 그것을 거부하는 것이다. 마치 산사나무

---

198   17세기 영국에서 사과주 제조용으로 크게 인기를 끌었던 품종. 강한 풍미와 적색 껍질이 특징이다.

열매나 도토리를 거부하듯, 길들여진 맛을 요구한다. 이는 집에서는 그것과 함께해야 할 필수의 소스, 곧 11월의 공기를 잃어버리기 때문이다. 그래서 베르길리우스의 『목가』에서, 티티루스가 그림자가 길어지는 것을 보고 멜리보이우스를 집으로 불러 밤을 함께 지내자고 할 때, 그는 그에게 순한 사과와 부드러운 밤—*mitia poma, castaneae molles*(미티아 포마, 카스타네아이 몰레스, 라틴어로 "순한 사과와 부드러운 밤.")—를 약속한다.

나는 종종 향기롭고 풍부한 맛을 지닌 야생 사과를 따서, 왜 과수원 주인들이 저 나무에서 접순을 얻어내지 않는지 의아해하며 주머니를 가득 채운다. 그러나 책상 위에서 꺼내 방 안에서 맛보면, 그것은 예상치 못하게 설익고—다람쥐의 이가 시릴 만큼 시고, 어치가 고통스러운 비명을 지를 만큼 시다는 것을 깨닫는다.

이 사과들은 바람과 서리, 비 속에서 매달려 지내며 날씨와 계절의 성질을 흡수했기에, 매우 잘 양념되어 우리를 꿰뚫고, 찌르고, 스며드는 듯한 힘을 지닌다. 그러므로 제철에, 곧 야외에서 먹어야만 진가를 발휘한다.

10월 과일의 날카롭고도 야생적인 풍미를 제대로 느끼려면, 10월과 11월의 차갑고 예리한 공기를 들이마시고 있어야 한다. 산책자가 얻는 야외의 공기와 운동은 그의 미각에 활력을 불어넣어, 앉아서 지내는 사람들이 거칠다고 폄하하는 과일을 오히려 갈망하게 만든다. 그것들은 들판에서, 몸이 운동으로 달아올랐을 때, 서리 낀 바람이 손가락을 꼬집고, 바람이 앙상한 가지를 흔들며 남은 잎들을 바스락거리게 하고, 어치가 곁에서 비명을 지를 때 먹어야 한다. 집 안에서 신맛은 불쾌하지만, 산책 후 야외에서 신맛은 달콤하게 바뀐다. 이 사과들 중에는 "바람 속에서 먹을 것"이라고 라벨을 붙여야 할 품종도 있을지 모른다.

물론 어떤 풍미도 헛되이 존재하지 않는다. 그것들은 각기 그 풍미를 감당할 수 있는 미각을 위해 주어진 것이다. 어떤 사과들은 두 가지 뚜렷한 맛을 지니는데, 아마도 절반은 집에서, 절반은 야외에서 먹어야 할 것이다. 1782년 노스버러의 피터 휘트니(Peter Whitney)가 보스턴 아카데미 회보에 쓴 글에 따르면, 그 마을의 한 사과나무는 서로 상반된 특성을 가진 열매를 맺었는데, 같은 사과의 일부는 시고 다른 일부는 달았다고 한다. 또한 일부는 전부 시고, 다른 일부는 전부 달았으며, 이런 다양성은 나무의 모든 부분에 나타났다고 한다.

우리 마을의 노쇼턱 언덕에는 나에게 특별히 즐거운 쓴맛을 주는 야생 사과가 있다. 이 쓴맛은 사과의 4분의 3쯤을 먹을 때까지는 거의 느껴지지 않지만, 한 번 감지되면 혀에 오래 남는다. 그것을 끝까지 먹고 즐기는 일은 일종의 작은 승리처럼 느껴진다.

나는 프로방스의 어떤 자두 열매가 프뤈 시바렐[199]

---

199 프뤈 시바렐(prunes cybarel): 프로방스 지방에서 재배된 신맛이 강한 자두 품종. 먹고 나면 신맛 때문에 휘파람을 불기 어렵다고 하여 붙은 이름.

이라 불린다는 이야기를 들었다. 그것을 먹으면 신맛 때문에 휘파람을 불 수 없게 된다고 한다. 그러나 아마도 그것들은 집 안에서, 그것도 여름철에만 먹혔기 때문일 것이다. 만약 차갑고 상쾌한 대기 속, 야외에서 시도했다면 누가 알겠는가. 오히려 한 옥타브 더 높고 맑은 휘파람을 불 수 있었을지도 모른다.

들판에서만 자연의 신맛과 쓴맛이 제대로 평가된다. 마치 나무꾼이 겨울날 한가운데 햇볕 드는 빈터에서 만족스럽게 식사하며, 방 안에서라면 학생을 떨게 만들었을 매서운 추위 속에서도 여름을 떠올릴 수 있는 것과 같다. 실외에서 일하는 사람은 춥지 않다. 오히려 집 안에서 웅크린 사람들이 더 춥게 느낀다. 풍미도 온도와 마찬가지다. 추위와 더위가 그러하듯, 신맛과 단맛도 그렇다. 병든 미각이 거부하는 이 자연의 풍미—신맛과 쓴맛—이야말로 진정한 조미료다.

따라서 조미료는 인공적으로 더할 것이 아니라, 감각 자체의 상태에 달려 있어야 한다. 이 야생 사과의 풍미를 제대로 감상하려면, 활기차고 건강한 감각, 혀와 입천장의 단단하고 곧은 미뢰가 필요하다. 쉽게 납작해지거나 길들여지지 않는 감각 말이다.

야생 사과에 대한 나의 경험은 문명인이 거부하는 많은 음식이 왜 야만인에게는 오히려 기호가 될 수 있는지를 설명해준다. 전자는 방 안에 길들여진 입맛을 가졌지만, 후자는 야외 생활에 길러진 미각을 갖고 있기 때문이다. 야생 과일을 즐기려면, 야만적이거나 최소한 야생적인 미각이 필요하다.

그렇다면 생명의 사과, 세상의 사과를 제대로 즐기기 위해서는 얼마나 건강한 야외의 식욕이 필요한가!

> "내가 바라는 것은 모든 사과가 아니요,
> 모든 미각을 가장 즐겁게 하는 것도 아니네.
> 내가 요구하는 것은 오래가는
> 듀산[200]도 아니요,
> 붉은 뺨의 그리닝[201]도 아니네.
> 아내라는 이름을 처음 저주한 것도 아니요,
> 그 아름다움이 황금의 다툼을
> 불러온 것도 아니네.
> 아니, 아니, 내게는
> 생명나무의 사과[202]를 가져다주오."

그래서 들판에는 들판의 생각이, 집에는 집의 생각이 있다. 나는 내 생각들이 야생 사과처럼 산책자를 위한 양식이 되기를 바란다. 그러나 집에서 맛본다면, 그것이 먹을 만하다고는 감히 보증하지 않겠다.

---

200 듀산(Dousans): 영국에서 재배된 유명한 사과 품종으로, 보관성이 길어 오래 먹을 수 있는 품종.

201 그리닝(Greening): '그리닝 애플'이라 불리는 사과 품종. 녹색이 도는 껍질과 붉은 뺨이 특징이며, 산뜻한 신맛을 지닌다.

202 생명나무의 사과(Tree of Life, biblical reference): 성경 창세기와 요한계시록에 등장하는 나무의 열매로, 영원한 생명과 불멸을 상징한다.

그들의 아름다움

거의 모든 야생 사과는 눈으로 보기에도 아름답다. 아무리 옹이투성이에다 뒤틀리고 거칠며, 녹이 슨 듯 보이더라도 그렇다. 가장 울퉁불퉁한 사과조차도 눈길을 사로잡는 무언가를 지닌다. 혹은 어떤 솟아오른 부분이나 움푹 팬 곳에 석양빛 붉은 기운이 흩뿌려져 있을 것이다. 여름이 사과의 둥근 몸 어디 한 곳이라도 줄무늬나 반점을 남기지 않고 지나가는 경우는 드물다. 그 사과에는 붉은 자국이 남아 있는데, 그것은 사과가 목격한 아침과 저녁을 기념하는 흔적이다. 또한 구름 낀 날이나 안개와 곰팡이가 낀 음습한 날들을 기억하는 듯, 어둡고 녹슨 듯한 얼룩이 자리한다. 그리고 넓게 펼쳐진 초록빛 면은 자연의 얼굴을 그대로 반영한다. 들판만큼이나 푸른 초록, 혹은 수확을 닮은 누런색, 또는 언덕을 닮은 적갈색을 띠기도 한다.

내가 말하는 이 사과들은 말로 다할 수 없을 만큼 곱다. 불화의 사과가 아니라, 화합의 사과다! 그러나 드문 것만은 아니어서, 가장 볼품없는 사과조차도 그 몫의 아름다움을 나누어 가진다. 서리에 물들어, 어떤 것은 맑고 밝은 노랑이나 붉은색, 혹은 진홍색으로 고르게 빛나는데, 마치 둥근 몸이 규칙적으로 태양을 받아 어느 쪽도 빠짐없이 햇빛의 영향을 즐긴 듯하다. 또 어떤 것은 상상할 수 있는 한 가장 옅은 분홍빛을 띠며, 어떤 것은 소의 털처럼 짙은 붉은 줄무늬가 얼룩덜룩하고, 어떤 것은 줄기에서 꽃받침 끝까지 자오선처럼 방사된 수백 개의 진붉은 선이 짚색 바탕 위로 뻗어 있다. 또 어떤 것은 세련된 지의류 같은 녹슨 빛을 띠며, 여기저기 진홍빛 얼룩이나 눈매 같은 자국이 젖으면 더욱 강렬하게 타오른다. 다른 것들은 옹이가 지고, 흰 바탕 위에 붉은 점이 줄기 쪽에 가득 흩뿌려져 있어, 마치 가을 잎을 물들이는 화가의 붓에서 우연히 튄 듯하다. 또 어떤 사과는 속까지 붉게 물들어 아름다운 홍조를 띠는데, 너무 아름다워서 차마 먹을 수 없을 듯한 요정의 음식, 헤스페리데스의 황금 사과, 저녁 하늘의 사과다! 그러나 그것들은 바닷가의 조개껍질이나 자갈처럼, 숲 속 골짜기의 시든 잎들 사이, 가을의 공기 속에서 반짝이거나, 이슬 젖은 풀 위에 놓여 있을 때 비로소 제 아름다움을 드러낸다. 집 안에서 시들고 빛을 잃어버렸을 때가 아니라.

그 이름 짓기

 사과즙 짜는 기계로 한꺼번에 들어가는 수백 종의 품종에 어울릴 만한 이름을 찾아내는 일은 참으로 즐거운 소일거리가 될 것이다. 그것은 사람의 창의력을 시험하는 일이 아니겠는가. 단, 어떤 것도 사람의 이름을 따서는 안 되며, 모두 토착어[203]로 지어야 한다. 그렇다면 야생 사과의 세례식에서 누가 대부가 될 것인가? 만약 라틴어나 그리스어가 사용된다면 금세 고갈될 것이고, 토착어는 기운이 빠질 것이다. 따라서 우리는 일출과 일몰, 무지개와 가을 숲, 야생화와 딱따구리, 보라색 되새, 다람쥐, 어치, 나비, 그리고 11월의 여행자와 무단결석 소년까지 우리의 도움으로 불러와야 할 것이다.

 1836년 런던 원예협회 정원에는 1,400종이 넘는 뚜렷한 품종이 있었다. 그러나 이곳에는 그들의 목록에 없는 품종들이 있으며, 우리의 야생 사과가 재배를 통해 낳을 수 있는 변종은 말할 것도 없다.

 그 몇 가지를 열거해 보자. 결국 나는 영어가 사용되지 않는 곳에 사는 사람들을 위해 라틴어 이름을 붙이지 않을 수 없음을 깨닫는다. 왜냐하면 그것들은 세계적인 명성을 얻을 가능성이 있기 때문이다.

 가장 먼저 숲 사과(Malus sylvatica)가 있다. 파랑어치 사과, 숲속 골짜기에서 자라는 사과(sylvestrivallis), 목초지

---

203 토착어: 여기서의 lingua vernacula는 '라틴어나 그리스어와 대비되는, 민중이 실제 사용하는 언어'를 뜻한다.

의 움푹한 곳에서 자라는 사과(campestrivallis), 오래된 지하실 구멍에서 자라는 사과(Malus cellaris), 초원 사과, 자고새 사과, 무단결석생의 사과(Cessatoris)—아무리 늦은 소년도 그냥 지나치지 않고 반드시 몇 개는 따내는 사과—가 있다. 또한 한가로이 거니는 자의 사과[204], 공기의 아름다움(Decus Aeris), 12월에 먹는 사과, 얼었다 녹은 사과(gelato-soluta), 그런 상태에서만 좋은 사과, 콩코드 사과(아마도 무스케타퀴덴시스와 같은 것), 애서벳 사과, 얼룩무늬 사과, 뉴잉글랜드의 와인, 청설모 사과, 풋사과(Malus viridis). 이것은 많은 동의어를 갖고 있다. 불완전한 상태에서는 "*Cholera morbifera aut dysenterifera, puerulis dilectissima*"[205]라고 불린다. 아탈란타가 줍기 위해 멈춘 사과, 울타리 사과(Malus sepium), 민달팽이 사과(limacea), 철도 사과—아마도 기차에서 던져진 씨앗에서 나온 것—, 우리가 젊었을 때 맛보았던 사과, 어느 목록에도 없는 우리의 특별한 사과(Pedestrium solatium), 잊힌 낫이 걸려 있는 사과, 이두나의 사과, 그리고 로키가 숲에서 발견한 사과까지. 그 밖에도 목록에 적기에는 너무 많은 수많은 종류들이 있다. 그러나 모두 훌륭하다.

보데우스[206]가 재배종을 언급하며 베르길리우스를

---

204 영어 원문은 Saunterer's Apple, '한량' 혹은 '산책자'의 사과로 번역 가능. 산책자나 방랑자에게만 발견되는 사과라는 의미.

205 "콜레라나 이질을 일으키지만, 아이들이 가장 좋아하는 사과"라는 의미.

206 보데우스(Bodaeus): 독일의 식물학자 요하네스 보데우스 (Johannes Bodaeus van Stapel, 1602-1636).

자기 경우에 맞게 인용한 것처럼, 나도 보데우스를 차용해 이렇게 말하고 싶다.—

"내게 백 개의 혀와 백 개의 입, 쇠처럼 단단한 목소리가 있다 해도, 나는 이 모든 야생 사과의 형태를 묘사하고 이름을 셀 수 없으리."

마지막 이삭줍기

11월 중순이면 야생 사과들은 이미 그 찬란함을 잃고 대부분 땅에 떨어져 있었다. 상당수는 썩어 있었으나, 남아 있는 온전한 것들은 이전보다 오히려 더 먹을 만해졌다. 늙은 나무들 사이를 거닐 때, 박새의 노랫소리가 더욱 또렷하게 들리고, 가을 민들레는 반쯤 닫혀 눈물겹게 보인다. 그러나 숙련된 이삭줍기꾼이라면, 사과가 모두 사라졌다고 여겨지는 시기에도 주머니 가득 수확할 수 있다. 심지어 접붙인 나무에서도 말이다.

나는 늪 가장자리 안에서 자라는, 거의 야생에 가까운 블루 페어메인[207] 사과나무를 안다. 겉으로 보기엔 열매가 하나도 남아 있지 않은 듯 보이지만, 체계적으로 살펴보면 뜻밖의 보물이 드러난다. 노출된 열매들은 이미 갈색으로 변해 썩었지만, 여전히 젖은 잎 사이사이에 숨어 붉은 뺨을 드러낸 몇 개가 있다. 경험 있는 눈은 앙상한 오리나무와 월귤 덤불, 시든 사초 사이, 혹은 낙엽이 두껍게 쌓인 바위틈과 고사리 밑에서도 열매를 발견한다. 오래전 움푹한 곳에 떨어져 나무 자체의 잎으로 덮인 사과들은 자연의 완벽한 포장을 입은 셈이다. 나는 그곳에서 젖고 윤기 나는 열매를 꺼내곤 했다. 그것들은 토끼에게 갉히고 귀뚜라미에게 파먹힌 흔적이 있거나, 잎이 한두 장

---

207 블루 페어메인(Blue Pearmain) : 뉴잉글랜드 지역에서 오래전부터 재배된 고전적인 사과 품종으로, 껍질에 푸른빛이 도는 진한 붉은색을 띠며 풍미가 강한 것이 특징이다.

붙어 있었지만, 여전히 풍부한 광택을 지니고 있었다. 통 속에 저장된 것보다 더 잘 보관되고, 더 아삭하며, 더 생생했다.

만약 이런 숨은 자원들이 허탕일 때면, 나는 나무의 수평 가지에서 돋은 흡지의 밑동을 살펴본다. 때때로 사과가 거기에 걸려 있거나, 오리나무 덤불 한가운데 낙엽 속에 묻혀, 소들의 눈과 코를 피해 살아남기도 한다. 배가 몹시 고플 때면, 나는 블루 페어메인을 마다하지 않고 양쪽 주머니를 가득 채운다. 서리 내린 저녁, 집에서 네댓 마일 떨어진 길에서 균형을 잡기 위해 왼쪽 주머니에서 하나, 오른쪽 주머니에서 또 하나를 번갈아 먹으며 발걸음을 옮긴다.

나는 톱셀의 『게스너』에서, 그의 권위가 알베르투스에 있다고 하는데, 고슴도치가 사과를 집으로 모아가는 방법을 읽은 적이 있다. 그는 이렇게 기록한다. "고슴도치의 먹이는 사과, 벌레, 혹은 포도이다. 그가 땅에 떨어진 사과나 포도를 발견하면, 그는 그 위에서 몸을 굴려 온몸의 가시에 그것들을 꽂는다. 모든 가시가 찰 때까지 굴리고, 그렇게 짐을 싣고 굴로 돌아가는데, 입에는 결코 하나 이상 물지 않는다. 만약 그중 하나가 떨어지면, 그는 다시 굴러 나머지를 모두 떨어뜨린 뒤, 다시 몸을 굴려 제자리에 꽂는다. 그렇게 수레바퀴 같은 소리를 내며 나아간다. 둥지에 새끼가 있다면, 그들은 고슴도치가 싣고 온 짐을 끌어내려 원하는 만큼 먹고, 남은 것은 훗날을 위해 쌓아둔다."

얼었다 녹은 사과

 11월 말 무렵이면, 비록 온전한 것들 가운데 일부는 여전히 더 부드럽고 어쩌면 더 먹을 만할지라도, 대체로 잎처럼 그 아름다움을 잃고 얼기 시작한다. 손끝이 시릴 만큼 차가운 계절이 되고, 신중한 농부들은 통에 담아두었던 사과를 들여놓으며, 이미 약속해둔 사과와 사과주를 내놓는다. 이제 그것들을 지하실에 저장할 때가 된 것이다. 어쩌다 땅 위에 남은 몇 개는 이른 눈 위로 붉은 뺨을 드러내기도 하고, 드물게는 어떤 것들은 겨울 내내 눈 아래에서 색과 온전함을 유지하기도 한다. 그러나 보통은 겨울이 시작되면 단단히 얼어붙고, 곧 썩지는 않았지만 구운 사과 같은 색을 띠게 된다.

 12월이 끝나기 전, 대체로 그것들은 첫 해동을 겪는다. 불과 한 달 전만 해도 신맛이 강하고 떫으며, 문명화된 입맛으로는 전혀 먹을 수 없던 것들—적어도 온전한 상태에서 얼어붙었던 것들은—따뜻한 햇살이 와서 녹여주기만 하면, 내가 아는 어떤 병 속 사과주보다도 더 좋고, 내가 와인보다도 훨씬 익숙한, 풍부하고 달콤한 사과주로 가득 차 있음을 발견하게 된다. 이 상태에서는 모든 사과가 맛있으며, 당신의 턱은 곧 사과즙을 짜내는 기계가 된다. 또 다른 사과들은 더 실체가 있어 달콤하고 향기로운 음식이 되는데, 내 생각에는 서인도 제도에서 수입되는 파인애플보다도 더 귀하다. 얼마 전까지만 해도 나조차 맛만 보고 후회했던 것들—나는 반쯤 문명화된 사람이니까—, 농부가 흔쾌히 나무에 남겨두었던 것들이, 이제는 어린 떡갈나무 잎처럼 오래 매달려 있는 성질을 지녔음을 알게 되어 기쁘다. 이것이 끓이지 않고도 사과주를 달콤하게 유지하는 방법이다. 먼저 서리가 내려 그것들을 돌처럼 단단하게 얼린 뒤, 비나 따뜻한 겨울날이 와서 녹여주면, 마치 그것들이 매달려 있는 공기를 매개로 하늘에서 풍미를 빌려온 것처럼 보인다. 혹은 집에 도착했을 때, 주머니 속에서 덜컹거리던 것들이 녹아 얼음이 사과주로 변해 있음을 발견하기도 한다. 그러나 세 번째나 네 번째 얼고 녹은 뒤에는 그렇게 맛있지 않게 된다.

남쪽의 뜨거운 지방에서 수입된 덜 익은 과일이, 북쪽의 한랭한 겨울의 추위로 성숙한 이 과일에 비할 바가 무엇이겠는가? 바로 이 투박한 사과들은, 내가 동료를 속이기 위해 무심한 얼굴을 유지한 채 먹도록 유혹하던 것이었다. 이제 우리 둘 다 탐욕스럽게 주머니를 그것들로 가득 채우며, 몸을 굽혀 잔을 마시듯 즙을 받아내고 넘치는 즙이 옷깃에 스미지 않도록 조심한다. 그러면서 그 와인 같은 즙으로 더욱 사교적이 된다. 혹시 너무 높이 매달려 얽힌 가지들에 가려져, 우리의 막대기로도 떨어뜨릴 수 없었던 사과가 하나라도 있었던가?

이것은 내가 아는 한 결코 시장에 나간 적이 없는, 시장에서 팔리는 사과와는 전혀 다른 과일이다. 말린 사과나 사과주와도 구분되는, 그리고 모든 겨울에 완벽하게 생산되는 것도 아닌, 특별한 과일이다.

　야생 사과의 시대는 곧 저물 것이다. 그것은 아마도 뉴잉글랜드에서 멸종될 과일이다. 당신은 여전히 거닐 수 있을 것이다. 한때 대부분이 사과즙 짜는 기계로 갔던, 그러나 이제는 모두 쇠락해버린, 광대한 토종 과수원의 자취를. 나는 먼 마을 언덕 비탈에 있던 한 과수원 이야기를 들었다. 그곳에서는 사과가 굴러 내려와 담장 아래에 무려 4피트 깊이로 쌓였다고 한다. 그러나 주인은 그것들이 결국 사과주로 변할 것을 두려워해 나무들을 베어버렸다. 금주 운동의 확산과 접붙인 과일나무의 도입 이후로, 내가 버려진 목초지나 그 주위의 숲에서 흔히 보았던 토종 사과나무는 이제 더 이상 심어지지 않는다. 나는 한 세기 후 이 들판을 거닐 사람은 야생 사과를 따는 즐거움을 알지 못할까 두렵다. 아, 가엾은 이여, 그가 알지 못할 즐거움이 얼마나 많겠는가! 볼드윈과 포터 같은 품종이 아무리 유행해도, 오늘날 내 마을에 한 세기 전만큼 넓고 광대한 과수원이 조성되고 있다고는 도저히 믿을 수 없다. 그 시절에는 사방에 흩어져 있는 사과주용 과수원들이 심어졌고, 사람들은 사과를 먹고 마셨으며, 사과 찌꺼기 더미가 유일한 묘목장이었다. 나무는 심는 수고 외에는 아무 비용도 들지 않았다. 사람들은 담장마다 나무 한 그루를 심어두고, 운에 맡길 여유를 지녔다. 그러나 오늘날에는 외딴 들판이나, 한적한 오솔길이나, 숲속 골짜기 바닥에 나무를 심는 이를 찾아볼 수 없다. 이제 사람들은 접붙인 나무를 돈을 주고 사와, 집 옆의 구획된 공간에 울타리를 두르고 심는다. 그리고 그 끝은 무엇인가? 우리는 통 속에서만 사과를 찾게 될 것이다.

이 장면은 마치 성경의 한 구절을 떠올리게 한다.―

> "브두엘의 아들 요엘에게 임한
> 여호와의 말씀이라.
> '늙은 자들아, 이것을 들으라.
> 땅의 모든 주민들아, 귀를 기울이라!
> 이것이 너희 날에,
> 혹은 너희 조상들의 날에 있었느냐?
> …
> 메뚜기가 남긴 것을 황충이 먹었고,
> 황충이 남긴 것을 느치가 먹었으며,
> 느치가 남긴 것을 팥중이가 먹었도다.
> 취하는 자들아, 깨어 울지어다!
> 포도주를 마시는 모든 자들아,
> 새 포도주 때문에 울부짖으라!
> 이는 그것이 너희 입에서 끊어졌음이라.
> 한 민족이 내 땅에 올라왔으니,
> 강하고 수가 많으며,
> 그 이빨은 사자의 이빨 같고,
> 큰 사자의 어금니를 가졌도다.
> 그가 내 포도나무를 황폐하게 하고,
> 내 무화과나무를 꺾었으며,
> 그것을 깨끗이 벗겨 버렸으니,

그 가지들이 희게 되었도다

…

농부들아, 부끄러워할지어다!
포도원지기들아, 울부짖을지어다!

…

포도나무가 말랐고, 무화과나무가 시들었으며,
석류나무와 종려나무와 사과나무,
곧 밭의 모든 나무가 시들었으니,
이는 기쁨이 사람의 아들들에게서
사라졌음이라.'"[208]

---

208 구약성경 요엘서 1장 1~12절: 메뚜기 재앙을 통한 하나님의 심판과 땅의 황폐함을 묘사하며, 포도나무와 무화과나무, 그리고 사과나무의 시듦을 통해 기쁨이 사라졌음을 상징. 원문은 킹 제임스 버전으로, 다른 역본을 가져오지 않고 역자가 그대로 번역했다.

밤과 달빛

몇 해 전, 나는 우연히 기억에 남을 만한 달밤 산책을 하고는, 앞으로 그런 산책을 더 자주 하며 자연의 또 다른 면과 친해지기로 결심했다. 그리고 실제로 그렇게 해왔다.

플리니우스에 따르면 아라비아에는 셀레니테스[209]라는 돌이 있는데, "그 안에는 달과 함께 커지고 작아지는 흰빛이 있다." 지난 1~2년 동안의 내 일지는 바로 그런 의미에서 셀레니테스적이었다.

우리 대부분에게 한밤중은 중앙아프리카와 같지 않은가? 우리는 그것을 탐험하고, 차드 호수[210] 기슭까지 파고들며, 나일강의 근원, 어쩌면 달의 산맥을 찾아내고 싶은 유혹을 느끼지 않는가? 그곳에서 어떤 도덕적·자연적 풍요와 아름다움을 발견할 수 있을지 누가 알겠는가? 달의 산맥, 밤의 중앙아프리카, 바로 그곳에 모든 나일강의 숨겨진 수원지가 있다. 지금까지 나일강 상류 탐험은 겨우 폭포까지, 혹은 기껏해야 백나일강 어귀까지밖에 미치지 못했다. 그러나 우리에게 중요한 것은 흑나일강이다.

만약 내가 밤으로부터 어떤 영역을 정복한다면, 만약 그 계절에 우리 주변에서 일어난 주목할 만한 일을 관보에 보고할 수 있다면—만약 사람들이 잠든 사이 깨어 있는 동안에도 아름다움이 있다는 것을 보여

---

209 셀레니테스(selenites): 고대에 알려진 보석 이름. 달의 위상(月相)에 따라 색이나 빛이 변한다고 믿어졌음. 그리스어 selēnē(달)에서 유래.

210 차드 호수(Lake Chad): 아프리카 중앙부의 호수로, 19세기 서구인들에게는 '아프리카 내륙의 신비로운 공간'으로 여겨짐. 소로는 미지의 영역을 은유하는 예로 사용.

줄 수 있다면—만약 내가 시의 영역을 넓힐 수 있다면, 나는 은인이 될 것이다.

밤은 확실히 낮보다 더 새롭고, 덜 세속적이다. 나는 곧 내가 그저 겉모습만 알고 있었고, 달에 관해서는 말하자면 덧문 틈으로 가끔씩만 그녀를 보았다는 것을 깨달았다. 그녀의 빛 속에서 직접 걸어보면 어떨까?

가령 한 달 동안 달이 건네는, 대개는 헛된 제안에 귀 기울인다고 상상해 보라. 그것은 문학이나 종교의 어떤 것과도 크게 다르지 않을 것이다. 그런데 왜 이 산스크리트어를 배우지 않는가? 만약 한 달이 시의 세계, 기이한 가르침, 신탁 같은 암시와 함께 다가왔다가 사라지는데—그토록 신성한 존재가 내게 무수한 힌트를 주었는데—내가 그것을 사용하지 않았다면? 한 달이 그냥 무심히 지나갔다면?

콜리지를 비판하면서, 자신은 어디서나 볼 수 있는 아이디어를 원하지, 저 하늘 높이서 내려다봐야만 하는 아이디어는 원치 않는다고 말한 사람은 아마 챌머스 박사[211]였을 것이다. 그런 사람은 말하자면 결코 달을 보지 않을 것이다. 달은 우리에게 결코 다른 얼굴을 보여주지 않기 때문이다. 지구에서 멀리 떨어진 궤도를 도는 아이디어들이 비추는 빛, 그리고 그 빛이 밤길을 잃은 여행자에게 달빛이나 별빛 못지않게 용기를 북돋우고 계몽적인 힘이 될 수 있다는 사

---

211 챌머스(Thomas Chalmers, 1780~1847): 스코틀랜드의 장로교 목사이자 사상가. 교육과 사회 문제에 대한 발언으로 알려졌으며, 소로는 '아이디어를 가까이서 보고 싶다'는 그의 비판적 발언을 인용.

실은, 당연히 그런 이들에게 달빛이라고 조롱당하거나 별명 붙여질 것이다. 그것들이 달빛이라고? 좋다. 그렇다면 달이 당신을 비추지 않을 때 당신의 밤길을 걸어가 보라. 그러나 나는 가장 작은 별에서라도 내게 닿는 빛에 감사할 것이다. 별들은 우리가 보는 방식에 따라 더 크거나 더 작게 보일 뿐이다. 나는 천상의 아이디어의 한쪽 면—무지개의 한쪽 면—그리고 석양 하늘의 빛이라도 볼 수 있음을 감사히 여길 것이다.

사람들은 달빛에 대해 마치 그것을 아주 잘 알고 경멸하는 듯 유창하게 말한다. 그러나 그것은 올빼미가 햇빛을 두고 하는 말과 같다. "햇빛 따위 필요 없어." 하지만 그 말은 대개 자신이 이해하지 못하는 무엇을 가리킬 뿐이다. 그것이 아무리 깨어 있을 가치가 크더라도, 그들은 그 앞에서 잠들어 버린다.

달빛은 사색하는 산책자에게는 충분하고 우리 내면의 빛과도 잘 어울리지만, 질과 강도에 있어서는 태양빛에 비해 매우 열등하다는 것을 인정해야 한다. 그러나 달은 단순히 우리에게 보내는 빛의 양만으로 판단되어서는 안 된다. 지구와 그 거주자들에게 끼치는 영향으로도 평가되어야 한다. "달은 지구를 향해 중력으로 끌리고, 지구는 그에 상응해 달을 향해 끌린다." 달빛 아래 걷는 시인은 자기 생각 속에도 달의 인력에 따라 움직이는 조수가 있음을 의식한다. 나는 내 생각의 조수를 낮의 혼란으로부터 분리하려고 노력할 것이다. 또한 청중에게 내 생각을 대낮의 기준으로 평가하지 말고, 내가 밤의 자리에서 말하고 있다는 사실을 깨닫도록 경고하고 싶다. 모든 것은 관점에 달려 있다.

드레이크[212]의 『항해기 모음집』에서 웨이퍼[213]는 다리엔의 알비노 원주민들에 대해 이렇게 기록한다. "그들은 완전히 희지만, 그 흰빛은 말의 흰빛과 같아서, 창백한 유럽인과는 전혀 다르다. 그들은 홍조나 혈색의 기미가 전혀 없다. **그들의 눈썹은 우유처럼 희고 머리카락도 마찬가지로 매우 가늘다.** 그들은 낮에는 거의 외출하지 않는데, 태양이 그들에게 불쾌감을 주고, 약하고 응시하는 그들의 눈에 눈물이 나기 때문이다. 특히 태양빛이 그들을 정면으로 비출 때 그렇다. 그러나 달빛 아래에서는 시력이 아주 좋아, 우리는 그들을 '달눈'이라 불렀다."

내 생각에, 이 달밤 산책에서 우리의 사유 속에도 "홍조나 혈색의 기미가 전혀" 없었다. 우리는 지적으로나 도덕적으로 알비노, 곧 엔디미온[214]의 자녀들이었다. 달과 긴 대화를 나눈 결과가 바로 그것이다.

나는 북극 항해자들이 그 풍경의 끊임없는 황량함과 북극 밤의 영원한 황혼을 충분히 전해주지 못한다

---

212 드레이크(Sir Francis Drake, 1540~1596): 영국의 탐험가이자 항해가. 『항해기 모음집』은 17세기 이후 항해 보고서들을 모은 책.

213 웨이퍼(Lionel Wafer, 1640~1705): 영국 외과의이자 탐험가. 파나마 지역(다리엔)의 원주민과 생활한 경험을 기록한 『신세계 탐험기(New Voyage and Description of the Isthmus of America, 1699)』로 유명.

214 엔디미온(Endymion): 그리스 신화의 인물. 달의 여신 셀레네가 사랑한 미소년으로, 영원한 잠에 빠져 달빛을 받는 존재로 전해진다.

고 불평한다. 마찬가지로, 달빛을 주제로 삼는 사람이라면, 그것이 어렵게 느껴질지라도 오직 달빛만으로 말해야 한다.

많은 이들이 낮에는 걷지만, 밤에 걷는 이는 거의 없다. 그것은 전혀 다른 계절과 같다. 이를테면 7월의 밤을 떠올려 보라. 열 시 무렵, 사람들이 잠들고 낮이 완전히 잊힌 뒤, 달빛의 아름다움이 고요히 풀을 뜯는 소들이 있는 외딴 목초지를 비춘다. 사방에서 새로운 것들이 나타난다. 태양 대신 달과 별이 있고, 개똥지빠귀 대신 쏙독새가 있으며, 초원의 나비 대신 반딧불이—날개 달린 불꽃—가 있다. 누가 그것을 믿었겠는가? 불꽃과 어울려 사는 저 이슬 맺힌 거처에는 어떤 차분하고도 신선한 생명이 깃들어 있는가? 그래서 인간 역시 눈이나 피, 혹은 뇌에 불을 간직하고 있는 것이다.

노래하는 새 대신, 날아가는 뻐꾸기의 반쯤 잠긴 울음, 개구리의 개골거림, 그리고 귀뚜라미의 더욱 강렬한 꿈 같은 소리가 들린다. 그러나 무엇보다도, 메인에서 조지아까지 울려 퍼지는 황소개구리의 놀라운 나팔 소리가 지배한다. 감자 줄기는 곧게 서 있고, 옥수수는 무럭무럭 자라며, 덤불은 어렴풋이 드러난다. 곡식밭은 끝이 없고, 한때 인디언이 경작했던 강변의 단구에는 그것들이 군대처럼 대지를 점령한 듯 서 있다. 그 머리들은 산들바람에 맞추어 끄덕인다.

작은 나무와 관목들은 홍수에 휩쓸린 듯 그 사이

사이 나타난다. 바위와 나무, 언덕과 덤불의 그림자는 그 자체보다도 더 눈에 띈다. 땅의 가장 미세한 요철도 그림자에 의해 드러나, 발에는 평탄하게 느껴지는 곳이 시각적으로는 거칠고 다채롭게 보인다. 같은 이유로 전체 풍경은 낮보다 더 색채가 풍부하고 그림 같다. 바위의 작은 틈새는 동굴처럼 어둡고, 숲속 양치식물은 열대 지방만큼이나 커 보인다. 울창한 숲길을 따라 향기로운 고사리와 쪽풀은 사람을 허리까지 이슬로 적신다. 관목 떡갈나무의 잎은 마치 액체가 흘러내리는 듯 빛나고, 나무들 사이의 웅덩이들은 하늘처럼 빛으로 가득 차 있다. 푸라나[215]가 바다를 두고 "낮의 빛이 그 품속으로 피신한다"고 말했듯이, 모든 흰 사물은 낮보다도 더욱 또렷하다. 먼 절벽은 마치 언덕 비탈 위에 인광이 번지는 공간처럼 빛난다. 숲은 무겁고 어둡다. 자연은 깊은 잠에 들어 있다. 산책자는 숲속 특정한 그루터기에서 반사되는 달빛을 보기도 한다. 마치 달이 비출 대상을 스스로 고른 듯하다. 그녀의 빛의 작은 파편들은 달맞이꽃을 떠올리게 한다. 마치 달이 그곳에 직접 꽃씨를 심은 듯하다.

밤에는 눈이 반쯤 감기고, 대신 다른 감각이 깨어난다. 산책자는 후각에 이끌려 길을 걷는다. 들과 숲, 풀과 나무들은 저마다 향기를 내뿜는다. 초원에는 늪지 진달래가, 길에는 쑥국화가 향기를 풍기고, 이삭

---

215 푸라나(Purāṇa): 인도의 고대 신화·종교 문헌. 우주, 신, 전설, 종교적 교훈 등을 담음.

이 패기 시작한 옥수수는 특유의 마른 냄새를 퍼뜨린다. 청각과 후각은 한층 예민해져, 이전에는 듣지 못했던 시냇물의 졸졸거림을 감지한다. 때로는 언덕 비탈 높은 곳에서 따뜻한 공기층을 지나기도 한다. 정오의 뜨거운 평야에서 불어온 돌풍이다. 그것은 낮과, 한낮의 태양, 이마의 땀을 훔치는 노동자, 그리고 꽃 사이를 윙윙거리는 벌들을 떠올리게 한다. 그것은 인간이 호흡한 공기, 노동의 공기였다. 해가 지고 나면, 그 공기는 주인을 잃은 개처럼 숲 가장자리와 언덕 비탈을 헤매며 순환한다. 바위는 낮 동안 흡수한 열을 밤새 간직한다. 모래도 마찬가지다. 몇 인치만 파내려가도 따뜻한 잠자리를 찾을 수 있다.

당신은 한밤중 헐벗은 언덕 꼭대기의 목초지에서 바위에 몸을 기대고 누워, 별이 총총한 천장의 높이를 사색한다. 별은 밤의 보석이요, 낮이 보여줄 수 있는 그 무엇보다 빼어나 보인다. 내가 함께 항해하던 한 동료는, 바람이 심하게 불던 어느 맑은 달밤에, 별이 드물고 희미했을 때조차 "인간은 그것들로도 살아갈 수 있다"고 말했다. 설령 그의 처지가 더 어려워졌더라도, 별은 결코 떨어지지 않는 일종의 빵과 치즈와 같다고.

점성가들이 있었음은 당연하다. 어떤 이들은 자신이 특정한 별과 개인적인 인연을 맺고 있다고 믿었다. 실베스터[216]가 번역한 뒤바르타스[217]는 이렇게 말한다.

> "나는 믿지 않겠다, 위대한 건축가가
> 이 모든 불꽃으로 하늘의 아치를 장식한 것이
> 단지 보여주기 위함이며,
> 반짝이는 방패들로
> 들판을 지키는 가련한 목자들을
> 깨우기 위함이라고.
> 나는 믿지 않겠다, 우리 정원의 가장자리나
> 공동의 둑을 장식하는 작은 꽃 하나,
> 어머니 지구가 탐욕스럽게
> 품에 안는 작은 돌 하나는
> 특별한 미덕을 가지고,
> 하늘의 영광스러운 별들은
> 아무것도 가지지 않았다고는."

월터 롤리 경[218]은 이렇게 말했다. "별들은 해가 진 뒤 사람들이 올려다보는 희미한 빛 이상의, 훨씬 더 큰 쓰임새를 지닌 도구들이다." 그는 또한 플로티누

---

[216] 실베스터(Joshua Sylvester, 1563~1618): 영국 시인·번역가. 프랑스 시인 뒤바르타스의 『신의 7일 창조』를 영어로 번역했다.

[217] 뒤바르타스(Guillaume de Salluste Du Bartas, 1544~1590): 프랑스 시인. 대표작 『라 세마네(La Sepmaine)』에서 성경적 창조를 시로 노래했다.

[218] 월터 롤리(Walter Raleigh, 1552~1618): 영국의 탐험가·정치가·작가. 신대륙 탐험과 문학적 저술로 유명하다.

스[219]가 별에 대해 "의미는 있으나, 효력은 없다"고 단언한 것을 인용하고, 아우구스티누스[220]가 "신은 위의 것들을 통해 아래의 존재들을 다스린다"고 말한 것도 함께 전했다. 그러나 무엇보다도 귀에 남는 말은 또 다른 작가의 이 표현이다. "현명한 사람은 농부가 토양의 본성을 돕듯, 별들의 일을 돕는다."

침대에 누운 이들에게는 중요치 않겠지만, 여행자에게는 달이 밝게 비추는지, 아니면 구름에 가려지는지가 대단히 중요한 문제다. 달밤에 혼자 밖으로 자주 나가본 적이 없다면, 달빛이 방해 없이 쏟아질 때 온 땅을 덮는 그 평온한 기쁨을 실감하기 어렵다. 달은 마치 우리를 대신해 구름과 끊임없는 전쟁을 벌이는 것처럼 보인다. 구름은 그녀의 적이기도 하다. 그녀는 자신의 빛으로 구름의 위험과 거대함을 더욱 크게 드러내고, 그 검은 실체를 뚜렷이 보여준 다음, 이내 그들을 빛의 뒤편으로 내던지고, 맑은 하늘의 틈을 통해 당당히 제 길을 간다.

달이 가는 길을 가로막는 작은 구름들이, 혹은 그렇게 보이는 것들이, 달을 가렸다가 곧 흩어지며 다시금 달빛을 드러낼 때, 모든 파수꾼과 밤길의 여행자들에게 달밤의 드라마가 펼쳐진다. 선원들은 그것을 "달이 구름을 먹는다"고 표현한다. 여행자는 홀로

---

219 플로티누스(Plotinus, 204~270): 신플라톤주의 철학자. 영혼과 우주의 관계를 탐구했으며, 별의 영향에 대해 '의미는 있으나 효력은 없다'고 했다.

220 아우구스티누스(Aurelius Augustinus, 354~430): 초기 기독교 신학자. 신의 섭리와 천체의 질서를 연결지어 설명했다.

서 있고, 달도 홀로 있다. 그의 공감 외에는 그 누구도 없이, 숲과 호수와 언덕 위의 구름 편대를 달은 끊임없는 승리로 극복해낸다. 달이 가려질 때, 그는 달에게 그토록 공감하여, 인디언들처럼 개를 몰아 달을 돕고 싶어질지도 모른다. 그러나 달이 하늘의 광활하고 맑은 들판에 이르러 방해 없이 빛날 때, 그는 기뻐한다. 모든 적의 편대를 뚫고 무사히 빠져나와, 더 이상 그 길 위에 장애물이 없을 때, 그는 명랑하고 자신감 있게 제 길을 간다. 그의 마음은 환희로 가득 차고, 귀뚜라미조차도 그 노래로 기쁨을 함께 나누는 듯하다.

만약 이슬과 어둠을 머금은 밤이 세상을 회복시키지 않는다면, 낮은 얼마나 견디기 힘들겠는가. 그림자가 주위에 모이기 시작하면, 우리의 원초적 본능이 깨어나고, 우리는 정글의 동물들처럼 몰래 소굴을 빠져나와, 지성이 갈망하는 사색과 고요를 찾아 나선다.

리히터[221]는 말했다. "지구는 매일 밤 베일에 덮이는데, 이는 새장을 어둡게 하는 이유와 같다. 우리가 어둠의 고요 속에서 더 높은 생각의 조화를 이해할 수 있도록 하기 위해서다. 낮 동안 연기와 안개로 흩어지는 생각들은, 밤이 되면 우리 곁에서 빛과 불꽃으로 서 있다. 마치 베수비오 화산의 분화구에서 솟구치는 기둥이, 낮에는 구름 기둥으로 보이지만, 밤

---

221 리히터(Jean Paul Friedrich Richter, 1763~1825): 독일의 낭만주의 문인. 사색적이고 풍자적인 산문으로 유명하다.

에는 불기둥으로 보이는 것처럼."

 이곳의 밤들은 너무도 평온하고 장엄한 아름다움을 지니고 있어, 정신을 치유하고 풍요롭게 한다. 예민한 본성이라면 결코 그것들을 망각에 내버리지 않을 것이다. 설령 그 대가로 다음 날 내내 잠을 자야 하더라도, 그런 밤을 야외에서 보내는 이라면 누구든 더 나아지고, 더 현명해질 수 있다. 고대인들의 표현을 빌리자면, 그는 엔디미온의 잠을 자야 할 것이다. 이 밤들은 "암브로시아 같은"[222] 밤들이라 할 만하다. 베울라[223]의 땅에서처럼 대기는 이슬 맺힌 향기와 음악으로 가득 차고, 우리는 쉬면서도 깨어 있는 채로 꿈을 꾼다. 달은 태양에 버금가며,

**"그의 불꽃 없는 광채를 우리에게 다시 주며,
더 부드러운 낮을 비추네.
이제 지나가는 구름을 뚫고
그녀는 몸을 숙이는 듯,
이제 순수한 푸른 하늘을 숭고하게 오르네."**

 다이아나[224]는 여전히 뉴잉글랜드 하늘에서 사냥한다.

---

222 암브로시아(ambrosia): 그리스 신화에서 신들의 음식이자 불사의 상징. '암브로시아 같은'은 신적이고 영원한 특성을 비유한다.

223 베울라(Beulah): 성경적·비유적 장소. 평화와 영적 풍요의 땅으로 묘사된다.

224 다이아나(Diana): 로마 신화의 달과 사냥의 여신. 그리스 신화의 아르테미스와 동일시된다.

> "하늘에서는 그녀가 천체들 가운데 여왕이라.
> 그녀는, 여주인처럼, 모든 것을
> 순수하게 만드네.
> 영원은 그녀의 잦은 변화 속에
> 그녀가 품고 있네.
> 그녀는 아름다움이라.
> 그녀에 의해 아름다운 것들이 견디네.
> 시간은 그녀를 닳게 하지 못하네.
> 그녀는 그의 마차를 인도하네.
> 죽음은 그녀의 궤도 아래에 놓여 있네.
> 그녀에 의해 별들의 미
> 이 아래로 미끄러져 내리네.
> 그녀에 의해 미덕의 완벽한 형상이 던져지네."

 힌두인들은 달을, 육체적 존재의 마지막 단계에 도달한 성스러운 존재에 비유한다.
 위대한 고대의 복원자, 위대한 마법사여. 온화한 밤, 추수달이나 사냥꾼의 달이 방해 없이 비출 때, 우리 마을의 집들은 낮에 어떤 건축가가 그것을 지었든 간에 오직 한 명의 주인만을 인정한다. 마을의 거리는 그때 숲처럼 야생적이다. 새것과 낡은 것이 한데 섞인다. 나는 내가 무너진 벽의 폐허 위에 앉아 있는지, 아니면 새로운 것을 짓기 위한 재료 위에 앉아 있는지 알 수 없다. 자연은 교양 있고 공정한 교사다. 그녀는 설익은 의견을 퍼뜨리지 않고, 누구에게도 아첨하지 않는다. 그녀는 급진적이지도, 보수적이지도 않을 것이다. 달빛을 생각해 보라. 그것은 얼마나 정중하면서도, 동시에 얼마나 야만적인가!

빛은 낮의 빛보다도 우리의 지식과 더 깊이 비례한다. 보통 밤은 우리의 마음속 습관적인 어둠보다 결코 더 어둡지 않다. 그리고 달빛은 우리의 가장 계몽된 순간만큼이나 밝다.

> "이런 밤에 나는 밖에 머물게 하소서,
> 아침이 밝아오고, 모든 것이 다시
> 혼란스러워질 때까지."

만약 그것이 내면의 새벽의 반사가 아니라면, 대낮의 빛이 무슨 의미가 있겠는가? 만약 아침이 영혼에 아무것도 드러내지 못한다면, 밤의 베일이 걷히는 것이 무슨 소용이 있겠는가? 그것은 그저 요란하고 눈부실 뿐이다.

오시안[225]이 태양에게 연설하며 외칠 때,

> "어둠은 어디에 그 거처를 두었는가?
> 별들의 동굴 같은 집은 어디에 있는가,
> 네가 재빨리 그들의 발걸음을 따를 때,
> 하늘에서 사냥꾼처럼 그들을 쫓을 때,—
> 너는 높은 언덕을 오르고,
> 그들은 황량한 산으로 내려가는데?"

---

225 오시안(Ossian): 18세기 스코틀랜드 시인 제임스 맥퍼슨(James Macpherson)이 '번역'이라는 형식을 빌려 발표한 켈트 전설의 영웅 시인. 『오시안 시집』은 유럽 낭만주의 문학에 큰 영향을 끼쳤다.

누가 그의 생각 속에서 별들을 따라 그들의 "동굴 같은 집"으로, 그들과 함께 "황량한 산으로 내려가지" 않겠는가?

그러나 그럼에도 불구하고, 밤에도 하늘은 결코 검지 않고 푸르다. 우리가 보는 것은 지구의 그림자를 통과해, 저 멀리 햇살이 즐겁게 노니는 낮의 대기이기 때문이다.

걷기의 철학

초판 1쇄 발행 2025년 9월 22일

지 은 이	헨리 데이비드 소로
옮 긴 이	마이너스
펴 낸 이	송누리
편　　집	강영은
디 자 인	강영은
마 케 팅	김경래, 최승윤
펴 낸 곳	해밀누리
등록번호	제2024-000196호
등록일자	2024년 8월 16일
주　　소	서울, 마포구 성지길 25-11, 지층 1190호 (합정동)
메　　일	haemilnuli@gmail.com
I S B N	979-11-7505-202-4　　03840

* 이 책에 대한 출판·판매 등의 모든 권한은 해밀누리에 있습니다.
　간단한 서평을 제외하고는 해밀누리의 서면 허락 없이 이 책의 내용을
　복사·인용·촬영·녹음·재편집하거나 전자문서 등으로 변환할 수 없습니다.
* 책값은 뒤표지에 있습니다.
* 잘못된 책은 구입처에서 교환해 드립니다.